レキシコン研究の新たなアプローチ

岸本秀樹・影山太郎 編

New Approaches to Lexicon Research
Edited by Hideki Kishimoto and Taro Kageyama

くろしお出版

はじめに

「レキシコン」という用語は，語彙ないし辞書という意味で使いますが，その理論的な研究は現在では語彙論にとどまらず，語彙を作り出す「語形成」の仕組みおよびその諸特性に関連する形態論・意味論・統語論・音韻論・語用論——言い換えると「文法」全体——を包括する幅広い分野に及びます。言語の基幹部分を扱うレキシコン研究は，1980 年代から 1990 年代に理論言語学の進化と歩調をあわせて著しく進展し，2000 年代に入ると国内では『レキシコンフォーラム』(2005 年～ 2016 年) が刊行され，また，海外では包括的な英文ハンドブックが出版されるまでになりました (T. Kageyama and H. Kishimoto (eds.), *Handbook of Japanese Lexicon and Word Formation*, De Gruyter Mouton, 2016)。

しかし近年，レキシコン研究は射程・方法論ともに大きく変わりつつあり，新たな局面を迎えていると言っても過言ではありません。一般に，学問において新しい研究を開拓するには，次のいずれかの方法が考えられます。(i) 古いパラダイムを否定し，それに取って代わる革新的な手法・体系を構築する。(ii) 従来の手法・体系の良いところを活かしつつ，既存および新規の諸関連分野を連携・融合・綜合することで新たな地平を開拓する。レキシコン研究の場合，現実的な方法は (ii) だと思われますが，いずれの方法をとるにしても，母語話者の内省を主たる拠り所として理論的枠組を組み立てるという従来主流だった方法論を超える新たな研究手法が求められます。これには，大規模なデータを考慮した精度の高い記述や，これまでになかった学際的な観点からの理論的仮説の検証と精緻化，さらには，従来は関係づけられなかった複数の方言や諸外国語，史的変化を対象とする言語変異と言語多様性の観点からの実証などといったことが含まれます。幸い，一般の研究者が容易にアクセスできるさまざまなタイプのデータベースが公開され，従来の理論的研究で提案されてきた各種の仮説を数値により検証できるようになるなど，新たな方法で研究をおこなうための基盤が整ってきました。

このように研究環境が大きく変化する今日，レキシコン研究がどのような方向に進むべきかを考える機会として本書を企画しました。所収の各論文 (いずれも査読あり) は個々の言語現象の理解を深めつつも，新しいレキシ

コン研究の方向性を示唆するものとなっています。本書がレキシコン研究のさらなる発展の1つのきっかけとなれば幸いです。

2018 年 10 月 1 日
岸本秀樹・影山太郎

目　次

はじめに　iii

第 1 章　日本語の述語膠着とモジュール形態論..........................影山太郎　1

第 2 章　レキシコン理論の潮流：
　　　　レキシコンでの操作としての借用について.................長野明子　27

第 3 章　「(漢語 / 和語) 一字形態素-スル」の語形成と形態構造
　　　　..岸本秀樹・于一楽　55

第 4 章　日英語の名詞的繋辞構文の通時的変化と共時的変異
　　　　..小川芳樹　81

第 5 章　日本語の存在型アスペクト形式とその意味................益岡隆志　113

第 6 章　ブロッキングの認知脳科学：
　　　　語彙と意味と文法との関係に関する予備的考察
　　　　..小泉政利・安永大地・加藤幸子　135

第 7 章　コーパスと言語教育：
　　　　コーパスによって深化する L2 語彙の教授.............石川慎一郎　153

第 8 章　語彙獲得：「誤用」から見る普遍性と個別性.............村杉恵子　175

第 9 章　ラ行五段化の多様性..佐々木冠　201

執筆者一覧　229

第1章

日本語の述語膠着と
モジュール形態論

影山太郎

要旨
　従来の語形成研究では扱われなかった日本語述語の活用と屈折の現象を取り上げ，語彙構造と統語構造という2つの異なる領域をつなぐ仕組みを明らかにする。膠着型言語とされる日本語で膠着性が顕著に現れるのは述語の領域である。典型的な屈折型言語では屈折語尾の中に組み込まれる文法的概念（ヴォイス，アスペクト，否定など）が，日本語ではそれ自体が活用する非自立的述語として現れる。複数の述語が数珠つなぎに膠着して長大な述語連鎖を作ることができるのは，隣接する2つの非自立述語ごとに課された活用形の選択制限と，後ろにくる述語が前にくる述語より広いスコープを取るという意味制約などが複合的に作用するためである。述語膠着性は一般原理に基づく生産的な述語形成だけでなく，言語使用者の創造性（creativity）による特殊な述語形成によっても促進される。

キーワード：　膠着性，語彙情報，活用形，述語形成，形態構造，統語構造

1. はじめに

　本章では，これまで筆者の語形成研究では扱わなかった日本語述語の活用と屈折の現象を取り上げ，語彙構造と統語構造という2つの異なる領域をつなぐ仕組みを明らかにする。伝統的な考え方では，統語論が文の仕組みを司るのに対して，形態論は語の仕組みを扱うものとされるが，両者の役割分

担は必ずしも明確でない。とりわけ,「(会社を) やめてしまいたくなかっただろう」のような, 日本語の膠着性を特徴づける長大な述語連鎖は統語論と形態論にまたがる現象で, 統語論だけでなくレキシコンの理論にとっても重要な研究課題である。本章では, この問題をモジュール形態論の観点から検討する。モジュール形態論とは, (1) に図解するように, 文法体系における語形成・形態操作の在り方の大枠を規定するものである (影山 1993)。

(1) モジュール形態論の考え方

語彙部門 (レキシコン)	統語部門
辞書 – 語彙的な形態操作	統語構造における形態操作

↖ ↗
普遍的な形態論制約

　このモデルは, 単に形態操作が語彙構造と統語構造の双方に適用するというのではなく, (i) 両構造における形態操作には適用条件において様々な違いがあり, 同時に, (ii) 両構造はある境界面で有機的に接触しているということを主張している。従来の研究では (i) の妥当性が動詞連用形＋動詞型の複合動詞 (影山 1993, 2016b, 由本 2005), 名詞＋述語型の複合述語 (Kageyama 2016c), 形容詞・形容詞的名詞の名詞化 (Sugioka and Ito 2016), 動詞の名詞化 (Kishimoto 2006) などの語形成規則で実証されてきた。本章では, 新たに (ii) を取り上げ, なぜ日本語で長大な述語の連鎖が可能になるのかを明らかにする。

2. 述語の範疇

　述語形成のプロセスに入る前に, 述語そのものの範疇を略述しておく。

(2) a. 語彙構造と統語構造の両方に現れる述語範疇
　　　動詞, 形容詞, 動詞的名詞, 形容詞的名詞
　　b. 統語構造でのみ現れる述語範疇
　　　コピュラ, 局面動詞 (いわゆる統語的複合動詞の後部), 補助動詞 (テ形動詞に後続する「いる, しまう, おく」等), 接尾辞的述語 (受身・自発「され」, 使役「させ」, 否定「ない」, 丁寧「ま

す」，願望「たい」，内心の外的表出「がる」），モダリティの助動詞類

　(2a)の中では，動詞的名詞（verbal noun；以下VN）と形容詞的名詞（adjectival noun；AN）について説明が必要である（文献レビューはKishimoto and Uehara 2016）。VNは「料理（する）」のように「する」（およびその補充形である「できる」，「なさる」）と結び付いて動詞として機能し，ANは「健康（だ／な）」のようにコピュラ「だ」（およびその文体的変異形「である，です」）を伴って述語（句）として機能する。

　VNは非定形節の主要部として機能し，節の内部で独自の項や付加詞を取る。日本語学で「漢語サ変名詞」などと呼ばれることがあるが，決して漢語だけに限られないし，また，「する」がなくても通常の和語動詞と同じように項を格標示する能力がある[1]。ANに関しては，日本語学や日本語教育で「柔らかい」などをイ形容詞，「柔軟（な）」などをナ形容詞として1つの形容詞類にまとめる考え方があり（益岡・田窪 1992），また，理論的な研究でも形容詞語幹に続く語尾 -i, -katta, -kattara などと，ANに続くコピュラ da, na, datta, dattara などを一律に屈折語尾として扱う分析（Nishiyama 1999）が見られる。しかし，-i, -katta, -kattara の系列と da, na, datta, dattara の系列は形態的緊密性（語は統語的に分断できないという制約：影山 1993）において性質が異なる。-i, -katta, -kattara の系列は，(3)に例示するように形容詞語幹と形態的に融合し，統語的に切り離すことができないため，服部（1950）の用語で「附属形式」に当たる。他方，ANに伴う「だ」や「な」はコピュラで，「これは日本製だ」のように名詞述語句をつくる「だ／です」と同じものである（奥津 1978）。コピュラは前に来る要素と形態的に融合しないため，服部（1950）の用語では格助詞や副助詞と同様に「附属語」（Vance (1993)の英語訳では "non-independent word"）に分類される。たとえば(4)で助詞「を」が名詞から切り離されるように，(5)のコピュラもANから切

---

[1] 典型的には「車を運転する」のような軽動詞構文であるが，「する」を伴わない各種の非定形節—「方言を研究の際」（時間従属節），「商品をご購入のお客様」（関係節），「早急に調査を完了のこと」（命令文），「方言を調査に行った」（移動目的構文）など—でも，項の格標示が可能である（影山 1993 など）。

り離すことができる（影山 2016a, 2016d を参照）。

(3) *珍し（有り得ないとさえ言える）-_い_気質　　　　　　　　((5) と比較)
(4) この種の問題（それについては後に再び詳しく論ずるが）_を_取り扱う。　　　　　　　　　　　　　　　　　　　　　　（服部 1950: 15）
(5) 非日常的（脱社会的とも言える）_な_気質　　　　　　　（ネット例）

　形容詞は samu-i, samu.ku, samu.ku-te, samu.kat-ta, samu.ke-reba のように活用・屈折する（ドットは活用語尾，ハイフンは屈折語尾を表す）。他方，AN はそれ自体で活用せず，活用するのはコピュラである（da, de, ni, dat-ta など）。
　現代日本語では VN と AN は和語，漢語，外来語，オノマトペのすべての語彙層にわたって発達している。これは，本来的に活用する品詞が和語（動詞，形容詞，コピュラ）に限られるという状況を補い，種々の語彙層で述語を展開することで膠着的な述語連鎖を促進するためであると考えられる。

3. 語彙構造における述語形成

　活用・屈折語尾が付くのは述語の語幹であるが，述語の語幹はレキシコン（語彙構造）でも統語構造でも作られる。本節では語彙構造における述語形成を俯瞰する。語彙構造における述語形成とは，辞書に登録された語彙素（形態素，語）が統語的な要素（第 4 節参照）に言及することなく，A + B → [A-B] のように直接結合する過程を指す。(6) と (7) がその代表である。

(6) a.　動詞化接尾辞
　　　　root/word + -r-（細る hoso-r-，駄弁る dabe-r-，パクる paku-r-）
　　　　オノマトペ root + -tuk-（ぐらつく gura-tuk-，がっつく gaQ-tuk-）
　　　　漢語 root + -s/su-（愛す（る），接す（る））　　　（岸本・于，本書）
　　　　root/word + -bur-（大人ぶる，通ぶる，偉ぶる，学者ぶる）
　　　　N root + -bam-（黄ばむ，汗ばむ，気色ばむ，殺気ばむ）
　　　　N root + -zimi-（年寄りじみる，所帯じみる）
　　　　N root + -mek-（秋めく，嘘めく，大人めく，時めく）
　　　　N root + -mekas-（冗談めかす，女優めかす，通めかす）

b. 形容詞化接尾辞
      N word + -rasi- (学生らしい)［推量「らし（い）」は文法的範疇］
      N word + -na- (素っ気ない)［動詞否定「な（い）」は文法的範疇］
      反復形 root + -si- (毒々しい，初々しい，痛々しい)
      root/word + -ppo- (嘘っぽい，安っぽい，飽きっぽい，艶っぽい)
      名詞 root + -na- (味気ない，不甲斐ない，頼りない)
   c. VN 化接尾辞
      root + -ka (悪化，同化，酸化，映画化，一般化)
   d. AN 化接尾辞
      root/word/NP + -teki (公的，圧倒的，わたくし的)
      N word + -tikku (漫画チック，乙女チック)
(7) a. 動詞連用形＋動詞型の複合動詞
      踏みつぶす，滴り落ちる，言い逃れる，居合わせる，降りしきる
   b. 名詞＋動詞型の複合動詞
      身構える，腰掛ける，目覚める，垣間見る，手放す
   c. 複合形容詞
      目ざとい，腹黒い，手ぬるい

　(6) と (7) からうかがえるように，述語形成の語基 (base) はほとんどの場合，名詞 (あるいは，それ自体では活用しない範疇) である。一般に，名詞の語彙は際限なく広がる可能性があるものの，名詞自体は活用しないため，文の叙述には貢献できない。他方，動詞・形容詞・コピュラは文の叙述を司るものの，語彙数には限りがある。(6) (7) の述語形成規則群はこれらの制限を乗り越え，活用する述語の語彙数を増やすという重要な役割を担っている。
　語彙的な述語形成は上述のように多岐にわたるが，実際の適用では相互に排他的であり，ひとつの規則の出力を別の規則が入力として利用することで，さらに複雑な語彙的述語を作るという状況は見られない。最も生産的であると思われる動詞連用形＋動詞型の複合動詞でさえ，そこに参加できる動詞は辞書に登録された単純形 (simplex) の和語動詞に限られており，(6a) の各種接辞 (それ自体は和語であるが) によって作られた派生動詞を複合動

の前部(V1)に取り込むといった現象は観察されない[2]。たとえば,「黄ばむ」や「所帯じみる」を前部 (V1) に含む語彙的複合動詞を作ることはできず,「黄ばみ始める」や「所帯じみてくる」となると,統語的な構造(第4節)になってしまう。言い換えると,語彙構造における述語形成は,(6)(7)を代表とする規則群の中からひとつを選択して,そのアウトプットが一定の活用形を担うことで,統語構造での述語展開へとつながる。語彙的な述語形成が一回しか適用しないということは,日本語の述語膠着性が語彙構造ではなく統語構造における特性であることを物語っている。

(8)　語彙的な述語形成

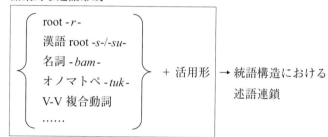

　語彙的な述語形成の入力(語基)となるのは辞書に記載された語彙素であるが,語彙素の形が変形されることもある。日本語に見られる形態操作を分類すると,複合や派生のように,複数の形態素を単純に繋ぎあわせる連結型 (concatenative) と,単純な繋ぎあわせでない非連結型 (non-concatenative) がある。非連結型の形態操作は音韻的な語形成 (Ito and Mester 2015) とも呼ばれ,短縮(メールアドレス→メルアド),混合(銀ぶら),反復(つね→常々),倒置(場所→しょば)などがある。これらは,語彙的な述語形成に先立って適用することがある。端的な例は (6a) の -r- 接尾辞で,「駄弁 daben」を dabe に短縮した形態に適用して dabe-r という動詞語幹を作ったり,あるい

---

[2] 動詞連用形+動詞型の複合動詞では,「落ち着きはらう」のように,語彙化された複合動詞の後にさらに動詞がつくことがある。なお「焼き付ける」と「焼き付く/焼け付く」のように自他交替を表す接辞は,それ自体が述語形成の機能を持っているのではないから,この一般化には抵触しない。

は「告げ口」の短縮形「くち」をさらに倒置させた"tiku"という形態に適用して tiku-r- という動詞語幹を作ったりする。非連結型の形態操作は語彙構造に特有で，統語構造では見られない（逆に，統語構造だけで起こる音韻変化もある→第4節）。

4. 統語構造における述語形成

統語構造における述語形成とは，(9) に示すような非自立的述語が節をスコープにとり，節の主要部と結び付くことで複雑な述語を作る操作である。

(9) a. 局面動詞（表4：統語的複合動詞の後項動詞）
　　b. 補助動詞（表5：テ形動詞を補文にとる文法化された動詞）
　　c. 尊敬語 o-V ni nar-（および補充形「なさる，いらっしゃる」等）
　　d. 使役 -(s)ase-　　　　　　　e. 受身 -(r)are-
　　f. 自発・可能 -(ra)re- ないし -(r)e-　　g. 否定 -na-
　　h. 願望 -ta-　　　　　　　　　i. 内心の外的表出 -gar-
　　j. 丁寧 -mas-　　　　　　　　k. コピュラ da
　　l. 動詞連用形に接続する助動詞 -soo (da), -rasi-
　　m. 定形動詞に後続する助動詞 daroo, mai, soo (da), rasi-

たとえば，局面動詞 (9a) の1つである「始める」が連用形動詞と結び付いて「降り始める」という複合語を形成するとき，「降り」が直に「始める」と結び付くのではなく，「[補文雨が降り] 始める」のように「雨が降り」という節全体に「始める」が係る構造になる。その証拠に，補文を等位構造 (10a)，受身 (10b)，イディオム (10c) などに置き換えることができる。

(10) a. [風が吹き，雨が降り] 始める
　　 b. [息子が同級生からいじめられ] 始める
　　 c. [仕事の途中で油を売り] 始める

このような統語構造は，(9) のすべての述語に当てはめることができるが，前節で述べた語彙的な述語形成からは一律に排除される（影山 1993）。

(9a)の局面動詞（phasal verb）というのは，出来事や行為の準備・開始・継続・完了・結果など事象展開の相を表す動詞で，「降り始める」や「落ちかける」，「調査し尽くす」のような，いわゆる統語的複合動詞（影山 1993, 2016b, Kishimoto to appear）の後部動詞を指す。これまでの研究では統語的複合動詞の後部動詞（V2）だけを指す総称がなかった。幾つかの動詞はアスペクト動詞と呼ばれることもあるが，テ形動詞に後続する(9b)の補助動詞のなかにも「〜ている」のようにアスペクトを表すものがあり，さらにアスペクトにも文法的アスペクトと語彙的アスペクト（Aktionsart）がある。混乱を避けるため，ここでは局面動詞という用語で統一する。現代日本語では表1に掲げる30の局面動詞がある（影山 1993, 姫野 2018）。

表1 統語的複合動詞における局面動詞

意味	局面動詞
開始，準備	V1-かける，V1-だす，V1-始める，V1-かかる
継続	V1-続ける，V1-まくる
終了，完遂	V1-終える，V1-終わる，V1-尽くす，V1-きる，V1-とおす，V1-ぬく，V1-はてる
未完遂，不成立	V1-そこなう，V1-そこねる，V1-そんじる，V1-そびれる，V1-かねる，V1-わすれる，V1-残す，V1-誤る，V1-遅れる，V1-あぐねる
過度な遂行	V1-過ぎる [3]
再試行	V1-なおす
習慣	V1-つける，V1-慣れる，V1-飽きる
相互行為	V1-合う
可能性	V1-える／うる

「始める」や「続ける」のように元々，文法的アスペクトを表す動詞は一見，単独の動詞と同じように見える。しかし，「続ける」は単独では他動詞であるが，局面動詞としての「続ける」は「株が上がり続けた」のように自動詞的にも使えるというように，本来の自他の区別が局面動詞になると中和され

---

3 「過ぎる」は動詞連用形のほか，形容詞語幹（「暑すぎる」），AN（「薄情すぎる」）にも付く。

る傾向があり，機能化された述語になっていると考えられる。

(9b) の補助動詞は「作っておく」や「破ってしまう」のようにテ形動詞に後続して複雑動詞として機能する動詞で，表2のように11種類がある。

表2 テ形動詞に後続する補助動詞

補助動詞		文法化された意味
迂言的アスペクト	1. くる 2. いく	事態の進展（話者の期待値への接近，話者の期待値からの遠ざかり）
	3. いる	事態の進行ないし完了。主語の有生性制限なし。
将来に対する態度（attitudinal）	4. ある	将来にむけての事態の完了・配備。動作主主語。
	5. おく	将来の行動への準備としての行為の完了。動作主主語。
	6. しまう	事態の完了・遂行と，それに伴う将来の事態への好都合／不都合な含意
	7. みる	将来の可能性を見るための探索的試行。動作主主語。
	8. みせる	相手の反応を見るため主語の能力を実演。動作主主語。
受益	9. くれる/くださる	他者が話者の受益のために行為を行う。
	10. あげる/やる	話者が他者の受益のために行為を行う。動作主主語。
	11. もらう/いただく	話者が期待ないし要望して他者から行為の受益を得る。

局面動詞と補助動詞は，複合語かどうかという形態的な違いのほか，意味の違いもある。局面動詞は，V1を主要部とする補文が表す事象 (e) 全体に対して，何らかの文法的アスペクトを付け加え，たとえば「雨が降り始める」なら **begin**(e) のような意味構造を構築する（語彙的複合動詞の意味構造はもっと複雑である：Kageyama to appear b）。他方，テ形接続の補助動詞が表すのは，単純に V1 事態の展開だけではない。これらの補助動詞は，V1 事態の進行や完遂が，それに伴って（あるいはその事態の結果として）近い将来発生が想定される言外の事態に何らかの点で関係することを語用論的にほのめかす。たとえば，「書類を捨ててしまった」は，書類の破棄が将来の

事態に何らかの不都合な影響をもたらすことを示唆している。

　このような意味の違いは，局面動詞と補助動詞の前にくる動詞（V1）が連用形かテ形かという形態の違いに求めることができる。動詞の連用形は，「雨が降り，風が吹いた」のような連用中止法から明らかなように，それ自体はアスペクト的な含みをもたない（少なくとも完結（perfective）ではない）。そのため，局面動詞との組み合わせにおいても，連用形という形式自体が特別な含意を伴わずに局面動詞と素直に結合する。これと対照的に，テ形動詞の「テ」は接続助詞と呼ばれることもあるが，歴史的には完了の助動詞「つ」が文法化した非定形（non-finite）の屈折語尾である。テ形接続の補助動詞は，V1の事象が既に着手された（あるいは完遂した）というパーフェクティブの意味合いを背景として，そのV1事象を現在から将来的な影響へとつなげる機能を果たしていると考えられる（Kageyama to appear a）。

　局面動詞と補助動詞の違いは音声面にも見られる。局面動詞は脱原義化（desemanticization）を起こしているにもかかわらず，形態音韻的には安定している。これと対照的に，補助動詞は会話体で音声的に縮約されて一語化（univerbation）するものが多い（tabe-te iru → [tabeteɯ], tabe-te simau → [tabetʃimaɯ], [tabetʃaɯ], yon-de simau → [yondʒaɯ], tabe-te oku → [tabetokɯ], kasi-te ageru [kaʃitageɯ]）。このような縮約は文体的な理由（くだけた言い方）や音声学的な理由（発音の省力化）で片付けられがちであるが，その本質は実質語から補助動詞，さらには接辞へという文法化の連鎖（Hopper and Traugott 1993）の中で捉えられるべきである。とりわけHeine（2001: 579）が想定する文法化誘因のメカニズムをかなり忠実に反映している。

(11) a. desemanticization 脱原義化（元の語彙的意味の希薄化）
　　 b. context generalization 新しい使用環境（テ形構文での一般化）
　　 c. decategorization 脱語彙範疇化（補助動詞への変化）
　　 d. erosion 音声の磨り減り（テと補助動詞の縮約）

非定形の屈折語尾である「テ」はその後に句境界を伴うが，縮約による一語化は句境界にまたがって起こることが注目される。たとえば「食べている」では「食べて」と「いる」の間に句境界があるが（tabe-te # iru），-te iru が

-teru となることで句境界が取り除かれる。他の縮約の例もすべて同じである。「である」から「だ」、「でございます」から「です」への一語化も句境界の削除を伴っている。関西方言では「高くない taka-ku # na-i」が「高ない takanai」となるが、これも句境界の消滅を伴う。こういった現象は単に「発音しやすい」という理由ではなく、述語連鎖の内部に含まれる句境界を除去して、ひとまとまりの述語としての膠着性を高めるという機能的な要請によるものと解釈すべきである。予想通り、このような縮約は、間に句境界を含まない局面動詞には見られない。

さて、統語構造における述語形成操作が上掲 (9) のように多数にのぼることを踏まえると、それらの間での相互関係（承接順序）が重要な問題として浮かび上がってくる。まず、局面動詞と補助動詞が共存するとき、絶対的な順序の制限は見られず、どちらが先に来る可能性もある。

(12) a. 約束を［［忘れ-かけて］しまった］。　［局面動詞］-補助動詞
　　 b. 約束を［［忘れてしまい］-かけた］。　［補助動詞］-局面動詞

また、「［食べ-終え］-かける」のように複数の局面動詞が共起することも、「［食べて しまって］いる」のように複数の補助動詞が共起することも、意味的な違いを除けば、形態論的に可能である。

複数の非自立的述語を並べる際の順序について、日本語文法の研究者の間でいろいろな模索があり、また、それをミニマリスト理論あるいはカートグラフィ理論の統語構造に対応させるという試みもある。たとえば、仁田 (1997: 142) には (13) のような記述が見られる[4]。遠藤 (2014: 118) でも同様の階層的順序が紹介されている。

(13)　［［［［［動詞-ヴォイス］アスペクト］否定］テンス］モダリティ1］モダリティ2］
　　　例：［［［［［見られ］てい］なかっ］た］でしょう］ね］

---

[4] 仁田の「事態めあてのモダリティ」はモダリティ1、「発話・伝達のモダリティ」はモダリティ2と省略。「否定」は仁田では「みとめ方」と呼ばれる。

この図式には次のような疑問が生じる。ひとつは，この順序が絶対的に固定されたものかどうか（つまり，たまたま「見られていなかったでしょうね」という例文を分析してみると (13) の順序になったのか，それとも，この順序が何らかの独立した原理によって裏付けられ，どのように複雑な組み合わせでも必ずこの順序に収斂するのか）という点である。もうひとつは，(13) の「アスペクト」や「否定」等の用語が意味的な概念を表すのか，それとも，「ている」や「ない」といった特定の言語形式を指すのかという点である。もし意味概念を表すなら，「～しなければならない」や「かもしれない」といった迂言的なモダリティ表現も考慮に入れることになるが，これらに含まれる「ない」は「なかった」とすることができ，その場合は (13) の公式に反してモダリティのあとに時制が来ることになる。

　この点に関して Narrog (2010) は，(13) で用いられた文法用語を特定の言語形式ではなく意味概念を指すと捉えた上で，複数の述語の組み合わせにおける配列順を極めて緻密に調査・分析し，承接順序は (13) のような固定枠ではなく，意味的修飾のスコープ関係によって決まると結論づけている。すなわち，述語 A と述語 B を連続させる場合，B が A より大きい意味スコープをとる（B が A（を含む節）を修飾する）なら，[A]-B という順序になるということである。Narrog は否定の表現のひとつとして「～というわけではない」のような迂言的形式をも考慮しているが，それらを除いたとしても，スコープ関係によって順序が決まるという考え方は，(13) の公式よりは現実的であると思われる。それでも，意味的スコープと並んで，動詞については連用形かテ形か，否定については「ない」か「ず」か「ん」かといった形態の違いが語順に及ぼす制限も考慮することが必要である。

　もうひとつの要因は実使用における有標性である。次の例を見てみよう。

(14) a. 　お忘れになってしまった／忘れておしまいになった
　　　b. 　働かせ続けた／働き続けさせた
　　　c. 　欠勤扱いにされてしまった／欠勤扱いにしてしまわれた
　　　d. 　将来を描かせてしまう／マイナスイメージで将来を描いてしまわせる雰囲気がY君にはあった。（BCCWJ,『素敵だよ，登校拒否』）

(14) で斜線の左右に提示した複雑動詞はいずれも意味的スコープの条件と形態的条件は満たしている。しかし，これらの例の容認性（「自然さ」と言うほうが良いかもしれない）を文脈なしで問われると，おそらく左側の順序のほうが右側の順序より自然に感じられるだろう。実際，ざっとコーパスで検索しても，左側のほうが右側より出現数は多いようである。このことから，統語的述語の配列を分析する際には，画一的に順序を固定するのではなく，言語使用の頻度や馴染み度に起因する語用論的な有標性を加味した柔軟なアプローチが必要になる。なぜなら，問題となっている文法概念（ヴォイス，アスペクト，否定，モダリティ等）は，典型的な屈折型言語では動詞の屈折語尾として文法化される（Stump 1998）のに対して，日本語では実質語から屈折語尾に至る文法化の途上にあり，まだ動詞的な活用を残しているからである。形容詞活用の否定「ない」の順序も絶対的に固定されていない。

(15) a. 歩かせる［使役 - 否定］
　　 b. 歩かなくさせる［否定 - ダミー su- ＋使役］
(16) a. 部屋を片付けていない［アスペクト - 否定］
　　 b. 部屋を片付けないで（片付けずに）いる[5]［否定 - アスペクト］

(15a)，(16a) は無標で自然な順序（仁田 (1997) による (13) の公式），(15b)，(16b) は有標で特殊な順序である。後者の有標性は，ダミー動詞「する」や「ないで」という特別な否定形が用いられているという形式面と呼応する。

以上を総合すると (17) のようになる。(17) は意味的スコープにより a → b → c → d → e という順序の大枠を定めると同時に，(17b) の内部では有標性による語順入れ替えを可能としている。

(17) a. 語彙的な述語群（群の内部では 1 つだけが選択される：第 3 節）
　　 b. 統語的な述語群（語彙的な述語 (17a) より後に配置される。群の内部では複数個の述語が順序を変えて配列可能）

5　(16b) の「いる」は，「このまま雨が降らないで（降らずに）いると，干上がる」のように無生物主語も可能であるから，この「いる」は補助動詞と認定できる。

c. 丁寧 -mas- (文の核となる (17a), (17b) より後ろに配備される)
d. 時制 ((17a, b, c) の後に置かれる)
e. モーダル助動詞「だろう」「まい」((17d) の後にくる)

この状況を視覚的に表すと図1のようになる。

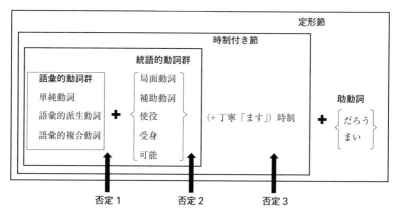

図1　各種述語の承接順序

　図1ではモーダル助動詞を除く枠内が命題である。オペレーターとして機能する「否定」は枠外に出し，挿入可能な位置を3箇所想定している。否定1は，語彙的に形成された述語の後に付く場合で，前述 (15b, 16b) や「知らな過ぎる」が該当する。ただし，「過ぎる」以外の局面動詞，および使役，受身，可能の接辞は語基に動詞の連用形を指定するため，これらの前に否定形容詞は起こらない[6]。図1の否定2は「話し終わらない」や「記録しておかなかった」のような例を指す。「*話し終わらなくます」のように，丁寧「ます」の前に否定辞が生起しないのは，「ます」が動詞を選択するという形態制約による。実際，「ます」ではなく「です」で丁寧を表出するなら，「行かないです」，「行かなかったです」が可能である。最後に，否定3は

---

[6] 一見，例外となるのが S.-Y. Kuroda の論文にある「タバコを吸わなくさせる」という例である (査読者の指摘)。この「させる」は単なる使役形態素ではなく，dummy verb「する」(つまり「タバコを吸わなくする」) に使役が付いたものと分析できる。

「行きません」のように「ます」の後ろに否定辞「ん」が付く形式を指す。

以上をまとめると，述語の膠着性には (18) の 4 種類の制約が関係する。次節では (18b) の活用形制約について敷衍する。

(18) a. 動詞，形容詞，コピュラといった語彙範疇（品詞）の指定
  b. 動詞，形容詞，コピュラのそれぞれについて活用形の指定
  c. 意味的スコープの制約 (Narrog 2010)
  d. 語用論的な有標性による自然さ，馴染み度

5. 活用語尾と屈折語尾

日本語で活用する述語は動詞，形容詞，コピュラの 3 種類（いずれも和語）で，国語学では「1 つの動詞がその語法上の機能を遂げ，いろいろな意義上の変化をあらわすために，種々の語形をとること」（佐久間 1936: 79）を活用と称している。活用に関しては伝統文法の活用表による分析と構造主義言語学に依拠する Bloch (1946) の分析がある（佐久間 (1936) は Bloch に近い）。伝統文法の活用表には様々な問題が指摘されているが（三原・仁田 2012, 三原 2015 などを参照），現代の形態論から見て最も重大な問題は活用語尾と屈折語尾が混同され，どこまでが動詞の語幹で，どこからが屈折語尾なのかが判然としない点にある。ここで活用 (conjugation) とは動詞語幹の内部で起こる音韻形態的な変化であり，屈折 (inflection) とはそのように活用した動詞語幹に対して時制等の語尾（述語が節を締めくくるために必要な語尾）が接続することを指す。これに対して，欧米の日本語言語学で広く受け入れられている Bloch (1946) の分析では，動詞の種々の形は一律に語幹（子音終わりの語幹と母音終わりの語幹）と屈折語尾に二分され，語幹の形を整えるための「活用語尾」が想定されていないために不都合が生じる（後述）。ここでは，両アプローチの折衷案として表 3 の分析を提示する。

表3　伝統的な活用表の再検討

	I. 子音語幹動詞	II. 母音語幹動詞	III. 混合活用動詞	
	書く	食べる	する	来る
未然	kak.a-	tabe-	s.i-	k.o-
連用	kak.i-/#	tabe-/#	s.i-/#	k.i-/#
終止	kak-u##	tabe-ru##	s.u-ru##	k.u-ru##
連体	kak-u#	tabe-ru#	s.u-ru#	k.u-ru#
仮定	kak-e-	tabe-re-	s.u-re-	k.u-re-
命令	kak-e##	tabe-ro##	s.i-ro##	k.o-i##

　表3でハイフン (-) は後続の要素と融合する拘束形態素を示す。他方，#は句の境界，## は節の境界を表す。# で示されたものはそれだけで句（あるいは非定形［時制なし］の節）を締めくくることができ，また，## で示されたものはそこで時制節を締めくくる。連用形は2通りの用法があるため，ハイフンと # の両方が附されている。ハイフンは連用形が複合語や派生語の語基になる場合を指し，# は等位節の境界に来る場合を指す。次に，ドット (.) は活用語尾を示し，「書く」の場合，kak が語幹 (stem) の裸の形（裸語幹と呼んでおく）であるのに対して，未然形の kak.a では母音 a が活用語尾である。同様に連用形の kak.i では，i が活用語尾である。このように考えると，活用語尾の役割は，裸語幹に何らかの母音を加えて語幹を拡張し，後続要素につなげるための「膠」として機能することであると解釈することができる[7]。

　現代語では子音語幹動詞で明示的に活用語尾が現れるのは未然形と連用形のみで，それ以外では裸語幹がそのままの形で後続要素に接続する。母音語幹動詞の場合はもともと語幹が母音で終わるから，活用語尾として何らかの母音を追加する必要がない。この考え方では，変則動詞の「する」と「来る」の裸語幹はそれぞれ s, k という子音だけで構成され，それに i, u, o といった活用母音がつくことで，s.i- や k.o- などの拡張語幹となる。なお，表3で

---

[7]　動詞活用形の意義をこのように機能的に解釈することについては佐久間 (1936: 79) と Shibatani (1990: 224) から啓示を得た。

は屈折語尾（現在時制 -(r)u, 仮定 -(r)e, 命令 -e/-ro/-i）を太字で示している。

活用語尾が動詞の語幹を拡張して後続要素とのつながりを滑らかにする機能を果たすことは琉球語からも裏付けられる。下地（2007）は，伊良部島方言の動詞の屈折形態において特定の屈折語尾の場合に語幹に追加される母音を「語幹拡張辞」として論じている。一部分を簡略化して（19）に示す。

(19)　語幹　　語幹拡張辞　　　屈折語尾　　　　　　意味
　　　kak　　　-a　　　　-n-Ø（接続法非過去）　「書かない」
　　　kak　　　-a　　　　-baa（希求・推量法願望）「書きたい」
　　　kak　　　-a　　　　-ba（条件副動詞）　　　「書けば」
　　　kak　　　-i　　　　-ba（理由副動詞）　　　「書くので」

(19) では語幹拡張辞にaとiの2種類があり，後続要素によって選択される。aは日本語と同じく否定形に生じるだけでなく，希求 -baa，条件副動詞 -ba の前にも生じる。さらに，-ba は条件副動詞だけでなく，理由副動詞の屈折語尾としても現れる。下地（2007: 86）の指摘によれば，同じ屈折語尾 -ba であっても，語幹拡張辞が -a か -i かによって明確に意味が異なる。

琉球伊良部島方言の分析を日本語の活用形に当てはめれば，日本語の子音動詞で問題となる連用形語尾 -i と未然形語尾 -a は語幹を拡張するための活用語尾であって，意味のない挿入母音（Davis and Tsujimura 1991）や何らかの意味を有する機能範疇（西山 2012）ではないということになる。

活用語尾が持つ「膠」としての機能を認めると，日本語の膠着性の本質が見えてくる。すなわち，述語の連鎖とは後続要素が先行要素に対してどのような活用形を指定（選択）するかという選択制限の連鎖として捉えられる。たとえば「歩かせられたくなかっただろう」は（20）のように分析できる。

(20)　*aruk*　　-*ase*　　-*rare*　　-*ta.ku* #　*na.kat*　-*ta*##　-*daroo*
　　　walk.STEM　CAUS.STEM　PASS.INF　DESID.INF　NEG.INF　PAST　MODAL
　　　　　　└─select─┘└─select─┘└─select─┘└─select─┘└─select─┘└─select─┘

(stem= 裸語幹，inf = 連用形，# は句境界，## は節境界)

左から説明すると，使役 -(s)ase は動詞の裸語幹を選択し，受身 -(r)are- もその前に来る使役形態素に裸語幹を要求する。願望の「たい」は先行動詞が連用形であることを要求し，否定「ない」は願望形容詞「たい」に対して「たく」という形を要求する。最後に，過去時制 -ta は先行動詞に連用形を選択する。Bloch (1946) の分析では，過去時制 -ta あるいは gerund -te は，現在時制 -(r)u と同様に，裸語幹に直接接続するとされるが，その結果，語幹末子音が /s/（話した，話して）の動詞には語幹に異形態（hanas- 〜 hanasi-）を設けるといった例外的措置が必要になる。しかし，丁寧 -mas- は「〜ました」，「〜まして」のように明示的に連用形をとるから，一般に，-ta と -te は動詞連用形に付き，動詞語幹の内部で音便が生じると考えるのがよい。

「書きて」が「書いて」，「読みた」が「読んだ」となる「音便」がなぜ起こったのかという問題について，国語学では「発音の労苦を軽減するために自然に発生した」という説が古くからあるようであるが，こまつ (1975) は音便が形態素の末尾音節に生じているという語構成の特徴を指摘している。より正確に言うと，動詞の活用形で音便が生じるのは -ta（過去屈折語尾）と -te（非定形屈折語尾）の前だけであり，これらの屈折語尾の前には句境界（表3 では #）がある。音便という音韻変化は，単に発音の省エネのために起こったのではなく，動詞の拡張語幹を屈折語尾 -ta/-te となめらかに接続させて語としての一体性をもたせるという，いわば「界面活性化」の目的で発生したと考えるほうが妥当性が高い。界面活性の作用は屈折語尾の側でも起こり，拡張語幹が有声子音 [m, n, b, g] で終わる場合は -ta/-te が -da/-de に同化された。このような音韻変化は，上代日本語においては動詞・助動詞の統語的連結にすぎなかった述語連鎖（Aoki and Frellesvig to appear）が平安時代中期以降，次第に膠着性を増してきたことを伺わせる。

以上のように，日本語で長大な述語連鎖が可能になるのは「膠」としての活用語尾が隣接する 2 つの述語要素の組み合わせを定めているからである。裸語幹か，連用形か，未然形かという違いはレキシコンの情報であるが，その情報が (21) では形態的な語の内部（ハイフンの部分）だけでなく，句境界あるいは節境界を超えたレベルでも成り立っている。要するに，日本語の形態論は語という枠を超えて，述語の統語構造全体を司っているのである。

動詞の語幹に対する屈折語尾は表 4 のようになる。

表 4　動詞の屈折語尾

意味分類		屈折語尾	直前の述語に対する活用形制限
定形	現在（非過去）	**-(r)u** (r → Ø / C__)	裸語幹
	過去	**-ta** (-da / n__])	連用形（の音便形）
	推量／勧誘	**-(y)oo** (y → Ø / C__)	未然形（子音動詞では裸語幹）
	過去推量	**-roo**	過去屈折形
	命令	**-e**（子音語幹動詞），**-ro**（母音語幹動詞），**-i**（「来る」）	命令形
	否定命令	**-na**	現在屈折形
非定形	テ形	**-te** (-de / n__])	連用形（の音便形）
	例示	**-ri**	過去屈折形
	仮定	**-ra**	過去屈折形
	暫定	**-(r)eba** (r → Ø / C__)	仮定形

表 4 で重要なのは個々の屈折語尾がそれぞれ，直前に来る述語要素に対して特定の活用カテゴリーを指定しているということである．紙幅の制限により，形容詞とコピュラの活用パラダイムは省略するが，屈折語尾の基本的な部分は動詞と共通するから，形容詞とコピュラの屈折形からこれらの語尾を除いた部分が裸語幹ないし拡張語幹になる（「痛ければ」は ita.ke-reba，「痛かろう」は ita.ka-roo，「痛くて」は ita.ku-te のように）．

　語彙構造と統語構造の境界で起こる現象として，最後に補充法 (suppletion) にも触れておく必要があり．補充法とは tooth の複数形が *tooths ではなく teeth，bring の過去形が *bringed ではなく brought と表現されるように，規則的に予想される屈折形が別の特別な語彙形式に差し替えられる現象で，欧米の言語学では屈折語尾を対象とするのが一般的である (Corbett 2007)．しかし，膠着型の日本語では統語的な述語（第 5 節）も補充法に関与する．

(21) a.　su- (する) ＋可能 -rare → *si-rare(ru) ではなく deki(ru)
　　 b.　所有の ar- (ある) ＋願望 -ta(i) → *ari-ta(i) ではなく hosi(i)
　　　　（「正直でありたい」の「ある」は所有ではなく存在の意味）

c. ar-（ある）＋ 否定 -nai → *ara-na(i) ではなく na(i)
     （ただし関西方言では ara-hen）
  d. sir-（知る）＋能力 -rare → *sir-are(ru) ではなく wakar(u)
     （「知れる」は能力ではなく自発）

(21)では語基が辞書に登録された動詞語幹で，その後に統語的な非自立述語が続いている。「できる，ほしい，わかる」といった補充形は語彙構造と統語構造の境界にまがって適用し，両構造の橋渡しの役目を果たしている。

(22) 語彙構造の si ― 統語構造の rare
          補充形 deki(ru)

補充形がこのように語彙構造と統語構造の溝を埋める働きをすることは，屈折型のヨーロッパ言語では直接的に確かめることができないが，語彙的および統語的述語を連結していく膠着型の日本語において明示的に示される。

6. 膠着性を高める特殊な述語形成

第3・4節で挙げたのは語形成の一般原則にのっとった生産的(productive)な述語形成であるが，最後に，形態論の一般原理から逸脱しているにもかかわらず，新たな述語を展開しようとする創造的(creative)な述語形成があることを指摘しておく。ひとつは，動作主複合語(Kageyama 2018a)である。まず，一般原則にのっとった複合語としては post-syntactic compounds と呼ばれる生産的な規則があり，(23a)の例では「制作」という他動詞的 VN が目的語「冒険映画」と複合している（|印は「語プラス」という形態単位に特有の音声的切れ目を表す（詳細は影山 1993, 2001, 2010b)）。

(23) a. ハリウッドでスピルバーグ監督が［冒険映画｜製作］の際
     b. *ハリウッドで冒険映画を［スピルバーグ監督｜製作］の際

(23b)は，「制作」が主語（動作主）と複合しているため非文法的となる。こ

れは世界諸言語に見られる普遍的制約であるが，実際には，この制約に反して他動詞が主語と複合する現象が見られる。

(24) a. ［スピルバーグ監督｜制作］の映画
   b. この映画は［スピルバーグ監督｜制作］です。

このような動作主を含む複合述語は事象の発生を述べるのではなく，対象物（「映画」）の属性を特徴付ける機能をもち，とくに (24b) のようなトピック-コメント構文に置かれると，コピュラが活用することで，複雑な述語連鎖への展開が可能になる。

もう1つ創造的な語形成は (25) のような例である (Kageyama 2010a)。

(25) a. 不人気（な／だ）（≒「人気がない」）
   b. 太っ腹（な／だ）（≒「腹が太い」）
   c. 有意義（な／だ）（≒「意義がある」）
   d. 多機能（な／だ）（≒「機能が多い」）

形態論の「右側主要部の原則」によると，これらはすべて名詞であるはずである。しかし実際には，単純な名詞ではなく，カテゴリー変化を起こして形容詞的名詞（AN）になっている。「不，無，未」などの否定接頭辞は「接頭辞は品詞を変えない」という一般原則に反して品詞を変更するため，従来の研究では例外と見なされてきた。しかし実は，品詞の変更は否定接頭辞に限られない。(25) の例に共通するのは，後部名詞を主語，前部要素（不，太，有，多）を述語とする主述関係で言い換えることができることである。主述関係になると，叙述機能が生まれ，AN として述語膠着に参与することが可能になる。

「家に帰りた<u>げ</u>だ」の「げ」や「学校を休み<u>がち</u>だ」の「がち」のように，名詞や動詞連用形が文法化によってモダリティないしアスペクトの非自立述語（多くの場合，AN）になるという現象も，大局的に見れば，述語の膠着性を高めるという目的に収斂する。

以上述べたのは「語」という形態的なまとまりを作る述語形成であった

が，日本語には「語」を構成しないのにひとまとまりの述語として機能する構文が幾つかある（Kageyama 2018b）。代表は(26a)の軽動詞構文であるが，(26b)の身体属性構文や(26c)の事態発生構文も下線部を述部とする構文で，いずれにおいても語彙的ないし意味的な制約がかかっている。

(26) a. A氏は自分自身を[<u>批判さえ</u>した]。
b. ハリウッドスターのブラッド・ピットは[<u>青い目を</u>している]。
c. そのコンサートには[<u>2000人の入場者が</u>あった]。

(26)の[ ]部分は内部に助詞を含むために統語的には句と分析されるが，下線部を統語的に移動して，「*A氏が自分自身をしたのは批判だ」，「*ブラッド・ピットがしているのは青い目だ」，「*そのコンサートにあったのは2000人の入場者だ」のように変形できない。これは，語の一部分を統語的に操作することはできないという一般制約（語の形態的緊密性）によるもので，[ ]部分が語相当の述語になっていることが分かる。当然ながら，こういった複合述語（composite predicate）も，アスペクト，否定，モダリティなどを伴って述語連鎖に参与できる。

7. むすび

本章では，従来の研究で明らかになった語彙構造での述語形成と統語構造での述語形成を踏まえて，両者の境界面に位置づけられる活用語尾の機能的な意義を明らかにした。主な論点をまとめると次のようになる。

<u>語彙的な述語形成と統語的な述語形成の機能的な類似点</u>
- 第6節で触れた特殊な述語形成を含め，語彙的な述語形成も統語的な述語形成も共に日本語の特徴である述部の膠着性を高める働きをする。

<u>語彙的な述語形成と統語的な述語形成の相違点</u>
- 語彙的に形成された述語は概念的意味を持ち，統語構造における述語形成の素材を提供する。統語的な述語は語彙的な素材に対して文法的概念を加える。

- 語彙構造では連結型と非連結型の両タイプの語形成が可能だが，統語構造では連結型の述語形成しかない。
- 語彙構造の述語形成はひとつの語基に対して原則一回しか適用しないが，統語構造の述語形成は複数の非自立的述語が組み合わされて長い連鎖を作る（膠着型言語と呼ばれる所以）。

語彙構造と統語構造の境界面にかかわる特徴
- 連濁や母音交替（「あめ～あま」等）が特定の語彙的複合語の内部で形態素間の境界を埋めるのに対して，補助動詞の縮約や動詞語幹の音便は語彙構造と統語構造の狭間で起こり，両者の間の句境界を埋めて滑らかな接続を生み出す働きをする。
- 「できる」や「欲しい」などの補充形は語彙構造と統語構造にまたがって生起し，両者を一体化する働きをする。

これらの知見は総体として，モジュール形態論のモデル（1）を補強するものと捉えられる。

参照文献

Aoki, Hirofumi and Bjarke Frellesvig (to appear) VERB VERB complexes in Old and Middle Japanese. In: Taro Kageyama, Peter Hook, and Prashant Pardeshi (eds.).
Bloch, Bernard (1946) Studies in colloquial Japanese I: Inflection. *Journal of the American Oriental Society* 66: 97–109. Reprinted in Roy A. Miller (ed.) *Bernard bloch on Japanese*, 233–265. New Haven: Yale University Press, 1969.／日本語訳『ブロック日本語論考』（林栄一監訳），東京：研究社，1974.
Corbett, Greville G. (2007) Canonical typology, suppletion, and possible words. *Language* 83(1): 9–42.
Davis, Stuart and Natsuko Tsujimura (1991) An autosegmental account of Japanese verbal conjugation. *Journal of Japanese Linguistics* 13: 117–144.
遠藤喜雄（2014）『日本語カートグラフィー序説』東京：ひつじ書房.
服部四郎（1950）「附属語と附属形式」『言語研究』15: 1–26.
Heine, Bernd (2001) Grammaticalization. In: Brian Joseph and Richard D. Janda (eds.) *The handbook of historical linguistics*, 575–601. Oxford: Blackwell.
姫野昌子（2018）『新版 複合動詞の構造と意味用法』東京：研究社.
Hopper, Paul and Elizabeth Closs Traugott (1993) *Grammaticalization*. Cambridge:

Cambridge University Press.

Ito, Junko and Armin Mester (2015) Word formation and phonological processes. In: Haruo Kubozono (ed.) *Handbook of Japanese phonetics and phonology*, 364–395. Berlin/Boston: De Gruyter Mouton.

影山太郎（1993）『文法と語形成』東京：ひつじ書房.

Kageyama, Taro (2001) Word plus: The intersection of words and phrases. In: Jeroen van de Weijer and Tetsuo Nishihara (eds.) *Issues in Japanese phonology and morphology*, 245–276. Berlin: De Gruyter Mouton.

Kageyama, Taro (2010a) Variation between endocentric and exocentric word structures. *Lingua* 120: 2405–2423.

影山太郎（2010b）「日本語形態論における漢語の特異性」大島弘子・中島晶子・ラウル ブラン（編）『漢語の言語学』1–17. 東京：くろしお出版.

影山太郎（2016a）「句につく語と形態素」影山太郎（編）『レキシコンフォーラム No. 7』57–73. 東京：ひつじ書房.

Kageyama, Taro (2016b) Verb-compounding and verb-incorporation. In: Taro Kageyama and Hideki Kishimoto (eds.) 273–310.

Kageyama, Taro (2016c) Noun-compounding and noun-incorporation. In: Taro Kageyama and Hideki Kishimoto (eds.) 237–272.

Kageyama, Taro (2016d) Lexical integrity and the morphology-syntax interface. In: Taro Kageyama and Hideki Kishimoto (eds.) 489–528.

Kageyama, Taro (2018a) Events and properties in morphology and syntax. In: Yoko Hasegawa (ed.) *The Cambridge handbook of Japanese linguistics*, 222–246. Cambridge: Cambridge University Press.

Kageyama, Taro (2018b) Compound and complex predicates in Japanese. *Oxford Research Encyclopedia of Linguistics* (online). New York: Oxford University Press.

Kageyama, Taro (to appear a) The architecture of Japanese verb-verb complexes. In: Taro Kageyama, Peter Hook, and Prashant Pardeshi (eds.).

Kageyama, Taro (to appear b) Morphological creativity and the constructionalization of compound verbs. In: Taro Kageyama, Peter Hook, and Prashant Pardeshi (eds.).

Kageyama, Taro and Hideki Kishimoto (eds.) (2016) *Handbook of Japanese lexicon and word formation*. Berlin: De Gruyter Mouton.

Kageyama, Taro, Peter Hook, and Prashant Pardeshi (eds.) (to appear) *Verb-verb complexes in Asian languages*. Oxford: Oxford University Press.

Kishimoto, Hideki (2006) Japanese syntactic nominalization and VP-internal syntax. *Lingua* 116: 771–810.

Kishimoto, Hideki (to appear) Syntactic V-V compounds in Japanese. In: Taro Kageyama, Peter Hook, and Prashant Pardeshi (eds.).

Kishimoto, Hideki and Satoshi Uehara (2016) Lexical categories. In: Taro Kageyama and

Hideki Kishimoto (eds.) 51–92.

岸本秀樹・于一楽（本書）「『(漢語/和語）一字形態素-スル』の語形成と形態構造」

こまつひでお（小松英雄）(1975)「音便機能考」『国語学』101: 1–16.

益岡隆志・田窪行則 (1992)『基礎日本語文法　改訂版』東京：くろしお出版.

三原健一・仁田義雄（編）(2012)『活用論の前線』東京：くろしお出版.

三原健一 (2015)『日本語の活用現象』東京：ひつじ書房.

Narrog, Heiko (2010) The order of meaningful elements in the Japanese verbal complex. *Morphology* 20: 205–237.

Nishiyama, Kunio (1999) Adjectives and the copulas in Japanese. *Journal of East Asian Linguistics* 8(3): 183–222.

西山國雄 (2012)「活用形の形態論，統語論，音韻論，通時」三原健一・仁田義雄（編）153–189.

仁田義雄 (1997)『日本語文法研究序説：日本語の記述文法を目指して』東京：くろしお出版.

奥津敬一郎 (1978)『「ボクハウナギダ」の文法：ダとノ』東京：くろしお出版.

佐久間鼎 (1936)『現代日本語の表現と語法』東京：恒星社厚生閣.

Shibatani, Masayoshi (1990) *The languages of Japan*. Cambridge: Cambridge University Press.

下地理則 (2007)「伊良部島方言の動詞屈折形態論」『琉球の方言』32: 69–114.

Stump, Gregory T. (1998) Inflection. In: Andrew Spencer and Arnold M. Zwicky (eds.) *The handbook of morphology*, 13–43. Oxford: Blackwell.

Sugioka, Yoko and Takane Ito (2016) Derivational affixation in the lexicon and syntax. In: Taro Kageyama and Hideki Kishimoto (eds.) 347–386.

Vance, Timothy J. (1993) Are Japanese particles clitics? *Journal of the Association of Teachers of Japanese* 27(3): 3–33.

由本陽子 (2005)『複合動詞・派生動詞の意味と統語：モジュール形態論から見た日英語の動詞形成』東京：ひつじ書房.

第 2 章

レキシコン理論の潮流
レキシコンでの操作としての借用について

長野明子

要旨

　レキシコンが記憶の装置であるだけでなく，動的な側面をもつかどうかについては，賛否両論がある。レキシコンの動的な側面として，これまで，派生語や複合語などの複雑語の生成（語形成）や単純形態の語の意味的・統語的情報の変更（語彙的交替）について研究がなされてきた。だが，レキシコンには，第3の動的側面として，借用という，他言語の項目を時に丸ごと，時に部分的に取り込むことができるという特徴がある。借用は，語形成や語彙的交替と同様，語彙を拡大する現象であるにも関わらず，UG 基盤の研究でほとんど扱われてこなかった。本章では，言語接触分野における借用に関する研究を参照しながら，前置詞が借用される心的プロセスについて生成文法の枠組みで分析する。既存の語形態への挿入と付加という，2つの取り込みの方法があることを論じる。

キーワード：　レキシコンの動的側面，言語接触，借用，L1/L2 の混合，挿入と付加

1. レキシコン研究の新たな側面

　一般に，（メンタル）レキシコンとは，「人間が心の中に持っていると考えられる，語彙的情報が蓄積されている辞書のこと」（中野ほか 2015）とされる。だが，「語彙的情報」とはそもそも何だろうか。Aronoff (1994: 16–22)

が言語学史に沿って説明するように，「語彙的」(lexical)という用語の1つ目の解釈は，'idiosyncratic' ないし 'arbitrary' の意味であり，2つ目は，grammatical という用語の対としての解釈である。後者の場合，lexical という用語は 'lexemic' の意味，すなわち「語彙素 (lexemes) に関わる」という意味で理解される。語彙素とは，語彙範疇をもつ，開いた類の形式をいい，閉じた類をなす文法的・機能的項目 (grammatical or functional items) と対立する (Beard 1995, 斎藤・石井 2011)。これら 'idiosyncratic-lexical' と 'lexemic-lexical' という2つの解釈は，互いに排他的なものではない。

「語彙的」という用語の2つの意味と対応するように，レキシコンについては，言語の恣意性を説明する役割と，語彙素の形態的変化 (屈折や語形成) や意味的変化 (語彙的交替のような比較的規則的な語彙意味論) を説明する役割の2つがあると考えられている。大きくわけて，レキシコンを「idiosyncratic-lexical な情報を扱う機構」に限定する立場と，「idiosyncratic-lexical な情報に加え，lexemic-lexical な表示を扱う機構」とする立場の2つがある。この2つの立場のうちの後者は，レキシコンに動的 (dynamic) で生成的 (generative) な性格を認める立場と考えてよいだろう。語彙素を対象とすることにより，形態論や語彙意味論の一部ないし全てをレキシコンで扱うことを意味するからである。機能語 (functional words) でなければ，語は，単純な形態のものであれ，複雑な形態のものであれ，語彙素を語根 (root) ないし語基 (base) としているので，レキシコンでの操作の対象となる。そのように動的なレキシコンを想定する立場を語彙主義 (lexicalism/lexicalist) というが，MacSwan (2016) のように，分散形態論のようなモデルとの対比において，動的であれ静的であれ，レキシコンというモジュールを仮定する立場のことを語彙主義と呼ぶこともある。2.1 節で取り上げる Emonds (2017) は，静的なレキシコンを想定する。語彙素をリストするレキシコンを Open-class Lexicon，機能的項目や半語彙範疇をリストするレキシコンを Grammatical Lexicon と呼んでいる[1]。

長野 (2018) で詳しく説明されているように，動的レキシコンを想定する理論は，形態論現象のどの程度までをレキシコンでの操作とするかによって，強い語彙主義 (strong lexicalism) と弱い語彙主義 (weak lexicalism) に分

---

1 それぞれ，Dictionary と Syntacticon ともいう (Emonds 2000)。

かれる。例えば、Beard (1995) の弱語彙主義は、形態論を (i) derivation, (ii) lexical inflection, (iii) syntactic inflection の3つに分割する。(i) と (ii) の操作は、レキシコンに独自のものであるとされる。これは、形態論を派生と屈折に2分割する古典的な分割形態論仮説 (split-morphology hypothesis) より進んだ、多分割の分割形態論仮説である。屈折について (ii) と (iii) を分ける考え方は、Booij (1996) の内在的屈折とコンテクスト的屈折の考え方と似ている。Beard に特徴的なのは、派生・屈折の操作と接辞の導入を分離する点であり、(i) (ii) の操作はレキシコンで行われるとしても、対応する接辞は、(iii) の接辞や機能語と同様に、統語論の後の Morphological Spelling で導入される。この考え方を、分離仮説 (Separation Hypothesis) と呼ぶ。

レキシコンの操作には、どのようなものがあるだろうか。語形成の研究や語彙意味論の研究は、個々の語彙素をベースとして別の語彙素や語形 (word-forms) を作る際の語彙表示の変更について、詳細な研究を行ってきた。レキシコンの動的側面に関する研究において、しかし、ほとんど未着手の現象もある。Beard (1987) が語形成の competitor として触れている借用 (borrowing) の現象である。借用語 (loanwords) や語彙層 (lexical strata) の事実から明らかなように、レキシコンには、他言語の語を取り込むという能力がある。従来の研究は、レキシコンに内在する項目から別の項目を生成する過程を検証してきたのだが、外から項目を取り込む過程については、同じ土俵では考えてこなかった。これは、レキシコン研究の新たな側面である。借用には、語彙的借用と文法的借用があるが、UG を想定する言語研究にとってとりわけ重要なのは、基本語彙の借用と文法的借用である。

借用の心的プロセスについて論じた非常に数少ない先行研究の1つとして、Namiki (2003), 竝木 (2005, 2016) による前置詞借用の研究がある[2]。竝木は、in の日本語への借用形が、「リンスインシャンプー」「液体 in カプセル」のように2つの名詞を連結する際の用法に着目する。この in が前置詞であれば、[リンス [イン・シャンプー]]、[液体 [in カプセル]] のような head-initial の構成素構造を作るはずだが、実際には、主要部はそれぞれ「シャンプー」と「カプ

---

[2] 厳密にいうと、今回対象となる英語の in と on は前置詞の用法と不変化詞の用法をもつ。だが、以下では、この区別を捨象して「前置詞 (の借用)」という用語を用いる。供給言語側の品詞の問題については稿を改めて検証したい。

セル」であり，[[リンス・イン] シャンプー]，[[液体 in] カプセル] という head-final の構造をもつ．とすると，in は前置詞として取り入れられているのではない．むしろ，「リンス入りシャンプー」「液体入りカプセル」との平行性から推して，日本語の「入り」の代替として取り入れられたと考えられる．

　これが正しければ，「リンスイン」や「液体 in」などは，英語 (L2) の語と日本語 (L1) の語の混合体 (mixture) であることになる．「リンス入り」や「液体入り」のような「名詞＋入り」という日本語の動詞由来複合語 (伊藤・杉岡 2002: 3.3 節) をベースとし，その主要部の「入り」の音形だけを，英語の前置詞の音形と組み替えているのである．この操作は，複合ではない．日本語では，語種の異なる語同士を複合して，「リンス液」や「液体ヘリウム」のような混種語 (hybrid) を作ることができる (斎藤・石井 2011: 38)．しかし，「リンスイン」や「液体イン」は，そのように，「リンス」＋「イン」，「液体」＋「イン」という複合で作られているわけではない．ベースがもともと複雑な形態をしており，その一部を借用形態で置換しているのである．その操作は，複合と異なるだけでなく，「ゴリラ」＋「くじら」→「ゴジラ」のような混成 (blending) とも，「天然パーマ」→「天パー」のような混種語の短縮とも異なる．

　並木の観察を言い換えれば，英語では自由形の機能語である in が，借用される際は一種の拘束要素として取り入れられるということである．2.2 節で見る「ゴールイン」タイプの「イン」について，森岡 (2008 [1985]) も似た指摘をしている．「シャンプー」や「ゴリラ」のような語彙的借用の例だけを見ていると気づきにくいことだが，L2 の言語項目のなかには，L1 のレキシコンの既存形式に依存するような形で取り入れられるものもあるようだ．これは，一体どのようなプロセスで行われるのであろうか．以下では，言語接触分野の関連研究 (2 節) と，筆者を含む研究グループで独自に集めた前置詞借用のデータ (3 節) を基にして，借用のプロセスには，挿入 (Insertion) と付加 (Adjunction) の少なくとも 2 つがあることを論じる (4 節)．

　なお，借用された形は「リンス<u>イン</u>」のように仮名で書かれることが多いが，「液体 <u>in</u>」のようにアルファベットで書かれることもある．今回はこの表記法の問題には立ち入らない．

2. 言語接触とレキシコン・形態論

　言語接触 (language contact) とは，話者が 2 言語（方言も含む）の知識をもつ場合にどういうことがどのように起こるかを考える領域である (Muysken 2010)。本節では，言語接触とレキシコン・形態論の関係に関わる近年の研究を，マクロな視点のものからミクロな視点のものへと概観していく。まず，語彙的借用と文法的借用の区別について確認し (2.1 節)，次に，後者について，マター借用とパターン借用の区別があることを見る (2.2 節)。これらは借用の結果についての研究であるが，2.3 節では文法的な借用のプロセスとして，挿入と付加という区分を導入する。

2.1　語彙的借用と文法的借用

　2 つの言語の間で起こる語の模倣・複製を借用 (borrowing) という。貸す方を供給言語 (donor language) といい，借りる方を受容言語 (recipient language) という。文字通りの貸し借りではないので，Johanson (2002) のようにコード複製 (code-copying) という用語を使う学者もいる。歴史言語学や言語類型論の借用研究では，語や形態論の様々なカテゴリーごとの借用可能性 (borrowability) が調査されてきた。語彙素レベルの借用を語彙的借用 (lexical borrowing) というのに対し，機能語や接辞，音韻・形態・統語特性や文法的カテゴリーに関わる借用を文法的借用 (grammatical borrowing) という。通言語的に，文法的借用は語彙的借用より例が少ないことがわかっている (Haspelmath and Tadmor (eds.) 2009)。Muysken (2010: 271) によると，借用されやすさには言語項目のレベル (1) と言語部門のレベル (2) のそれぞれで，大体次のような階層がある。ここでの X > Y は「X は Y より借用されにくい」と読み，かっこ内は事例である。

(1) a.　統語的要素 > 談話マーカー (that > OK)
　　b.　基本語彙 > 非基本語彙 > 動植物名 > 専門的語彙 (hand > computer)
　　c.　限定詞・接続詞 > 動詞・前後置詞 > 名詞・形容詞 > 名前
(2) a.　従属節 > 主節
　　b.　統語論 > 形態論 > レキシコン（語順 > 指小辞 > 形容詞）
　　c.　音韻的組織 > 音声的具現 (/i/:/e/ 対立 > velar r)

借用可能性には,なぜこのような階層が見られるのだろうか。Emonds (2017) が文法的借用について興味深い提案をしている。いわく,Borer (1984) 以降,個別言語ごとの特性は Grammatical Lexicon (1節参照) の語彙記載項 (lexical entries) に還元されるという考えが広く受け入れられてきた。この考えに従えば,生きた言語の間で借用できるのは,Grammatical Lexicon の単一の語彙記載項に指定できる特性に限られるはずである。語順や繰り上げの可能性や寄生空所の可能性等は,そのような特性ではないので,言語間での借用が困難である。

Emonds (2017) は形態統語的特性の借用可能性について議論しているのだが,語彙的借用は文法的借用より容易なのであるから,「借用の対象となるのは Open-class Lexicon と Grammatical Lexicon の語彙記載項の情報」と理解してよいだろう。その上で (1b, c) を見ると,言語項目のなかでも借用されやすさが異なることがわかる。例えば,名前は名詞・形容詞より借用されやすく,名詞・形容詞は動詞・前後置詞より借用されやすい。専門的語彙・動植物名は基本語彙より借用されやすい。ここからわかるのは,言語間変異のパラメータと関係の<u>薄い</u>語彙記載項の情報ほど借用されやすい,という傾向である。Höder (2016: 83) から引用する図1を見てほしい。

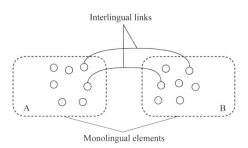

図 1 接触する2言語・方言間での interlingual identification

図1は,言語接触研究でいう interlingual identification (Weinreich 1964: 7),すなわち,接触する言語Aと言語Bの間での等価性 (equivalence) の同定の作業を表わしたものである。点線領域Aにある要素○は言語Aの要素を表し,点線領域B内の○は言語Bの要素を表す。そして,AとBの間の連結

線が，両言語の知識の間で同定された interlingual link を表している。Emonds (2017) による仮説では，図1の○が語彙記載項であり，言語間での借用対象となる。なかでも，言語間で等価同定が可能な，interlingual link でつながれた○は，生成文法の考え方では，言語間変異のパラメータに関わる語彙記載項であるとみてよいだろう[3]。

前置詞（不変化詞用法を含む）も，変異と深く関わる項目である。英語の方向を表す前置詞の機能は日本語では動詞が担うことが多いので，日英接触の場合には両者の間で interlingual link が形成される。問題は，前置詞には，機能的に等価な要素が日本語には既にあるのだから，例えば，専門的語彙の computer や動物名の gorilla や非基本語彙の shampoo などと同じようなやりかたでは取り入れられないだろう，という点である。リンクのない○は，他方のレキシコンに挿入すればよいだけだが，リンクのある○については，借用可能であるとしても，一体どのようにして借用されるのだろうか。

2.2　マター借用とパターン借用

文法的借用について，Matras and Sakel (eds.) (2007) は通言語的な調査を通じて，言語項目の音声形式面 (Matter) とその意味・文法的機能面 (Pattern) を分けて考える必要があると結論している。供給言語のモデルの音声形式面の複製をマター借用（MAT borrowing），意味機能面の複製をパターン借用（PAT borrowing）と呼ぶ。マター借用については，純粋にマターのみが借用されることもあるが，パターンも合わせて借用されることが多いので，両方ともマター借用と呼ぶ (Sakel 2007: 15)。Matras and Sakel (2007: 842–847) は，従来借用が非常に難しいとされてきた文法的カテゴリー，例えば，時制や相のマーカーや冠詞について，マターの複製は確かに極めて稀であるが，パターンの複製はある程度例があると指摘している。

1節で導入した「リンスイン（シャンプー）」や「液体 in（カプセル）」の「イン」も，英語の in のマターだけを借りたマター借用である。供給言語のマターを「名詞＋入り」という受容言語のパターンと貼りあわせたものである。だが，Nagano and Shimada (2018) が指摘するように，英語前置詞のマ

---

[3] Höder (2016) は構文文法の枠組みで言語接触の現象を分析している。Interlingual identification の詳細と，構文文法における○要素の解釈については，同論文を参照してほしい。

ターの借用は，Namiki (2003)・並木 (2005) の観察よりずっと広範に行われている。それを見るため，まず，関与する日本語の複合語のパターンについて確認しておきたい。

伊藤・杉岡 (2002: 3.3 節) や由本 (2009, 2014) で詳細に論じられているように，和語動詞の連用形を第 2 要素とする動詞由来複合語（deverbal compounds）には，複合語全体が純粋な名詞になる場合（例「ボール投げ」「相撲とり」）と，述語になる場合とがある。後者の場合，①「手作り（する），水洗い（する）」のように「する」をとるものと，②「石作り（だ），石作り（の）」のように「だ・の」をとるものとがある。伊藤・杉岡 (2002: 116–122) によると，①動名詞と②名詞述語の違いは，第 1 要素が第 2 要素の動詞の語彙概念構造（LCS）のどの部分を取り立てるかによって決まる。よって，同一の動詞に由来する複合語でも，「手作り（する）」と「石作り（だ）」のように，①と②の両用法がありうる。

「名詞＋入り」も，全体として述語である場合には，動名詞の (3) のような例と名詞述語の (4a, b) のような例の両方がある。ただし，動詞由来複合語の大多数とは異なり，基盤となる動詞と複合語要素の形態的なつながりが見えにくくなっている。

(3)　Goal: 楽屋入り（する），政界入り（する），大阪入り（する）
(4) a.　Locatum: 牛乳入り（のコーヒー），梅干し入り（のおにぎり）
　　b.　Location: 箱入り（の本），缶入り（のキャンディー）
　　　（並木 2005: 6–7 の事例を引用。「箱入り」は由本 2009: 216 より）

(3) は「Agent が Goal にはいる」という LCS 表示を基にしていると考えてよいだろう。『日本国語大辞典』によると，「はいる」は，移動動詞の「いる」を置き換えた形である。(4) の「いり」も，形態的には同じ「いる」（の他動詞用法）を基にしているが，現代語では「いれる」に結びつけた方が自然であろう。(4) の名詞述語は，「Locatum を Location にいれる」という LCS の結果状態を部分を取り立てている。例えば，(4a)「牛乳をコーヒーにいれる」→「このコーヒーは牛乳いりだ」，(4b)「本を箱にいれる」→「この本は箱いりだ」。「いれる」と似た LCS をもつ「のせる」でも，「クリームのせ（のゼリー）」，「膝のせ

(のトレー)」のように，(4a, b) と同じような複合語を作ることができる[4]。

　以上を踏まえ，前置詞借用の話に戻ろう。並木が「リンスイン (の)」の土台とするのは (4a) の Locatum 型である。しかし，(4b) の Location 型のパターンに貼り付けられた「イン」もある。3 節のデータを先取りすると，例えば，「チョコカップ in (生チョコ)」というレシピ名がある。この場合も，「チョコカップ入り (生チョコ)」と言い換えられるが，名詞「チョコカップ」の意味役割は，「リンスイン (の)」の場合と違い，Location である。

　また，これも 3 節で見るように，前置詞 on のマターを「のせる」由来の複合名詞述語のパターンに貼りつけた「名詞＋オン」もある。そして，この場合も，「カスタードオン (珈琲パン)」のような Locatum 型と，「ズッキーニ on (カマンベールチーズ)」のような Location 型の両方がみつかっている[5]。

　さらに，in のマターは，(3) の動名詞形成パターンに貼り付けられることもある。次のような例である。

(5)　　ベンチイン (する)，スタンドイン (する)，シーズンイン (する)，チャートイン (する)，ランクイン (する)，ゴールイン (する)

これらは，「ベンチ入り，チャート入り」のような，「はいる」由来の複合動名詞に対応する。「チェックイン (する)，ログイン (する)」などとは異なり，英語から丸ごと借用されたものではないことに注意したい。

　まとめると，前置詞のマター借用は，並木が観察した「Locatum＋入り」名詞述語に留まらず，Location 型名詞述語や Goal 型動名詞，さらには，「のせる」に由来する Locatum/Location 名詞述語にも及んで，広範囲に行われている。これらは，前置詞の音形のみが借用された純粋なマター借用である。上の議論から明らかなように，パターンは日本語の複合語のものだからである。

---

[4]　(4a, b)「名詞＋いり (の・だ)」の共時的な基盤が「いれる」であるならば，「名詞＋いれ」という複合語との関係はどうなるかという疑問が生じる。『明鏡国語辞典』に掲載されている範囲では，「名詞＋いれ」という複合語は，「筆入れ，綿入れ，玉入れ」のような純粋な名詞か，「蔵入れ，手入れ」のような動名詞で，名詞述語の事例がない。名詞述語は「名詞＋いり」という形態に集約されていると結論できるかどうかまではわからないが，興味深い事実である。

[5]　前者の例は 3 節で見る。後者の例は https://cookpad.com/recipe/1156765 より。

ここまでなら，in 借用のデータはマター借用とパターン借用の区別だけですっきりと理解できる。しかし，Shimada and Nagano (2014)，Nagano and Shimada (2018) では，より複雑な事例が観察されている。次の2例を比べてほしい。

(6) a. ［チーズイン］［ハンバーグ］
    b. ［ハンバーグ］［インチーズ］　　（Nagano and Shimada 2018: 71）

(6a) は「チーズ入りハンバーグ」と言い換えられるので，(4a) の Locatum 型「入り」の代替としての「イン」によるものである。一方，同じ料理を指す表現として，時に (6b) の言い方もなされる[6]。(6b) が指すのはハンバーグ入りチーズではなく，あくまでチーズ入りハンバーグであるので，「ハンバーグ」が主要部であり，「インチーズ」が修飾語である。

(6a) と異なり，(6b) で使われている「イン」は，単に「入り」の代替とはできない。「入りチーズ」という表現は存在しないからである。(6b) の「イン」は，後続の要素と構成素を成すという点では前置詞 in の特性をもつが，意味的には in ではなく「入り」である。というのも，「チーズ」に付与される意味役割は，明らかに，Time・Place ではなく Locatum であるからである。この新種の「イン」による修飾語は，次のようにデ格で使われることもある。

(7) 　豪壱では残り汁にインライスで「おじや」を楽しむそうです。
　　　　　　　　　　　　　　　　　　　　　　（Nagano and Shimada 2018: 71）

(7) は，一見すると，英語の in-line を丸ごと借用したと考えられる「（メールで）インラインで失礼します」という言い方に似ているが，意味役割を考えると異なることがわかる。英語の in-line や日本語の「インライン」と異なり，(7) の「インライス」で名詞が担う意味役割は Locatum である。英語の in には，Locatum 役割を付与する能力はないので，(6b) や (7) の「イン」

6　(6b) は，例えば次の有名料理家のレシピサイトで使われている。
　　http://recipe.sp.findfriends.jp/?pid=recipe_detail&id=11637［2018年3月アクセス］。

の形成にも (4a) の「入り」が関わっていると考えねばならない。だが，奇妙なことに，(6a) の「イン」とは異なり，「入り」の語順特性は引き継がれていないのである。

(6b) や (7) のような奇妙な事例をも分析の対象とするには，話者の心的プロセスというミクロなレベルにまで踏み込んで考える必要がある。以下では動詞借用のプロセスに関する先行研究を概観し，それに基づいて 3 節と 4 節で (6b) や (7) の問題に本格的に取り組む。

2.3 動詞の借用

言語混合のプロセスについて参考になるのが，Muysken (2000, 2016) による bilingual verbs（以下 BV）の研究である。動詞の借用について，まず，Moravcsik (1975) が「動詞はそのまま他言語に借用されることはない（他言語の動詞をそのまま借用することはできない）」という重要な観察をし，その制約への対処法として，「動詞は受容言語の動詞への埋め込みを介して借用される」と提案した。Muysken (2000: ch.7) は，これを挿入ストラテジー（insertion strategy）と呼ぶ[7]。最も単純な BV 事例では，L2（供給言語）の動詞語幹 (stem) に L1（受容言語）の屈折接辞がついた形態をとる。次の事例は，オランダ語を L1 とし英語を L2 とする話者による BV で，斜字体部分が L2 要素である。

(8) a. ge-*save*-d   'saved (pp)' (of computer files)
    b. *interview*-de 'interviewed (past sg)'
    c. *crawl*-t   '2sg/3sg crawl' (swimming)   (Muysken 2000: 192)

抽象化すれば，この型の BV は $[[X]_{L2}]_{L1}$ という語構造をもつ。Matrix となる L1 の語形に L2 要素を語幹として埋め込んだものである。この方法では，L2 の語幹は L1 の語幹と等価として扱われている（Muysken 2000: 184）。

しかし，動詞取り込みのストラテジーはこれに限られない。2 つ目として，

---

[7] 以下で述べるのは Muysken による分析と事例である。Moravcsik のオリジナルの提案との違い (Muysken 2000: 194–197) には立ち入らない。

[[X]_L2 - [helping verb]_L1]_L1 のような語構造の BV を作る付加ストラテジー（verb adjunction strategy）もある。ここでいう helping verb とは Muysken の用語で，受容言語の 'do' や 'make' に相当する動詞をいうが，AUX, INFL に限られないので助動詞（auxiliary）とは区別される。例えば，Sarnami（Surinam Hindustani）では，他言語の動詞を取り入れる際，次のように kare 'do' という helping verb を使うという。斜字体部分がそれぞれ右に記された外国語の動詞である。

(9) a.　*onti* kare　　'to hunt'　　Sranan
　　b.　*train* kare　　'to train'　　English
　　c.　*bewijs* kare　　'to prove'　　Dutch　　（Muysken 2000: 185）

Muysken（2000: 197–202）は，この型の BV の内部要素が補部関係 [X_N do] ではなく修飾関係 [X_V [do]] にあることを，多くの証拠を挙げて論じている。解釈は，'to perform X' ではなく 'to do something, namely X' である。第 1 に，X と 'do' は選択関係にない。よって，Sarnami BV の X には他言語の動詞，前置詞・不変化詞，分詞，動詞句など，様々なカテゴリーの要素が生起する。第 2 に，X にはオランダ語における接頭辞付加動詞のように，ゼロ派生名詞を作れない形態の動詞も生起する（例 ver=ken kare 'explore,' be=handel kare 'treat'）。つまり，他言語の動詞は名詞化されて helping verb と結合しているわけではない[8]。第 3 に，Sarnami は kare 以外にも helping verb をもつが，その使い分けは X との意味的合致（congruence）によって決まる。(9a-c) のように X が活動動詞なら kare 'do' が使われるが，オランダ語 *verdwalen* 'get confused' のような活動性の低い動詞の取り込みには，*ho:ve* 'be' が使われる。このことは，helping verb がそれ自体意味役割をもち（Muysken 2000: 211），X がそれを意味的に詳述するような要素として使われていると考えれば納得がいく。最後に，L2 動詞の選択特性は BV 全体に継承されない。これについて，次例を見てほしい。文末にあるのがタミル語の helping verb に英語の *admit* を取り込んだ BV である。英語の *admit* は

8　これは供給言語における品詞転換の可能性であるので，厳密には，受容言語における可能性も確認せねばならないだろう。

直接目的語と to 句をとるが，BV の項にはタミル語の格助詞が付与され，意味役割も *admit* のものとは異なる。

(10) a.　naan　*jaan*-e　*shool*-le　*admit*-paṇṇuneen
　　　　　I　　AC　　LO　　　do-1sg-PST

'* I admitted John in the school.'

　　 b. *naan　*jaan*-e　*school*-ukku　*admit*-paṇṇuneen
　　　　　I　　AC　　DAT　　　　do-1sg-PST

'I admitted John to the school.'　　　　（Muysken 2000: 205）

Muysken (2000: ch.7) では，挿入と付加に加え，名詞化された L2 動詞使役的 helping verb の補部になる事例 (pp. 206–208) と，L2 動詞が L1 助動詞の補部になる事例 (pp. 215–217) も議論されているが，ここでは割愛する[9]。

　以下では，2.2 節で見た 2 種類の「イン」の区別について量的に実証したのち，その借用のプロセスについて BV の研究を基に分析する。あらかじめ結論を述べておくと，(6a)「チーズイン」の「イン」は挿入で取り入れられたものに対し，(6b)「インチーズ」の「イン」は付加で取り入れられたものである。

3. Cookpad における「イン」と「オン」

　2.2 節の (6a, b) で見たように，意味的に「入り」に相当する「イン」には，目的語名詞に後続するタイプと先行するタイプがある。以下では，この 2 種類の存在を量的なデータで実証した研究を紹介する。

　Cookpad (https://cookpad.com/) は，日本のポピュラーな投稿型料理レシピサイトで，投稿者は自分のレシピに料理名と写真を添えて投稿する。2018 年現在で 300 万件以上の料理レシピが掲載されているこのサイトが，言語

9　(8) や (10a) を見るとわかるように，BV は語彙素というより語形である。つまり，文のレベルで出てくる語の形である。とすると，このような形態が作られるのは 2 言語が文のレベルで混合するコード交替現象においてである，という可能性がある。コード交替を通した借用という考え方は，Muysken (2000: 69–81) でも議論されており，本章のリサーチクエスチョンに深く関係すると思われるが，これ以上立ち入ることはできない。

研究におけるモニターコーパスに類するものとして有用であることを最初に示したのは Shimada and Nagano (2014) であり，その後，Nagano and Shimada (2016) で本格的なデータ検証が行われている。とりわけ我々の現象を調べるのに都合がいいのは，レシピ名には「イン」が使われやすいことに加え，その意図される解釈，特に，[[Locatum＋イン]＋本体]型と[本体＋[イン＋Locatum]]型を，料理の写真と調理手順によって明確に区別できるからである。Locatum は Location と対をなし，put (x) in/on (y) や provide (y) with (x) の項に与えられる意味役割の名称である (x: Locatum, y: Location)。一方，ここでいう「本体」は，意味役割ではなく，連結表現全体の意味的主要部を表す。例えば，(6a) と (6b) のどちらもハンバーグの一種であるので，「ハンバーグ」が意味的な主要部である。Nagano and Shimada (2016) は，Cookpad サービス開始の 1998 年から 2015 年までの 18 年間の投稿でレシピ名に使われた「イン」の例を全て取り出し，個々に解釈を確認した上で，形態統語的・意味的に分類した。その結果のうち，重要な点を以下にまとめる。事例は同研究に挙げられているものであるが，そうでないものについては，注で URL を示すことにしよう。

　まず，(11a) のような [[Locatum＋イン]＋本体] 型のレシピ名は計 2916 例，(11b) のような [本体＋[イン＋Locatum]] 型のレシピ名は計 1344 例であった。

(11) a.　[[マカロニイン] ミネストローネ]　　　　　　　2916 例
　　 b.　[蛸のカルパッチョ [イン塩レモン]]　　　　　　1344 例

Namiki (2003) や竝木 (2005, 2016) では (11b) の語順は観察されていないが，Cookpad では (11a) の語順の修飾語に比べて特に周辺的・例外的というわけではない。数の上では，(11a) 対 (11b) でほぼ 2：1 の割合である。生起年にも差はない。サービス開始年の 1998 年とその翌年には「イン」を含むレシピ名の事例がなかったが，2000 年に [[Locatum＋イン]＋本体] という語順の例が 5 例，[本体＋[イン＋Locatum]] という語順の例が 4 例，それぞれ出現している。その後，両タイプは大体同じペースで増加していっている。

　次に，Cookpad には「イン」だけでなく「オン」もある。原則として，2 つの名詞が「入れる」関係の時には「イン」が使われ，「のせる」関係の時

には「オン」が使われている。そして,「オン」の事例でも,(12a)のような［Locatum＋オン］語順の修飾語と(12b)のような［オン＋Locatum］語順の修飾語の両方が見つかっている。

(12) a.　［［カスタードオン］珈琲パン］］　　　　　　　545 例
　　　b.　［めかじきのソテー［オンマッシュルーム］］　404 例

(12a)の修飾語は「カスタードのせ」,(12b)の修飾語は「マッシュルームのせ」とそれぞれ言い換えられることから,ここでも日英語の混合が起こっているとわかる。「オン」のマターは英語の on に由来するが,そのパターンはやはり日本語の動詞由来複合語(2.2節)である。(12a)類と(12b)類の事例数を比較してほしい。「イン」の場合より,［オン＋Locatum］という語順の割合が大きく,(12a)対(12b)でほぼ 1.3：1 である。

　第3に,レシピ名全体の語順に目を向けると,上で見た例は,全て,「イン・オン」が2つの名詞を連結する語順を示していたが,「イン・オン」が末尾に来る例もある。次のような例である。

(13) a.　［ポテトサラダ［ヨーグルトイン］］　　　　227 例
　　　b.　［ジューシーナポリタン［目玉焼きオン］］　28 例

逆に,「イン・オン」が先頭に来る例も,少数だがあった。

(14) a.　［［in 白菜］ドライカレー］　　　　　　　11 例
　　　b.　［［on お豆］蒸しパン］　　　　　　　　　4 例

(13)や(14)の「イン」「オン」を「非連結」型と呼ぶことにしよう。2つの名詞の間に出てきていないという意味で,(11)と(12)の「イン」「オン」のような名詞連結要素ではないからである。名詞連結型に比べると非連結型の例は数が少ない。Cookpad での初出年も 6 〜 7 年だが遅い。連結型の例が 2000 年からあるのに対し,非連結型の初出は(13a)型：2006 年,(13b)型：2008 年,(14a)型：2007 年,(14b)型：2008 年である。

第4に，修飾語の意味役割がLocatumではなくLocationの例もある。ここまでに挙げた例では，put (x) in/on (y) のxに相当するものが「イン」ないし「オン」によって修飾語化されていた。しかし，yの方が修飾語化される場合もある。(4)の分類でいえば，(4a)「牛乳入り（のコーヒー）」ではなく，(4b)「箱入り（の本）」の「入り」に相当するインもあるということである。例えば，下に挙げる(15a)は，トマトスープを入れたチキンバーグではなく，トマトスープに入ったチキンバーグの名前である。(15b)も，ラタトゥイユをのせたソテーではなく，それにのったソテーの名前である。このような解釈は，料理の写真や作り方の説明部分で確認できる。

(15) a. ［チキンバーグ［イントマトスープ］］　　　　144例
　　　b. ［めかじきのソテー［オンラタトゥイユ］］　　124例

そして，Location解釈の場合，上のようなイン・オン先行語順が普通で，後続語順の例は少ない。

(16) a. ［［チョコカップ in］生チョコ］　　　　　　　31例
　　　b. ［［ミートソースオン］チーズオムレツ］　　　15例

(16b)は潜在的にLocatum解釈（「ミートソースをのせた」）と曖昧であるが，Cookpadの例では，写真からして，ミートソースの上にチーズオムレツをのせた料理である。

最後に，修飾語がLocation解釈でレシピ名全体が非連結型語頭のものは，次のような例が7例あるのみであった。これは，(15a)に対応する非連結型である。(15b)(16a)(16b)に対応する非連結型の例は見つからなかった。

(17)　［顔ウインナー［竹輪イン］］[10]　　　　　　　　7例

(17)の名前は，「竹輪に詰めた顔ウインナー（弁当用ウインナー）」を指す。

以上，Nagano and Shimada (2016) の量的データを概観した。まとめると，

---

[10] https://cookpad.com/recipe/1138071

「イン」が頻繁に使われる Cookpad というコンテクストでは，第1に，「Locatum＋イン」という語順の修飾語だけでなく，「イン＋Locatum」という語順の修飾語も生産的に作られていることがわかった。第2に，Locatum 解釈の「入り」に相当するインだけでなく，Location 解釈の「入り」に相当するインもある。ここでも，「Location＋イン」と「イン＋Location」の両語順が存在する。第3に，レシピ名全体の語順は，「イン」を連結要素とする［N イン N］が多いが，［イン NN］や［NN イン］の例もある。そして，最後に，意味的に「のせ」に相当する「オン」も存在し，「イン」について見た上記3点と同じことが当てはまることがわかった。

4. 前置詞取り入れのストラテジー

本節では，2.3節の先行研究と3節のデータを使って，英語の前置詞が日本語に取り入れられていくプロセスについて考えていく。

4.1 前提

分析に入る前に，前提事項をまとめて述べておこう。まず，2.1節や2.2節で見たような研究では，借用の結果，すなわち，受容言語のレキシコンで既に established した項目（Bauer 2000: 36）が問題にされるのに対して，本章で問題にしているのは establishment の前の段階についてである[11]。外国語をレキシコンに取り込む際に話者が行う心的プロセス自体について検討する。

次に，Namiki (2003)，並木 (2005, 2016) では，「名詞＋イン＋名詞」という表現全体が複合語であることが強調されているが，本章の議論にとって重要なのは「名詞＋入り」に相当する「名詞＋イン」の部分だけである。establishment の有無とも関係すると思われるが，「イン」を含むレシピ名全体は，並木の例とは異なり，必ずしも複合語とはいえない。例えば，(12b)

---

11 Existing words と Established words の区別は次の通りである。

[…] Let us say that a word is an EXISTING WORD from the moment it is first coined. The word may be ITEM-FAMILIAR to individual speakers, without having become part of the norm of the language. A word is ESTABLISHED once it becomes part of the norm, that is, once it is item-familiar to a large enough sub-set of the speech community to make it worth listing in reference works. （Bauer 2000: 36; スモールキャピタルも原文どおり）

では,「本体」部分に格助詞の「の」が生起している。また,修飾語と主要部の間に「の」を入れることができることも多い。だが,本章で見ているのは,「名詞＋イン」や「イン＋名詞」の形成についてであるので,この型の修飾語を含むさらに大きな表現全体が複合語であるかどうかは,議論とは基本的に無関係である。

　3つ目として,我々は,3節のデータに対して「英語学習の足りない人たちによる間違った表現」という規範主義的な見方はとらない（具体的な論拠は長野・島田 2017 を参照）。そのような考えの持ち主なら,Cookpad ユーザーは英語で頻繁に聞かれる "NP in/on NP" という表現をまねて適当に「イン」と「オン」を使っているだけだと言うかもしれない。しかし,第1に,［名詞＋イン（オン）＋名詞］という語順のみならず,(13)(14)(17) のように,英語には対応語順のない［名詞＋名詞＋イン（オン）］や［イン（オン）＋名詞＋名詞］という語順も使われているので,そのような考え方は正しくない。第2に,Cookpad における (11)(12) のような Locatum 修飾語の生産性と,(15)(16) のような Location 修飾語の生産性の差は,日本語における (4a)「牛乳入り」型と (4b)「箱入り」型の生産性の差を正しく反映している。並木 (2005: 7) は,(4a), (4b), および「180ml 入り（ボトル）」のような数量詞につく用法の3種の「入り」修飾語のうち,自身で集めた用例の数が最も多いのは (4a) 型であると述べている。Cookpad でも,(11)(12) 型のほうが (15)(16) 型より事例が多い。英語表現を適当にまねているだけという仮説では,この相関の事実も説明できないだろう。

4.2　受容言語の matrix への挿入と付加

　それでは,分析に移ろう。レシピ名のなかで「チーズイン」「インチーズ」の部分にのみ注目すると,その内部構造は,次の (18) の I か II のどちらかであるとわかる。すなわち,(11a) と (13a) の修飾語は,(18I) のように「イン」が Locatum の目的語 (Locatum obj) を選択する主要部位置を占める構造をもつ。一方,(11b) と (14a) の修飾語は,(18II) のように「イン」が I の構造への付加詞の位置を占める構造をもっている。後者のタイプの修飾語について,(18I) と主要部位置が逆になった (18III) の構造をもつという見方はとらない。その理由については 4.3 節であらためて説明する。

(18) I.

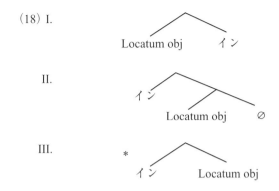

「オン」についても，(12a)と(13b)の修飾要素はIの構造，(12b)と(14b)の修飾要素はIIの構造をもつ。また，「イン」「オン」がLocationの目的語をとる場合も，I型構造の例(16), (17)とII型構造の例(15)がある。

BVの研究を参考にすると，前置詞由来のL1/L2混合体も，本来は借用しにくい要素を取り込むための方策として形成されると考えられる。実際，(1c)の階層によれば，動詞と前置詞は通言語的に同程度の借用可能性を示すのである。そこで，前置詞も，動詞のように，受容言語の語彙項目をmatrixとして取り込まれると仮定してみよう。すると，(18I)と(18II)の構造は，以下に図示するように，日本語の「Locatum obj + 入り・のせ」という既存形式への挿入(19I)ないし付加(19II)として作れるが，(18III)についてはmatrixとなる日本語の既存形式がない。単純に，「入り・のせ + Locatum obj」という語がないからである。

(19) I.

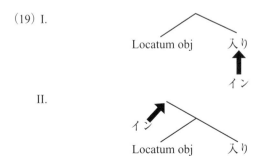

III.

　借用のプロセスを示した (19I) と (19II) について詳しく見ていこう。まず，(18I) を作る (19I) の操作は，並木 (2016) が「リンス入り」から「リンスイン」を導くのに使っている「代入」プロセスと同じものである。BV でいえば，(8) のように受容言語の matrix の主要部位置へ L2 要素が挿入されるケースである。

　一方，(18II) を作る (19II) の操作は，(9) のように受容言語の項目へ L2 要素が付加されるケースである。付加型 BV でいう helping verb に相当するのが，(19II) における「入り」である。(9) や (10a) では L2 要素が helping verb だけを付加の matrix とするのに対して，(19II) では目的語も含んだ「Locatum obj + 入り」を matrix とする。これは，「Locatum obj + 入り」で 1 つの自立語であるため，両者の間に「イン」が割って入ることはできないからである。また，(18II) と (19II) を比べると明らかなように，「Locatum obj + 入り」への付加は，次のような主要部の音形的ゼロ化を引き起こすと考えねばならない。

(20)　［Object + 入り］⇒ Adjunct + ［Object + ∅］

Muysken (2000, 2016) の範囲では付加型 BV で主要部の helping verb がゼロ化した例はないが，これは，上述のように，helping verb 自体が L2 要素付加の matrix，すなわち形態分析でいう語基 (base) になっているからだろう。

　以上の分析が正しければ，「名詞 + 入り」「名詞 + のせ」という複合語に対しては，挿入ストラテジーと付加ストラテジーの両方が使えることになる。これは，動詞由来複合語 (2.2 節) の「入り」「のせ」には，それぞれ 2 種類ずつあるため，と考える。つまり，BV の事例と平行的に考えれば，挿入ストラテジーは語彙的な要素としての「入り」「のせ」に対して使われるはずである。一方，付加ストラテジーは，helping verb 的要素としての「入り」「のせ」に対して使われるはずである。とすると，動詞由来複合語の「入り」「のせ」には，動詞「入れる」「のせる」の変化形としての解釈と接辞に近い

要素としての解釈が可能であり，結果として，挿入と付加の両方が使えるのだろう．接辞に近い用法の場合は，(20)のように「入り」が音声的にゼロになりうることも，機能的項目の一般的特徴にそくしたものである．L1 matrix の要素のステイタスに注目するこの考えは，Wakamatsu (2018) が論じる英語の let's の借用の事実からも支持される．このマーカーは，日本語の動詞勧誘形（「食べよう。」「観察しよう。」）を matrix として取り入れられるが，勧誘形接辞は一義的に機能的項目であるので，作られるのは全て，「let's 食べよう。」「let's 観察しよう。」のような付加形である．そして，「しよう」で終わる例は「let's 観察。」のように matrix の「しよう」がゼロ化することもあるが，それは (20) と同じ機能的項目のゼロ化によるものであろう．

　要するに，「イン」「オン」が語末に来る修飾語は挿入で作られるのに対し，語頭に来る修飾語は付加で作られる，ということである．この分析の大きな証拠として，Shimada and Nagano (2014) が観察した多重具現 (multiple exponence) (Harris 2017) の事実が挙げられる[12]．語頭型には，次のように，「イン・オン」と「入り・のせ」の両方が共起した例があるのである．

(21) a. ［トマトソース [in キャベツの外葉入り]］
　　 b. ［スープパスタ [on 焼きチーズのせ]］

ここでの修飾要素は，構造 (19II) から示唆されるのと全く同じ形態素連結を見せている．(19II) の付加が起こり，何らかの理由で (20) の操作が起こらなかった例である．一方，「イン・オン」が語末に来る場合には，(仮)［焼きチーズのせ on］といった多重具現の例は見つからなかった．これは，語末型が (19I) のように挿入によって作られていると考えれば説明がつくだろう．

　語末型と語頭型のもう1つの違いとして，Nagano and Shimada (2016) は，

12　4.2 節のこれ以下の部分と 4.3 節の議論は，島田雅晴氏との個人談話のなかで得られたものである．付加による言語混合で多重具現が起こりやすいということは，コード交替の研究でもよく知られている．例えば，Muysken (2000: 105) は，Nishimura (1986) による英語と日本語のコード交替の研究から次の例を引いている．下線をひいた前置詞と助詞が，同一機能の多重具現である．

　i.　a.　about two pound *gurai*
　　　b.　for Sean *ni*

格助詞の生起の違いを観察している。「イン・オン」が語末に来る修飾要素では，次のように，LocatumないしLocationの目的語に格助詞が付くことがある。

(22) a. [[納豆を IN!] シンプル卵焼き]
　　 b. [たらもサラダ [コルネに in]]¹³
(23) a. [[レタスにオン] 肉そぼろ]
　　 b. [オサレ冷奴 [カリカリじゃこ，おくらを ON]]

これらの例における「イン・オン」は，「入り」「のせ」を置換したものではない。「入り」「のせ」は対格や与格を取れないからである。(19I) の挿入ではなく，「入れて」「のせて」という動詞「入れる」「のせる」の別の語形に対して挿入が行われた例と見るべきであろう。

　他方，「イン・オン」を語頭にもつ修飾要素で格助詞が生起する例は見つからなかった。(22a) に対応する仮の例でいえば，(i) [IN + 納豆を入れて] のような例も，(ii) [IN+ 納豆を∅] のような例も，そして (iii) [納豆を IN + 入れて] のような例もなかった¹⁴。

　この違いも，BVの研究を基にして説明することができる。(8) のようなBVは，L1 の動詞語幹を L2 の動詞語幹で置換してできたものである。つまり，挿入ストラテジーは語彙範疇をターゲットとする。それに対し，(9) や (10) のような BV は，helping verb ('do,' 'make,' 'be,'…) という機能的ないし半語彙的な範疇をターゲットとする (2.3節で触れたように，助動詞とは異なる)。上で，(22)(23) の「イン・オン」は，「入れて」や「のせて」に対して挿入が行われたものと述べたが，挿入ストラテジーだからこそ，そうした完全に語彙的な要素をターゲットとして使えるのである。他方，付加ストラテジーには機能的な要素が必要である。対格や与格をとる「入れて」「のせて」という語形は，「名詞＋入り」「名詞＋のせ」の「入り・のせ」と異なり，機能的な用法をもたないので，そこに in や on を付加することはでき

13　https://cookpad.com/recipe/991494
14　(22a) の修飾部を (iii) における主要部のゼロ化の例と見ることは難しい。付加型 BV について上で述べたように，主要部要素だけが L2 要素付加の語基になる時はその音声的ゼロ化は難しいようだからである。

ない。結果として，（仮）［IN＋納豆を（入れて）］のような例もないのである。

4.3 英語の前置詞句を matrix とするという可能性について

「チーズイン」という語順の修飾語と「インチーズ」という語順の修飾語の両方の存在は，一見すると，日本語の head-final 構造と英語の head-initial 構造のそれぞれが L1/L2 混合の土台になっているように思わせる。つまり，「インチーズ」は (18III) の構造をもつように見える。しかし，4.2 節での提案はそうではない。「チーズイン」も「インチーズ」も同一の構造を matrix とし，L2 要素取り込みの操作が異なると提案した。もちろん，付加ストラテジーが行われるにあたっては，英語の語順の知識が影響を与えているだろう。だが，本章の見方では，matrix はあくまでも日本語の head-final 構造である。第 1 に，(18I) と (18II) の分析なら多重実現の有無を説明できるが，(18I) と (18III) の分析ではできない。(18III) の構造から (21) のような形態素連結は予想されないからである。第 2 に，英語の in は Locatum の目的語をとれないので，in 前置詞句を matrix とするという (18III) の分析では，主要部に日本語の動詞の情報がかぶせられていると考えねばならない。しかし，それならばなぜ，「イン」が語頭にくる型は，語末型 (22) (23) とは異なり，格助詞を認可できないのだろうか。

英語の前置詞句を基にして (18III) を作るという分析を我々が却下するのには，さらにもう 1 つ大きな理由がある。英語基盤のレシピ名は「ハンバーグインチーズ」とは別にあるからである。具体的には，Nagano and Shimada (2016) の Cookpad 調査で見つかった次のような例である。

(24) a. ［おせち [in 2013]］
　　b. ［焼きそば [in 熊本]］

(24) では，主要部名詞と修飾語は，put (x) in/on (y) の関係ではなく，より緩い意味関係にある。(24a) は 2013 年のおせち料理，(24b) は熊本で食べるような焼きそば，すなわち，熊本特産品を使った焼きそばを指す。このような「イン (in) ＋名詞」こそ，Time・Place の修飾語を作る英語の in 句を基盤にしていると考えられるだろう。並木 (2005, 2016) でも，次のような

例は英語基盤とされている。

(25) a. 新撰組フェスタ in 日野
b. カフェ・イン・水戸 　　　　　　　　　　　　　（並木 2016: 6）

並木（2016: 6）が指摘するように，これらは「本来の英語における表現と同様のもの」である。

　重要なことに，(24) 類のレシピ名は，修飾語内部の語順が「イン (in) + 名詞」に固定されている。「チーズイン」のように「イン」が語末に来るような例はないのである。例えば，(24a) に対応する [[2013 in] おせち] や (24b) に対応する [[熊本 in] 焼きそば] のような仮の例は，Nagano and Shimada (2016) による調査では 1 つも見つかっていない。もし，「チーズイン」が日本語基盤で，「インチーズ」が英語基盤であるのなら，(24a, b) に対しても，日本語の「Time・Place 名詞 + 助詞」の句を基盤とする（仮）「2013 in」や「熊本 in」のような例があっていいはずである。しかし，少なくとも Cookpad ではそのような例はない。とすると，「インチーズ」類の修飾語と，(24)(25) のような修飾語では，生成法が異なると考えた方がよいだろう。

　以上，4 節をまとめると，Cookpad における「イン」と「オン」は，受容言語である日本語の語形式を基盤とし，そこに英語の前置詞を取り込むというプロセスで生成される形式である，と結論できる。動詞の借用において挿入と付加という 2 つのストラテジーが使われるように，前置詞の借用においてもその 2 つが使われるとわかった。ただし，(24)(25) 類の生成法については，供給言語のほうを基盤とすることがわかったが，その詳細は 2 節の議論を充実する形で今後検討していかねばならない。

5. おわりに

　本章では，レキシコンの動的性格の新たな側面として，借用の現象に注目した。語形成の第 1 機能が新語形成であるのならば，L2 の語彙項目を L1 の語彙項目として取り込むことも，一種の語形成である。従来の研究では，L1 の文法に内在する語形成の各種プロセスを検討してきたのであるが，そ

れらと，今回見た借用のプロセスの関係はどうなっているだろうか。具体的には，挿入と付加というL1/L2混合の操作は，語形成研究に照らしてどのように理解できるだろうか。

MacSwan（2016）で概説されているように，文レベルでのL1/L2混合であるコード交替について近年有力な仮説は，コード交替に特有の制約や規則はない，というものである。コード交替の文も，コード交替のない通常の文の形成と同じ文法の仕組みを使って，その範囲内で作られる，という考え方である。この考え方をレキシコンの動的側面にも適用すると，語のレベルでのL1/L2混合に特有の操作というものはない，ということになるだろう。単一レキシコン内部での語形成で使われるのと同じ操作が，借用のプロセスにも使われると考えられる。

この視点で4節の結果を見直してみると，挿入と付加が作る混合体と同じ内部構成をもつ複雑語は確かに存在するとわかる。Muysken（2000, 2016）の研究は特定言語に限定されたものではないので，ここでは，「通常の語形成」のサンプルとして，現代英語の語形成を参照する。すると，まず，品詞変化（名詞化・形容詞化・動詞化）では，主要部位置で形態の交替が見られる。名詞化を例にとると，［Base + Nominalization］$_N$という語形態においてNominalizationの機能を具現する接尾辞は，writ**ing**, expres**sion**, arriv**al**, develop**ment**, annoy**ance**, kick+ ∅など，複数ある（kick+ ∅は転換による名詞化を表す）。そして，それらは共起するのではなく競合するのである（Lieber 2016）。このような関係は，挿入によってできる語末の「イン」と「入り」の関係と平行的である。なお，(8) のBV例でいえば，上の英語接尾辞は派生接辞であるので，語幹の一部に相当することに注意が必要である。

一方，付加の操作は，語基に対する接頭辞の付加と平行的である。(18II)で想定している，［イン + 語基 + ∅］$_A$というsyntheticな語形態は，例えば，接頭辞be-と接尾辞-edで作られる複雑形容詞（例 a <u>**be**jewel**led**</u> club）の内部構成を考えるとわかりやすい。be- が付加要素，jewelが語基，-edが主要部に相当する。これだけでなく，似た形態は接頭辞付き動詞にも多数ある。例えば，to **en**light**en**, to **be**french**ify**, to **be**-pamphlet**ize** などである。興味深いことに，この種の動詞の主要部は，(20) の操作と同じようにゼロ具現される

ことが多い。例えば，to **en**vision, to **en**cap, to **be**dew などがその例である[15]。

1言語内でのレキシコン拡大の方法と，言語接触時にみられるレキシコン拡大の方法が，本質的に似通ったものであるとすれば，借用をレキシコンの動的側面とする本章の見方は的外れなものではないだろう。

付記：本章の大部分は島田雅晴氏（筑波大学）との共同研究を通じて得られたものである。また，小野雄一氏（筑波大学），若松弘子氏（同大学大学院）との談話からも多くの示唆を得た。以上3名の方々に深く感謝する。また，3節のデータの一部は，東北大学大学院情報科学研究科言語変化・変異研究ユニット第1・2回ワークショップや言語処理学会第23回年次大会で発表した。そこで聴衆から頂いた質問やコメントにも感謝する。編者の岸本秀樹先生にも貴重なコメントを頂戴した。言うまでもなく，本章の責任は筆者一人にある。研究実施にあたり，科研費挑戦的萌芽研究課題番号16K13234と東北大学運営費の援助を受けた。

参照文献

Aronoff, Mark (1994) *Morphology by itself: Stems and inflectional classes*. Cambridge, MA: MIT Press.
Bauer, Laurie (2000) *Morphological productivity*. Cambridge: Cambridge University Press.
Beard, Robert (1987) Lexical stock expansion. In: Edmund Gussmann (ed.) *Rules and the lexicon: Studies in word formation*, 24–41. Lublin: Catholic University Press.
Beard, Robert (1995) *Lexeme-morpheme base morphology: A general theory of inflection and word formation*. Albany: State University of New York Press.
Booij, Geert (1996) Inherent versus contextual inflection and the Split Morphology Hypothesis. In: Geert Booij and Jaap van Marle (eds.) *Yearbook of morphology 1995*, 1–16. Dordrecht: Kluwer.
Borer, Hagit (1984) *Parametric syntax*. Dordrecht: Foris.
Emonds, Joseph E. (2000) *Lexicon and grammar: The English syntacticon*. Berlin: Mouton de Gruyter.
Emonds, Joseph E. (2017) Theoretical limits on borrowing through contact; not everything goes. In: Laura R. Bailey and Michelle Sheehan (eds.) *Order and structure in syntax I: Word order and syntactic structure*, 373–384. Berlin: Language Science Press.
Harris, Alice C. (2017) *Multiple exponence*. Oxford: Oxford University Press.
Haspelmath, Martin and Uri Tadomor (eds.) (2009) *Loanwords in the world's languages: A comparative handbook*. Berlin: De Gruyter Mouton.

15　以上の例は全てOED onlineより。これらの接頭辞が主要部にならないことについては，長野（2017）とそこにある文献を参照してほしい。

Höder, Steffen (2016) Phonological elements and diasystematic construction grammar. In: Martin Hilpert and Jan-Ola Östman (eds.) *Constructions across grammars*, 67–95. Amsterdam: John Benjamins.
伊藤たかね・杉岡洋子 (2002)『語の仕組みと語形成』東京：研究社.
Johanson, Lars (2002) *Structural factors in Turkic language contacts*. London: Curzon.
Lieber, Rochelle (2016) *English nouns: The ecology of nominalization*. Cambridge: Cambridge University Press.
MacSwan, Jeff (2016) Codeswitching and the timing of lexical insertion. *Linguistic approaches to bilingualism* 6(6): 786–791.
Matras, Yaron and Jeanette Sakel (2007) Investigating the mechanisms of pattern replication in language convergence. *Studies in language* 31(4): 829–865.
Matras, Yaron and Jeanette Sakel (eds.) (2007) *Grammatical borrowing in cross-linguistic perspective*. Berlin: Mouton de Gruyter.
Moravcsik, Edith (1975) Verb borrowing. *Wiener Linguistische Gazette* 8: 3–31.
森岡健二 (2008 [1985])「外来語の派生語彙」宮地裕・甲斐睦朗 (編)『日本語学 特集テーマ別ファイル：語彙4』112–122. 東京：明治書院.
Muysken, Pieter (2000) *Bilingual speech: A typology of code-mixing*. Cambridge: Cambridge University Press.
Muysken, Pieter (2010) Scenarios for language contact. In: Raymond Hickey (ed.) *The handbook of language contact*, 265–281. Malden, MA: Blackwell.
Muysken, Pieter (2016) From Colombo to Athens: Areal and universalist perspectives on bilingual compound verbs. *Languages* 1(1), http://www.mdpi.com/2226-471X/1/1/2 [2018年3月アクセス].
長野明子 (2017)「現代英語の派生接頭辞en-は本当にRHRの反例か？」西原哲雄・田中真一・早瀬尚子・小野隆啓 (編)『現代言語理論の最前線』77–93. 東京：開拓社.
長野明子 (2018)「最新のレキシコンと形態論の進展」西原哲雄 (編)『言語の構造と分析：統語論, 音声学・音韻論, 形態論』169–257. 東京：開拓社.
Nagano, Akiko and Masaharu Shimada (2016) When a preposition-less language borrows prepositions: Language contact through L2 education and its reflection on recipe naming. Ms. Tohoku University & University of Tsukuba.
長野明子・島田雅晴 (2017)「言語接触と対照言語研究：「マイカー」という「自分」表現について」廣瀬幸生・島田雅晴・和田尚明・金谷優・長野明子 (編)『三層モデルでみえてくる言語の機能としくみ』217–259. 東京：開拓社.
Nagano, Akiko and Masaharu Shimada (2018) Affix borrowing and structural borrowing in Japanese word-formation. *SKASE Journal of Theoretical Linguistics* 15(2): 60–84.
中野弘三・服部義弘・小野隆啓・西原哲雄 (編) (2015)『最新英語学・言語学用語辞典』東京：開拓社.

Namiki, Takayasu (2003) On the expression *rinse in shampoo*: A new type of Japanese compound coined from English words. In: Shuji Chiba et al. (eds.) *Empirical and theoretical investigations into language: A festschrift for Masaru Kajita*, 538–550. Tokyo: Kaitakusha.

竝木崇康 (2005)「日本語の新しいタイプの複合語:「リンスインシャンプー」と「リンス入りシャンプー」」大石強・西原哲雄・豊島庸二 (編)『現代形態論の潮流』1–19. 東京:くろしお出版.

竝木崇康 (2016)「語形成における例外的現象と言語変化:英語と日本語の複合語を中心に」東北大学言語変化・変異研究ユニット主催第3回ワークショップ招待講演ハンドアウト. 東北大学. 2016年9月7日.

Nishimura, Miwa (1986) Intra-sentential code-switching: The case of language assignment. In: Joyotsna Vaid (ed.) *Language processing in bilinguals: Psycholinguistic and neuropsychological perspectives*, 123–143. Hillsdale, NJ: Lawrence Erlbaum.

斎藤倫明・石井正彦 (2011)「語彙論概説」斎藤倫明・石井正彦 (編)『これからの語彙論』1–78. 東京:ひつじ書房.

Sakel, Jeanette (2007) Types of loan: Matter and pattern. In: Matras and Sakel (eds.) 15–29.

Shimada, Masaharu and Akiko Nagano (2014) Borrowing of English adpositions in Japanese. Paper read at the Annual Meeting of the Linguistics Association of Great Britain (LAGB 2014), The Queen College, University of Oxford, 3 September 2014.

Wakamatsu, Hiroko (2018) How is the English volitionl marker *let's* borrowed into Japanese? In: *Conferece Handbook* 36 (The thirty-sixth conference of the English Linguistics Society of Japan): 179–184. Tokyo: English Linguistics Society of Japan.

Weinreich, Uriel (1964 [1953]) *Languages in contact: Findings and problems*. The Hague: Mouton.

由本陽子 (2009)「複合形容詞形成に見る語形成のモジュール性」由本陽子・岸本秀樹 (編)『語彙の意味と文法』209–229. 東京:くろしお出版.

由本陽子 (2014)「「名詞+動詞」型複合語が述語名詞となる条件」岸本秀樹・由本陽子 (編)『複雑述語研究の現在』179–203. 東京:ひつじ書房.

第3章

「(漢語/和語)一字形態素-スル」の語形成と形態構造

岸本秀樹・于一楽

要旨

　「愛する」「涙する」「恋する」などのスル動詞は，語彙的なものと統語的なものに大きく分かれる。本章では，レキシコンで形成される語彙的「スル動詞」の形態構造には，動詞化接辞の -s が付加するものと，動詞語幹の -su が付加するもの，独立の動詞「する」が複合するものの3タイプがあり，一字形態素に動詞化接辞が付くものは子音語幹動詞の活用をし，動詞語幹が付加するものと複合が起こるものは，サ変動詞の活用をすることを示す。統語的「スル動詞」については，一字形態素（動詞的名詞）と「する」がもともとは形態的にも統語的にも独立する形で存在するが，一字形態素が「する」に統語的に編入して，一語となることを示す。編入される「する」は元は独立の動詞であるため，このタイプもサ変動詞の活用をする。また，一字形態素と「する」が独立する形式がある統語的「スル動詞」においてのみ「する」と「できる」の置き換えが可能であることを示す。

キーワード： 語形成，漢語，和語，スル，動詞的名詞，活用，編入

1. はじめに

　「二字漢語」「和語」「外来語」に「する」が組み合わされて作られる「勉強する」「相席する」「テストする」などの「動詞的名詞 (verbal noun (VN))-スル」構文に関してはこれまで多くの研究が行われてきている (e.g.

Kageyama 1976, Miyamoto 1999 など)。一方で,「愛する」「涙する」「恋する」などの「(一字) 漢語」や「(漢字一字の) 和語」と「する」が結合する構文について詳しく議論したものは多くない (cf. 影山 1980, 三宅 2010)。本章では,これまで十分に検討されてこなかったそのようなスル動詞の形態と活用および項の現れ方について考察を加える。

　本章で議論する「一字形態素-スル」は,(1) の「愛する」「接する」「涙する」「恋する」の例からわかるように,変異形の有無・否定形・命令形・可能形・「する」と「できる」との置き換えで異なるふるまいを示す。

(1) a.　愛する / 愛す, 愛さない, 愛せ, 愛せる, *愛 (が) できる
　　 b.　接する / 接す, 接しない, 接しろ, ?*接せる, *接 (が) できる
　　 c.　涙する /*涙す, 涙しない, 涙しろ, *涙せる, *涙 (が) できる
　　 d.　恋する /*恋す, 恋しない, 恋しろ, *恋せる, 恋 (が) できる

　影山 (1993) では,「勉強する」のような「動詞的名詞 (VN) -スル」の形式は,統語部門で動詞的名詞が「する」に編入することにより作られるとしている。三宅 (2010) は,「愛 (する)」などの「漢語一字形態素-スル」はレキシコンで形成され登録されるとする。ただし,「和語一字形態素-スル」は,「動詞的名詞 (VN) -スル」と同様に,統語部門で形成されるとする。三宅 (2010) の主張では語彙的「一字形態素-スル」と統語的「一字形態素-スル」の区別と,漢語と和語の区別が相関することになる。これに対して,本章では,漢語・和語の区別に関わらず,一語としてレキシコンに登録される語彙的「一字形態素-スル」(1a, b, c) があり,活用形式の違いから,語彙的「漢語一字形態素-スル」には,接辞付加による派生語と語幹付加による合成語があること (1a, b),また和語については,複合による派生が可能であることを示す (1c)。さらに,「和語一字形態素-スル」にも「漢語一字形態素-スル」にも動詞的名詞と「する」の結合が統語部門で起こる統語的「一字形態素-スル」があることを示す (1d)。語彙的「一字形態素-スル」の活用 (および活用のゆれ) は形態構造によって決まることを論じる。

2. 語種と語彙的「スル動詞」と統語的「スル動詞」の区別

「愛する」が語彙的に形成され「恋する」が統語的な編入によって形成されることを示した研究に影山 (1980) があるが，三宅 (2010) では，「漢語一字形態素-スル」はレキシコンで形成され，「和語一字形態素-スル」は統語部門で形成されるとする。語彙的「一字形態素-スル」と統語的「一字形態素-スル」の区別が漢語・和語の語種の区別と相関するというのが三宅 (2010) の主張である。しかし，語種は当該の「一字形態素-スル」が語彙的または統語的に形成されるかという区別とは関係しない。このことを議論するためには，まず，「愛する」「得する」のような動詞がどのように形成されるかを見分けることが必要である。この手がかりとして，ヲ格が名詞と「する」の間に介在できるかについて考えてみる。たとえば，「愛 (*を) する」「心 (*を) する」とは言えないので，「愛する」(漢語) と「心する」(和語) は語彙的に形成されることになる。一方，「得 (を) する」「噂 (を) する」とは言えるので，「得する」(漢語) と「噂する」(和語) は統語的に形成されると考えられる[1]。

次に，Kageyama (2009) によると，「勉強する」などの統語的に形成される「動詞的名詞-スル」は，編入前は「勉強」と「する」が別々の語であり，編入後は一語となっている。「勉強しましたか？」に対して「はい，しました／いいえ，していません」と答えることができるのは，「する」が編入前には動詞的名詞とは独立しているからである。一方で，「*中華料理の勉強する」のように「中華料理」で「勉強」を修飾することはできない。これは「勉強する」の「勉強」が「する」に編入することにより一語となるからである。これと同じことが「得する」「噂する」についても言える。「得しまし

---

[1] 動詞的名詞として機能しない「封」や「株」などのいくつかの名詞は，動作を表す動詞「する」と結合させ「封 (を) する」「株 (を) する」という形にすることも可能である。「封する」のような格標示のない形式は，「封｜する」「株｜する」のように，ポーズを置いたほうが自然であり（「｜」はポーズを表す），格が脱落することにより作られたと考えられる。また，「印をする」などでは，「机に印をする→印を机にする」のような項のかき混ぜができる。他方，動詞的名詞が一字形態素となる「一字形態素-スル」(たとえば，「旅する」) ではこのようなポーズは見られない。さらに，「旅をする」対しては，「韓国に旅をする→*/??旅を韓国にする」のようにかき混ぜができない。これは，かき混ぜをすると，動詞的名詞や名詞が選択する項が「する」の項として引き継がれなくなるためであると考えられる。

たか？」「噂しましたか？」に対して「はい，しました / いいえ，していません」と答えることができる。そして，「*5万円の得する」「*他人についての噂する」のような「得」「噂」の修飾はできない。これらの事実から「得する」「噂する」が統語的に形成されることが示唆される²。

　「一字形態素-スル」が語彙的に形成されるか統語的に形成されるかという問題が語種と直接関係しないということは，「-方」名詞化を考えるとはっきりする。一般に，レキシコンで形成される動詞の「-方」名詞化においては，「食べる」から「食べ方」のような表現が作られる。統語的に形成される動詞の場合は，「料理する」から「料理のし方」のようにノ格が挿入され，「*料理し方」という言い方はできない（影山 1993, Kishimoto 2006）。「愛する」「心する」「得する」「噂する」の「-方」名詞化は以下のようになる。

(2) a.　愛し方（*愛のし方），心し方（*心のし方）
　　 b.　得のし方（*得し方），噂のし方（*噂し方）

(2a) の「愛する」「心する」の「-方」名詞化のふるまいは，これらの動詞が語彙的に形成されること，そして，(2b) の「得する」「噂する」の「-方」名詞化のふるまいは，これらの動詞が統語的に形成されることを示している。「愛」「得」は漢語で「心」「噂」は和語であることから，三宅 (2010) の主張とは異なり，語種と「一字形態素-スル」の区別には直接の相関関係がないことがわかる。一般的に動詞「する」の前部要素は漢字一字が完全に形態素一致するとは限らないが，本章で議論するものは，漢字一字で当てられる部分が形態素の中心部分になるので，特段の断りがない限り，「漢語-スル」「和語-スル」は，「漢語」「和語」の一字形態素と「する」が組合わされて形成されたスル動詞という意味で用いる。

　動詞「する」の前に現れる要素は，「愛（する）」「類（する）」などそれ自体で（名詞として）独立して使用できるものもあれば，「視（する）」「浴（す

2　Kageyama (2016) では「色づく」のような和語名詞＋動詞は統語的編入ではないと結論づけている。これに対して，「和語＋する」は，(ii) の「VN-スル」と同じ照応関係が (i) にも成り立つことから，編入が関わっていることが示唆される（3節も参照）。
　(i)　他人のことについて，女子学生はよく噂ᵢ-するが，男子学生はあまりφᵢ-しない。
　(ii)　学会でアメリカ人はよく発言ᵢ-するが，日本人はあまりφᵢ-しない

る)」のように独立して使用できないものもある。日本語の名詞や動詞的名詞は活用しないため，単独で使用できるものは語幹 (stem) あるいは語 (word) とみなすことができる。後者の「視」「浴」は自立しないので，拘束語根 (bound root) とみなすことができる。本章では，自立性が低い語幹や拘束語根に付く「する」は独立の動詞「する」ではなく「する」から文法化により派生された動詞化接辞あるいは動詞語幹であることを論じる。

以下の議論では，3 節で統語的「スル動詞」は動詞的名詞が「する」に編入して形成されることを議論した上で (cf. Baker 1988)，4 節で漢語の語彙的「スル動詞」は，語幹または拘束語根に動詞化接辞の -s が付加するタイプと動詞語幹 -su が付加するタイプに分かれ，語彙的な「和語-スル」は，語と独立の「する」の複合が起こっていることを示す。

3. 統語的「スル動詞」の活用と編入

まず，統語的「スル動詞」に目を向けると，このタイプのスル動詞は一字形態素が漢語であるか和語であるかに関わらず，同じ活用をする。否定形・命令形・意志形はそれぞれ以下のようになる。

(3) a. 得しない（否定），得しろ（命令），得しよう（意志）
　　b. 恋しない（否定），恋しろ（命令），恋しよう（意志）

(3) のように，漢語の「得する」も和語の「恋する」も単独の「する」と同じ活用をする。4 節で議論する動詞化接辞 -s が付くタイプの活用である「*得さない/*恋さない」「*得せ/*恋せ」「*得そう/*恋そう」とはならない。統語的「スル動詞」には，(4) のようなものがある。

(4) a. 漢語：損する，得する，楽する，漁する，など
　　b. 和語：恋する，旅する，噂する，幸する，災する，商する，瞬する，禍する，など

以下でも見るように，統語的「一字形態素-スル」は「動詞的名詞-スル」と同じふるまいを示す。そうすると，統語的「一字形態素-スル」に現れる一

字形態素は,「動詞的名詞」として機能しており,この場合「する」は対格目的語に動詞的名詞を選択していると考えられる。ここで,動詞的名詞は,名詞の一種で一般に動的な事態を指し,さらに,Miyagawa (1987) に従い,項構造をもつと考えておく。この考え方に従うと,「恋」や「旅」などは,項構造をもち,動的な(永続しない一時的な)事態を指すので「料理」などと同じ動詞的名詞として認定される (cf. Grimshaw 1990)。

実際に,「恋する」などの統語的「スル動詞」では,一字形態素が,「勉強」と同じように項構造をもち,スル動詞の項の選択を決めていることを示すことができる。まず,「動詞的名詞-スル」は,動詞的名詞が項構造をもつので,(5) のような形で項の表出をすることができる。動詞的名詞「勉強」の場合,「言語学の勉強」から「言語学の勉強をする」を作ることができ,同じことは「一字形態素-スル」についても言える。

(5) a. 言語学についての勉強 → 言語学についての勉強をする /
　　　　　　　　　　　　　　　言語学について勉強(を)する
　　b. 韓国への旅行 → 韓国への旅行をする / 韓国へ旅行(を)する
(6) a. 他人についての噂 → 他人についての噂をする /
　　　　　　　　　　　　　他人について噂(を)する
　　b. 韓国への旅 → 韓国への旅をする / 韓国へ旅(を)する

(6a) の「噂」では,「他人の噂」から「他人の噂をする」という形式を作ることもできる[3]。「について」や「へ」で表される項が「する」の選択する項でないことは,「*あの人について得する (cf. *あの人についての得)」「*韓国へ楽する (cf. *韓国への楽)」のような例が不可能なことから明らかである。以上の事実から,統語的「スル動詞」では,一字形態素が項構造をも

---

3 「噂」のとる内項が人間を指す場合,(i) のように名詞の中で具現化されるか,外に取り出されるかで形式が異なる。これは「噂」のような名詞から人間を表す項を取り出す場合,(人間でなく)内容を指すことを示す「こと」の挿入が義務的になるからである。
　(i) 他人の噂をする / 他人*(のこと)を噂する
「動詞的名詞(VN)-スル」の「相談する」も同じで,取り出された項が人間でなく内容を指すことを保証するために「こと」の挿入が必要となる。
　(ii) 子どもの相談をする / 子ども*(のこと)を相談する

ち，項の具現化のパターンを決めていることがわかる。その項の現れ方は，（「料理をする」のような）「動詞的名詞（VN）-スル」と並行的である。

影山（1993）などで議論されているように，「動詞的名詞（VN）-スル」が統語部門での名詞編入により形成されるのであれば，統語的「一字形態素-スル」も統語部門で形成されると考えることができる。そうすると，(4) の統語的「スル動詞」は，独立の「する」に名詞が統語的に編入される語形成が関わっていると考えられる。ここでは，「恋する」を代表例にとって統語的「スル動詞」における名詞編入の構造を(7)に示す。

(7) 　[$_{VP}$ [$_{NP}$ [$_N$ 恋 (を)]] [$_V$ する]　→　[$_{VP}$ [$_{NP}$ [$_N$ t$_i$]] [$_V$ [$_N$ 恋$_i$] [する]]]

「恋する」は，(7)のように，まず統語的に「恋」と「する」が別々に作られ，次に，「恋」の動詞「する」への編入を経て，[[動詞的名詞]$_{word}$+ [suru]]$_{word}$ の形が作られると考えられる。そうすると，統語的「一字形態素-スル」には編入を起こした形と，編入を起こさない形が存在することになるが，このことは以下のような経験的事実によって支持される。

まず，「恋する」などの統語的「スル動詞」は，独立の「する」に動詞的名詞が統語的に編入され，[[動詞的名詞]$_{word}$+ [suru]]$_{word}$ の形が作られる。動詞的名詞が編入される前は統語的に独立した状態にあるので，(8)に示すように「さえ」を動詞的名詞と「する」の間に挿入できる。

(8) a.　花子は太郎に恋さえした。
　　b.　損さえしなければ，取引に応じよう。

また，(9)に示すヲ格の介在や「-方」名詞化の事実は，編入前の構造があることを示唆する。(10)の「VN-スル」でも同じ事実が観察される。

(9) a.　旅(を)する
　　b.　旅のし方(*旅し方)
(10) a.　料理(を)する
　　b.　料理のし方(*料理し方)

(9a)と(10a)のようにヲ格が動詞的名詞と「する」の間に介在できるのは，編入前の構造において，動詞「する」から動詞的名詞に対格を与えることができるためである（この場合，動詞的名詞の編入は起こらない）。影山（1993）やKishimoto（2006）が議論しているように，「動詞的名詞-スル」においては，「-方」名詞化が起こると，編入が阻止され，(10b)のように動詞的名詞と「する」の間にノ格が義務的に挿入される。(9b)の「旅する」が「-方」名詞化において「旅のし方」となり「*旅し方」とならないのも編入が阻止されるためである。「-方」名詞化は，編入前の構造が関係するのである。

ちなみに，「幸する」「災する」は「幸(?を)する」「災(?を)する」のようにヲ格が介在すると不自然ではあるが，「-方」名詞化では「幸のし方/災のし方」の形になり，「*幸し方/*災し方」とはならない。これは非対格の「動詞的名詞-スル」の「発生する」と同じ振る舞いなので（「発生(?を)する」，「発生のし方」），「幸する」「災する」も統語的「スル動詞」に分類できる。

次に，ヲ格の現れない統語的「スル動詞」の動詞的名詞が統語的に編入されているかどうかについては，修飾句が動詞的名詞を修飾できず，「と」で等位接続させることもできないという事実が示唆的である。

(11) a. *若い頃たくさんの恋した。（cf. 若い頃たくさんの恋をした。）
     b. *去年，株で［損と得］した。（cf. 去年，株で［損と得］をした。）

(11)が容認されないのは，統語操作が語の内部に及ばないとする「語彙的緊密性の制約」，あるいは，語の内部に句は入り込めないという「句排除の制約」があるためである（Botha 1984, Anderson 1992, 影山 1993）。(11)の事実から，もともとは形態的にも統語的にも独立する形式であった動詞的名詞と「する」は，動詞的名詞の編入によって，統語的に一語を形成していることがわかる（このタイプは編入前も編入後もサ変動詞の活用をする）。

さらに，動詞的名詞が編入され選択する項が外部に現れると，ヲ格でマークされ，「海産物の商をする/海産物を商する」などのような交替ができることがある。しかしながら，編入しない場合には，動詞的名詞がヲ格でマークされるので，選択する項に対してさらにヲ格を付与することはできない。

(12) a.　イタリアを旅した。
　　 b.　*イタリアを旅をした。
　　 c.　イタリアの旅をした。

(12b)は，ヲ格名詞句が同一節に2つ現れているため，二重ヲ格制約により排除される。(12a)の場合には，「旅」が「する」に編入されるので，ヲ格名詞句が1つしか現れないため，二重ヲ格制約がかからず容認される。動詞的名詞の編入が起こらない場合には，異なる分布が観察される。

(13) a.　*イタリアを旅始めた。
　　 b.　*イタリアを旅を始めた。
　　 c.　イタリアの旅を始めた。

「始める」は，「する」とは異なり，名詞の編入を引き起こさない。したがって，「旅始める」は一語とは認識されない。(13)の「始める」の例で興味深いのは，ヲ格名詞句が明示的に二重に現れる(13b)と同じく(13a)も容認されないという事実である。このことは，単に名詞句からヲ格を脱落させただけでは，二重ヲ格制約の違反を回避できないことを示している。そうすると，(12a)が容認されるのは，動詞的名詞が「する」に編入されると独立の項としてのステータスをもたなくなるためであると言うことができる[4]。

　ちなみに，「イタリアの旅した」のような例は，通常の文脈では容認されないが，格標示が落とされるような文脈（かなり口語的な表現，たとえば，「じゃ，なんでイタリアの旅したんだよ？」のような例）では容認される。これは，単に格標示の脱落だけが起こり，動詞的名詞が「する」に編入されないオプションが許されるからである。この場合には，「イタリアの」が「旅」を修飾しても，語彙的な緊密性の違反が起こらない。これに対して，二重ヲ格制約は格標示の脱落が起こる文脈でも適用されるため，「*じゃ，なんでイタリアを旅始めたんだよ？」は，口語的な文脈で格の脱落が起こっても逸脱した表現になる。なお，編入が適用されない動詞「始める」が使用

4　「始める」の前に「する」が付いた「イタリアを旅し始める」は「旅」が「する」に編入されているため容認される。

されている「じゃ，なんでイタリアの旅始めたんだよ？」が口語的な文脈で容認されるのは，二重ヲ格制約の違反にならないためである。これは，動詞的名詞が編入される要件が満されない「じゃ，なんでイタリアの旅したんだよ？」が口語的な文脈で容認されるのと同じである。

　Kobayashi et al. (2016) は，統語的には「恋する」の目的語はニ格，「愛する」の目的語はヲ格で現れ，そして，形態的には前者は「花子に恋をした。」のように，ヲ格の介在によって「恋」と「する」が分離できるが，後者は「*花子に愛をした。」のように「愛」と「する」は分離できないという観察を提示している。しかしながら，一字形態素と「する」が分離可能かどうか，つまり「一字形態素-スル」が統語的「スル動詞」か語彙的「スル動詞」かであることは，目的語がヲ格で現れるかニ格で現れるかとは関係がない。以下のように，どちらのタイプの動詞においても目的語がヲ格またはニ格で現れることがあるからである。

(14)　語彙的「一字形態素-スル」
　　a.　太郎は次郎の発言を制した。
　　b.　温泉に浴すると，疲労が回復する。
(15)　統語的「一字形態素-スル」
　　a.　彼はイタリアを旅してさらにイタリアが好きになった。
　　b.　ジョンがメアリーに恋した。

　統語的「一字形態素-スル」と「動詞的名詞 (VN)-スル」には，さらなる並行性が観察される。まず，「動詞的名詞 (VN)-スル」には擬似分裂文にできるものとそうでないものがある。

(16) a.　首相がしているのはエネルギー政策に関する主張だ。
　　 b. *彼がしているのは麻痺だ。

(16a) の「主張する」の文が擬似分裂文にできるのは，主語が意図的な行為を行う動作主であるためである。これに対して，(16b) の「麻痺する」の文が擬似分裂文にできないのは，主語が（動作主ではなく）変化あるいは行為

の対象となる主題と解釈されるからである。そして，(17)の統語的「スル動詞」も「噂する」「旅する」と「得する」「損する」のように擬似分裂文にできるものとできないものに分かれる。

(17) a. 彼女たちがしているのは {噂 / 旅} だ。
　　 b. *娘がしているのは {損 / 得} だ。

(17a, b)の違いも，主語が動作主であると解釈されるか，主題として解釈されるかの違いに由来する。なお，語彙的「スル動詞」は，「太郎が鍋を熱した → *太郎が鍋にしたのは熱だ」のように，常に擬似分裂文を形成することができない。もちろん，これは，語彙的「スル動詞」が常に一語として機能しているからである。

さらに，「動詞的名詞(VN)-スル」には，「数学を勉強する」と「数学の勉強をする」のような2通りの表現ができる場合がある。田野村(1988)によれば，この交替は，(編入される)動詞的名詞が意図的に行う動作を指す(18a)の「採決」のような場合に可能で，(18b)の「可決」などの意図的でない動作を表す場合は，「可決」がヲ格標示されると容認性が下がる。

(18) a. 議会は {その議案を採決した / その議案の採決をした}。
　　 b. 議会は {その議案を可決した /? その議案の可決をした}。

統語的「スル動詞」においても，(19a)のように名詞が意図的に行う行為を指す場合，2通りの表現ができるものがある一方で，(19b)のように，意図的でない場合には，名詞がヲ格でマークされると容認度が落ちる。

(19) a. 太郎が {政治家の疑惑を噂した / 政治家の疑惑の噂をした}。
　　 b. 太郎が釣銭で {お釣を得した /? お釣の得をした}。

このように，統語的「スル動詞」と「動詞的名詞(VN)-スル」には統語的な振る舞いに並行性が観察される。この事実からも，「恋する」などの統語的「スル動詞」は，「動詞的名詞(VN)-スル」と同じように，統語部門で

の名詞編入による派生が関わっていることが示唆される。

　以上の事実は統語的「スル動詞」が「動詞的名詞（VN）-スル」と同じふるまいをすることを示している。このことから，統語的「スル動詞」は独立の「する」に動詞的名詞が統語的に編入されて派生されると言うことができる。統語的「スル動詞」には編入前の形と，編入後の形が存在するが，これは Mithun (1984) の名詞編入に関する一般化と合致し，編入分析の妥当性が支持される。統語的「スル動詞」の「する」は独立の「する」なので，統語的「スル動詞」は，独立の「する」と同じ活用をする[5]。

4. 語彙的「スル動詞」の活用

　本節では，語彙的「漢語/和語-スル」の活用について考察する。漢語の一字形態素は，統語的「スル動詞」に現れる動詞的名詞と認知されない場合，独立性が強くないために，拘束語根か語幹として機能する。「漢語-スル」のうち，動詞化接辞 -s が付くものは子音語幹動詞の活用をする。そして，動詞語幹 -su が付くものと，独立の「する」との複合が起こる「和語-スル」は，（可能形を除き）サ変動詞の活用をすることを示す。

4.1　漢語タイプ

　本節では「漢語-スル」の活用パターンの違いについて見る。Kobayashi et al. (2016) は，「愛する」「熱する」「面する」などの語彙的「漢語-スル」の否定形の活用が2つのタイプに分かれ，漢語が母音で終わるか子音で終わるかによって活用のパターンが決まるとする。Kobayashi et al. (2016) は，音韻構造を変化の要因と見ているが，本節では，否定形などの活用パターンの違いが，形態構造に起因することを論じる。

　Kobayashi et al. (2016) は，この点について否定形のみを見ているが，活用のパターンは否定形だけではなく，命令形や意志形でも分かれるので，命令形，意志形についても見ていく。まず，語彙的「漢語-スル」のうちの

---

[5] 「動詞的名詞（VN）-スル」や統語的「スル動詞」と同様に，「危なげ（が）ない」「大人げ（が）ない」などの複雑形容詞でも名詞が編入される前の形式と名詞編入後の形式が存在する (Kishimoto and Booij 2014)。

「愛する」「書する」の否定形・命令形・意志形は，(20)のようになる[6]。

(20) a. （彼女を）愛さない（否定），愛せ（命令），愛そう（意志）
     b. （所信を）書かない（否定），書け（命令），書こう（意志）

「愛する」や「書する」は「愛」や「書」に「する」が付いたものに見えるが，(21)との比較から，独立の「する」と同じ活用をしないことがわかる。

(21) （宿題を）しない（否定），しろ（命令），しよう（意志）

この活用の事実は，「する」が単に「愛」に付加して「愛する」が作られているのではないことを示唆している。「愛する」の活用は，「愛さない/愛せ」になり，「*愛しない/*愛しろ」とはならない。これは，本来の語幹が-s で終わる「干す」「許す」が「（洗濯物を）干さない/干せ/干そう」「（彼を）許さない/許せ/許そう」と活用するのと並行的である（「*干しない/*干しろ/*干しよう」「*許しない/*許しろ/*許しよう」は不可）。このことから，「愛する」は子音語幹動詞タイプの活用をすることがわかる。ただし，「愛する」が完全に「干す」「許す」などの子音語幹動詞と同じであると見るわけにはいかない。「愛する」には「愛す」という変異形があるが，「干す」「許す」には「*干する」「*許する」という形式はないからである。

(20) タイプの活用をする「漢語-スル」には(22)のような例がある（ここでは漢語が語幹と見なせるものと拘束語根のものに分けて示す）[7]。

(22) a. 漢語（語幹）スル：愛する，類する，毒する，食する，労する，課する，会する，死する，題する，書する，期する，記する，辞する，秘する，泊する，資する，など

---

[6] 「信ずる」など「ずる」の否定形は「信じない」となる。これは 動詞の変異形である「信じる」の活用を転用しているためと考えられる (cf. 三宅 2010)。
[7] 語幹として分類している漢語には，「秘中の秘」の「秘」，「思い出の記」の「記」，「英邁の資」の「資」のように現在ではかなり限定された環境でのみ語として起こるものも含まれる。このタイプの漢語は，語幹と拘束語根の中間に位置するとしてもよいかもしれない。

b. 漢語（拘束語根）スル：視する，浴する，製する，制する，賭する，呈する，など

次に，「熱する」「接する」における否定形・命令形・意志形は，(23) のようになる。「熱する」の場合は「*熱さない／*熱せ／*熱そう」とはならない。(21) と (23) の比較から，「熱する」「接する」の「する」の活用は，独立の「する」（サ変動詞）の活用と同じであることがわかる。(23) タイプの活用をする「漢語-スル」には，(24) のような例がある。

(23) a. 熱しない（否定），熱しろ（命令），熱しよう（意志）
　　 b. 接しない（否定），接しろ（命令），接しよう（意志）
(24) a. 漢語（語幹）スル：熱する，難する，決する，産する，など
　　 b. 漢語（拘束語根）スル：律する，接する，参する，達する，など

語彙的「スル動詞」がなぜ存在するかについて考えると，一字形態素の漢語は，日本語の中では安定しておらず拘束形態素になりやすいからであると見ることができる。このような形態素は，統語的な編入操作ではなく，語彙的に複雑な構造を持たせることによってスル動詞を作り出すと考えられる。統語的「スル動詞」は独立した動詞的名詞をとるが，形態的に独立性の弱い漢語は派生接辞や動詞語幹により形成される語彙的な動詞を作る。ただし，形態的には自立できる一字形態素でも意味的に（完全な）動詞的名詞と認定されない場合には，派生接辞や動詞語幹が付加される語彙的な派生によりスル動詞が作られる。

「愛」や「熱」は，漢語の中でも名詞として使用する場合には，独立性が高いと考えられるが，スル動詞の形成については語彙的な派生をする。これは，「愛」や「熱」が完全な動詞的名詞とは認知されないため，「愛する」や「熱する」を統語的に派生できないからである。たとえば，統語的な派生をする「恋」は，項構造をもち「彼女への恋→彼女に恋する」のように「恋」のとる項をスル動詞の項として使用する。また，「三度の恋」と自然に言えるので，動的な出来事の意味を表す。これに対して，「愛」および（通常は動詞的名詞とは考えられない）「熱」は「彼女への愛→彼女を愛する」「中華

鍋の熱→中華鍋を熱する」のように選択する項をスル動詞の項としていると考えられるが，状態の意味を表すので，「#三度の愛」や「#三度の熱」のような表現では意味的な逸脱が起こる（適切に解釈するには，特殊な文脈の想定が必要になる）。動詞的名詞と認定される「恋」のスル動詞で「三度恋した」と言えるのと同じように，語彙的な「漢語-スル」では，「三度愛した」や「三度熱した」と言うことができるので，語彙的「スル動詞」は，強制（coercion）(cf. Pustejovsky 1995) によって全体として統語的に動詞的名詞が「する」に組み合わさった時と同じタイプの動的な意味を表すことができるようになると考えられる[8]。

次に，2つのタイプの語彙的「漢語-スル」の活用がどのようにして決まるかについて検討する。Kobayashi et al. (2016) は，上で見た「漢語-スル」の活用は，漢語が母音で終わるか子音で終わるかで決まるとしている。

(25) a. 愛 ai, 介 kai, 期 ki, 害 gai, 帰 ki, 供 kyoo, 熟 zyuku, 称 syoo, 属 zoku, 題 dai, 利 ri, 託 taku, 要 yoo, 有 yuu, 適 teki, 類 rui
b. 屈 kuQ, 察 saQ, 接 seQ, 発 haQ, 熱 neQ, 達 taQ, 反 haN, 面 meN　　　　　　　　　　　　　(Kobayashi et al. 2016: 89)

たとえば，(25a) の「愛」は母音 *ai* で終わり，(25b) の「熱」は子音 *nes* で終わる（Q は促音，N は撥音で終わる子音）。なお，「熱」は単独で発音されると母音で終わるが，「熱湯」のように複合語になると促音が現れるため，促音の子音が含まれると考えられる。Kobayashi et al. (2016) は，「愛する」のように名詞が母音で終わる環境では否定形が「(愛)さない」となり，「熱する」のように子音で終わる環境では「(熱)しない」となると分析する。

基本的な「漢語-スル」の活用の分布は，Kobayashi et al. (2016) が記述するようになると思われるが，Kobayashi et al. (2016) の分析にも問題が残る。なぜなら，2つのタイプの活用は安定したものではなく，かなりのゆれが見られるからである (cf. 田野村 2001, 2003)。語彙的「漢語-スル」は，基本的に，上で見た活用パターンのうちの1つをとると考えられるが，『現代日本

---

[8] 于 (2012) では，「ホッチキスする」などのスル動詞においては，名詞のクオリアのうちの目的役割からの意味的強制が働いて動詞が表す意味が決まると分析している。

語書き言葉均衡コーパス』(http://www.kotonoha.gr.jp/shonagon/)や「Googleブックス」(https://books.google.com)で実例を見てみると，(26)の「属する」と(27)の「面する」のように否定形が「-さない」と「-しない」の両方見つかる例も多い。

(26) a. 宮内庁の経理に属さない。　　　　　（松井茂記『日本国憲法』）
　　　b. 株式会社の常務に属しない行為をするには…
　　　　　　　　　　　　　　　　　（太田達也『新会社法の完全解説』）
(27) a. ボリビアは南アメリカの海に面さない国で…
　　　　　　　　　　　　　　　　　（平木啓一『新・世界貨幣大事典』）
　　　b. 水場に面しない建て方もできてしまうが…
　　　　　　　　　　　　（宮本真二・野中健一（編）『自然と人間の環境史』）

なお，「属」は拘束語根で，「面」は単独で使用できる名詞語幹である。Kobayashi et al. (2016)に従うと，「属」は母音で終わるので，「属する」の否定形は「属さない」となり，「面」は子音で終わるので，「面する」の否定形は「面しない」となるはずである。しかし，実際には「属しない」や「面さない」も存在する。活用のゆれが観察される動詞には，(28)のようなものが挙げられる。なお，どの否定形が好まれるかに関する傾向を示すために，『現代日本語書き言葉均衡コーパス』に現れる「漢語-スル」の「-さない」と「-しない」の件数を示す。（ただし，「面する」と「冠する」は「Googleブックス」に現れる件数である。）

(28) a. 害さない (26件) / 害しない (13件)，属さない (94件) / 属しない (29件)，解さない (12件) / 解しない (3件)
　　　b. 発さない (3件) / 発しない (30件)，面さない (10件) / 面しない (86件)，冠さない (16件) / 冠しない (116件)

トークンの数がそれほど多くないので決定的なことは言えないが，否定形は，漢語が母音で終わる場合，「-さない」に，子音で終わる場合には「-しない」になる傾向がある。ちなみに，「要する」「有する」の漢語部分は母音

で終わるが，その件数は「要さない (10 件) / 要しない (248 件)」「有さない (14 件) / 有しない (204 件) となって逆の傾向を示す。「要する」の「要」は「再考の要がある」のように独立して使用できるので「要」は語幹であるが，「有」は単独では用いられないので語根であると考えられる。「要する」と「有する」のトークン頻度の事実は，長母音で終わる漢語が短母音で終わる漢語と比べて自立性が高いことを示している。このことは，活用の傾向が，漢語が子音で終わるか母音で終わるかよりもむしろ (長音，撥音，促音という) 特殊拍で終わるか自立拍で終わるかの違いによることを示唆している。

　Kobayashi et al. (2016) の分析のように「漢語-スル」の漢語が母音で終わるか子音で終わるか (あるいは特殊拍で終わる自立拍で終わるか) という音節構造のみを基準に活用を決めているのであれば，活用にはゆれがないことが予測される。しかし，実際には，漢語が子音で終わるタイプも母音で終わるタイプも活用のゆれを起こす。この事実を説明するために，本章では，活用のパターンが音節構造ではなく，漢語一字形態素に動詞化接辞 -s が付加されているか，「する」の語幹 -su が付加されているかという形態構造を基準にして決まるという代案を提示する。

　具体的には，「愛する」「浴する」タイプの「漢語-スル」は，基本的に子音語幹動詞と同じ否定形・命令形・意志形をもつ。このタイプの「漢語-スル」の形態的構造は，語幹 (stem) または拘束語根 (bound root) に動詞化接辞の -s が付加した (29) のようになる。

(29)　 [[漢語一字形態素]$_{stem/bound\ root}$ -s]$_{stem}$

接辞 -s は，名詞を動詞化するもので，動詞「する」が文法化によって接辞化したと考えられる (cf. Brinton and Traugott 2005)。(「する」は文法化により，su (-ru) (独立動詞) > -su (語幹) > -s (接辞) のような変化を起こしたと仮定できる。) (29) のタイプの語彙的「スル動詞」を「接辞付加派生語」と呼ぶ。接辞化した -s は，動詞としての範疇的特性を保つものの，自立した動詞とは認識されない。そのため，[漢語一字形態素 -s] の連鎖全体が動詞語幹として認識される。「愛する」は子音語幹 *ais-* をもち，子音語幹動詞として「愛さない / 愛せ / 愛そう」の活用をする。

ちなみに,「愛する」の否定形や命令形が子音語幹動詞の活用形をもつからといって,語幹がもともと子音で終わるのではなく,「する」に由来する動詞化接辞の付加によって子音語幹になっていることに注意する必要がある。先にも述べたように,(接辞派生が関わらない)「戻す(もどす)」のような子音語幹動詞は,終止形・連体形が「*戻する」とはならない。これに対して,「愛する」の場合には,「愛す」と「愛する」が共存する。「漢語-スル」に2つの形式が存在するということは,動詞「する」が古い日本語では「する(連体形)」「す(終止形)」の2つの形があったことに由来する。つまり,文法化により接辞化した -s はもともと「する」に由来し,「愛する」には接辞 -s が付加されているので,「愛する」には終止形(連体形)が2つあるのである。歴史的な変化により現代日本語では,「する」の連体形と終止形は融合して「する」に統合されてしまっているが,レキシコンに登録された「派生接辞」および「動詞語幹」には,「する」とともに古い活用形の「す」が残っているのである(単独の「する」は,通常もとの終止形の「す」の形で現れることはないが,たとえば,「べきだ」の前に現れる場合には,「これをすべきだ」のように「す」が現れてもよい)。これに対して,子音語幹動詞は,古い日本語でも終止形と連体形が同じ(いわゆる四段動詞)なので,現代日本語の終止形は1つしかない。

　「熱する」「接する」タイプの「漢語-スル」は,「する」が不規則活用をするサ変動詞として認識され,基本的に単独の「する」と同じ活用をする。「熱する」「接する」のような動詞は,(30)のように語幹または拘束語根に「する」の動詞語幹 -su が付加して作られると考えられる。

(30)　[[漢語一字形態素]$_{\text{stem/bound root}}$ -su]$_{\text{stem}}$

本章では,(30)タイプのスル動詞を「語幹付加合成語」と呼ぶ。この場合には,主要部の「する」の活用が維持され,独立の「する」と同じ活用形をもつ。それでも,この動詞語幹は古い日本語の「する」が文法化によって派生されたものなので,「熱する」の他に「熱す」という変異形が存在する。

　語彙的「漢語-スル」は,漢語に派生接辞 -s が付加される場合と,動詞語幹の -su と合成される場合があるが,いずれの場合も一語として機能する。

したがって，「愛する」などの語彙的「スル動詞」は，語彙的緊密性の制約から，(31) に示すように，一字形態素と「する」の間に「さえ」のような副助詞を介在させることができない。また，一字形態素を「たくさんの」などの修飾語で修飾することもできない[9]。

(31) a. *太郎は花子を愛さえした。
　　 b. *彼はたくさんの愛した。

「熱する」のような漢語と「組する」のような和語も全く同じふるまいをする（「*スープを熱さえした」/「*彼にたくさんの組した」）。つまり，和語や漢語の区別とは関係なく語彙的「スル動詞」は，一語としてレキシコンに登録されているので，語彙的緊密性 (cf. 影山 1993) が働くのである。

　ここまでの議論をまとめると，活用形の違いは音節構造の違いを直接反映するのではない。語幹付加合成語は，「する」の語幹 -su が合成されるので，サ変動詞「する」の活用をする。接辞付加派生語は，動詞化接辞の -s が付加されるので，子音語幹動詞の活用をする。接辞付加派生語と語幹付加合成語の違いは，漢語の語幹または拘束語根の自立性が高いと認識されるか低いと認識されるかで決まる。漢語の自立拍語幹は自立性が低いと認識されやすいため接辞が付きやすく，漢語の特殊拍語幹は自立性が高いので，「する」の語幹が合成されやすいのである。次節では，「和語-スル」の自立性と活用を検証する。

4.2　和語タイプ

　次に和語に目を向けると，語彙的「和語-スル」には，「涙する」「心する」などがある。これらはサ変動詞「する」の活用をするため，その否定形・命令形・意志形は，(32) のようになる。

(32) a. 涙しない（否定），涙しろ（命令），（感動に）涙しよう（意志）
　　 b. 心しない（否定），心しろ（命令），心しよう（意志）

---

[9] 「たくさん」の名詞修飾は，名詞が統語的に独立している場合にしかできない。独立の名詞は格標示されることになるが，「愛する」などの動詞はそもそも格標示される形式がない。

「涙する」は，「*涙さない/*涙せ/*涙そう」とはならない。したがって，このタイプの「和語-スル」は語幹付加合成語の語彙的「漢語-スル」と同じ活用であることがわかる。(32)と同じふるまいをする例を(33)に挙げる。

(33)　和語名詞：涙する，汗する，値する，心する，組（与）する，位する，隣する，唾する，私する，右する，左する，東する，西する，北する，南する，仇する，など

和語の場合には，「隣」や「私」のように一字形態素が動詞的名詞と考えられなくても「する」と組合わされるものが多い。「隣」や「私」は，動的な意味を表さないので「#三度の隣」や「#三度の私」のような表現は意味的に逸脱する。項のとり方に関しては，「隣」の場合には，「銅像の隣→銅像に隣する」のように「隣」のとる項を動詞「する」の項として使用していると考えることもできる。しかし，「公金を私する」の場合は，「*公金の私」という表現は容認されないので，「私」のとる項を「する」に使用しているのではなく，「和語-スル」に，「動詞的名詞-スル」に対応する意味への変化が強制された結果，「私する」が新たに項をとるようになったと考えることができる。

「和語-スル」は，一字形態素が短母音で終わるにも関わらず，独立の「する」と同じ活用をする。Kobayashi et al. (2016)の分析は，漢語に対する分析なので和語について直接当てはまるわけではないが，彼らの分析をここで適用すると，(33)の「和語-スル」はすべて一字形態素が母音で終わるので，派生接辞の-sが付いて全体としては子音語幹動詞の活用をしてもよさそうである。しかし，実際にはそのようにはならない。

「涙する」タイプの「和語-スル」動詞が独立の「する」と同じ活用をするのは，和語の自立性が極めて高いためである。実際，和語は「涙をためる」「心がある」「値を調べる」のように，基本的に自立語として用いることができる。「漢語-スル」とは異なり，(33)の「和語-スル」には，「和語-ス」の変異形がない。たとえば，「心する」には「*心す」の形式がない（ただし，後に「べきだ」が続く場合は，「心すべきだ」のような形が現れる）。これは，独立の「する」が現れる「統語的-スル」において，「旅（を）する」が容認される一方で，「語彙的-スル」に現れる変異形に対応する「*旅（を）

す」が容認されないのと同じである（ここでも，後に「べきだ」が続く場合は，古い活用形が現れる環境なので「旅（を）すべきだ」のような形が容認される）。この事実は，「和語-スル」の派生においては，文法化によって派生された接辞が付加されたのではなく，単独の動詞の「する」が使用されていることを示唆している。「和語-スル」の場合は，一字形態素が漢語語幹のようには活用のゆれを生じないので，語幹よりも大きな単位の「語」と「する」の複合が起こっていると考えられるであろう。そうすると，活用しない名詞や動詞的名詞は，形態上は語幹と語が同じになるが，実際には，[[和語一字形態素]$_{stem\phi}$]$_{word}$ のような形態構造を作っていることになる。そして，語彙的「和語-スル」は，和語と「する」が複合する [[[和語一字形態素]$_{stem\phi}$]$_{word}$-suru]$_{word}$ のような形態構造をしていると考えられる。

「和語-スル」の中には「物する」のように，「する」に先行する一字形態素に自立性があまりないものもある。「物する」の「物」は，単独の名詞として用いられた時の「物」の意味とはかなり異なる。また，「物する」には「物す」の変異形もあるので，文法化により派生された接辞あるいは語幹が付加していると考えられる。また，活用に関しては，『日本国語大辞典（第2版）』に「物す（る）」はサ変動詞の活用をするものの，四段活用化している用法があるという記述がある。そうすると，「物する」には古くから2つのタイプの活用形が併存していたことが窺われる。

「物する」に関しては，「Googleブックス」で検索してみると，サ変動詞「する」の活用パターンと子音語幹動詞の活用パターンの両方で実例が見つかる。(34) は意志形の例で，(35) は否定形の例である（なお，「物する」の実例は漢字表記でない形で現れることが多い）。

(34) a. バルザックと故郷のトゥーレーヌの関係というテーマの論文を<u>ものそう</u>としていた。　（飯島耕一『ヨコハマヨコスカ幕末パリ』）
　　 b. 十九歳で理論物理学と哲学の修士号を取っている。現在，博士論文を<u>ものしよう</u>としている最中だった。　（今野敏『デビュー』）
(35) a. 新作品を<u>ものさない</u>というが（黒田領治『現代陶芸図鑑第4巻』）
　　 b. この限界を乗り切り，若人にも年輩の人にもなんらかの興味のある作品を<u>ものしない</u>と…　（土橋治重『永遠の求道者高見順』）

「物する」の「物」は和語であるが，自立性が通常の和語名詞より低いと認識されるので，2つの活用が可能になっていると考えられる。「Googleブックス」に現れる「物する」の活用のゆれは，「ものそう（5件）/ ものしよう（18件）」「ものさない（3件）/ ものしない（10件）」であり，独立の「する」と同じ活用をする頻度が高い。これは，(28a) の母音で終わる漢語に見られるゆれとは逆のパターンであるが，和語はもともと，自立性が高いために，「物する」の「物」も母音語幹の漢語よりは比較的自立性が高いと認識され，サ変動詞の活用パターンが現れやすいことを示唆している（他に，和語が子音で終わる「欲する」でも活用のゆれが見られる。その活用のゆれは，「欲そう（3件）/ 欲しよう（23件）」「欲さない（17件）/ 欲しない（95件）」で，子音で終わる漢語 (28b) と同じ傾向を示している。そうすると，「和語-スル」では和語が子音で終わっても母音で終わっても母音で終わる漢語よりは自立性が高いと考えられる）。

先に，『日本国語大辞典（第2版）』には「物する」が子音語幹動詞化しているという記述があることを見た。上で見た活用のゆれが生じる漢語についても，母音語幹の漢語で子音動詞化（四段または五段の活用）の記述がある。これに対して，子音語幹の漢語に関しては，サ変の活用の記述しかない。このことから，「物する」と母音語幹の「漢語-スル」の子音語幹動詞化は，子音語幹の「漢語-スル」よりも早く始まったことが窺える。

以上の観察から，「スル動詞」において独立の動詞的名詞として機能しない一字形態素（すなわち，語彙的「スル動詞」に含まれる一字形態素）の自立性に関しては，(36) の階層を設定することができるであろう。

(36) 一字形態素の自立性の階層
　　　和語 ＞ 特殊拍語幹漢語 ＞「物（もの）」＞ 自立拍語幹漢語

語彙的「スル動詞」に現れる一字形態素の自立性は，別の文脈で独立の名詞として使用できる和語が最も高い。活用のゆれが観察される和語の「物する」については，独立の「する」の活用の頻度が高く，子音語幹動詞の活用の頻度が高い自立拍語幹漢語よりも自立性が高い。しかし，「物する」は古くからの子音語幹動詞化が窺われ，その点において特殊拍語幹漢語よりも自

立性が低いと考えられる。

語彙的「スル動詞」は，一字形態素が語幹であっても拘束語幹であっても，多くの場合，接辞 -s の付加も語幹 -su の付加も可能である。活用のゆれの事実は，どちらの要素の付加が関わるかという判断が一字形態素部分の自立性に応じて判断がなされ，活用の形式が決まることを示唆している。

4.3 可能形

語幹付加合成語の語彙的「スル動詞」と統語的「スル動詞」は，サ変動詞「する」と同じ活用をするが，可能形を作る際には異なるふるまいを示す。

まず，単独の「する」や「動詞的名詞（VN）-スル」は，「料理をする／料理（が）できない」のように，「する」を補充形「できる」に置き換えて可能形が作られる（「料理（を）なさる」のように尊敬語「なさる」との置き換えも同様に可能である（cf. 影山 1980））。統語編入型の統語的「一字形態素-スル」の可能表現「得できる／恋できる」も，「する」を補充形の「できる」で置き換えることによって作られる（「*得せる／*恋せる」は不可）。

(37) a. *料理せる／料理（が）できる／料理（が）できない
 b. *恋せる／恋（が）できる／恋（が）できない

「できる」の可能形を派生する際には，「する」が統語的に代用形の「できる」に置き換えられるので，名詞と「する」が独立する形式が必要となる。「恋する」のような統語的「一字形態素-スル」は編入前の構造では名詞と「する」が統語的に独立する形があるため，「動詞的名詞（VN）-スル」と同じように「する」を代用形「できる」で置き換えることで代用形の可能表現を派生することができる。

これに対して，語彙的「一字形態素-スル」は異なるふるまいをする。接辞付加派生語タイプの「愛する」や語幹付加合成語タイプの「熱する」のような語彙的「一字形態素-スル」では「する」を「できる」で置き換えられない。これは，語彙的「一字形態素-スル」では，「する」と一字形態素が常に一体化しているためである。

(38) a. 愛せる /*愛できる /*愛できない
　　 b. ??熱せる /*熱できる /*熱できない

　語彙的「一字形態素-スル」は，「する」が統語的に独立した要素でないため，補充形を使った可能形が派生できないが，可能接辞「られ((rar)e)」を付加して（語彙的な）可能形を作ることができる。たとえば，（子音語幹動詞の活用をする）「愛する」の可能形は「愛せる」である。サ変動詞「する」の活用をする「熱する」も同じように可能形が作れてもよいはずであるが，実際には「(スープを) 熱する」から派生するはずの可能形「(スープを) */??熱せる /*/??熱せない」は，容認されないか，あるいは，容認されるとしても非常にぎこちない活用の形となる。これは，単独の「する」に「*せる/*せない」の形がないためであると考えられる。これに対して，異なる可能形の「熱しうる」のような形式は容認される。これは，「する」が「しうる」という形式をもつからである[10]。「和語-スル」も同じで，「(検討に)値する」の可能表現は「*値せる /*値せない」ではなく，「(検討に) 値しうる」になる。「愛する」の場合には，独立の動詞とは認識されない接辞付加による派生が関わっているので，そのような制限は観察されず，「愛せる / 愛せない」「愛しうる」という可能形が派生できる。

5. おわりに

　本章の観察と議論は以下のようにまとめられる。まず，「一字形態素-スル」は，語彙的「スル動詞」と統語的「スル動詞」に分かれる。「漢語-スル」と「和語-スル」のどちらにも語彙的「スル動詞」と統語的「スル動詞」がある。

　レキシコンで形成される語彙的「漢語-スル」は，子音語幹動詞の活用をするタイプと，サ変動詞の活用をするタイプの2つに分かれる。これらの

10　査読者によると，「接する」「達する」など動作主性が高いと判断されるものは，「(他人とうまく) 接せない」「(目標に) 達せない」のような可能形が許容される。実際に，動作主性が高いと容認度は上がると思われる。しかし，実際に可能形が容認可能かどうかについては，話者により判断の揺れが見られる。また，語彙的「スル動詞」については，活用の判断がしにくいものが多いことも事実である。

活用は，漢語一字形態素に動詞化接辞の -s が付加されるか，「する」の動詞語幹 -su が付加されるかによって決まる。前者の形態構造は，[[漢語一字形態素]$_{\text{stem/bound root}}$ -s]$_{\text{stem}}$ となり，子音語幹動詞の活用をする。後者の形態構造は，[[漢語一字形態素]$_{\text{stem/bound root}}$ -su]$_{\text{stem}}$ で，サ変動詞の活用をする。また，語彙的な「和語-スル」は和語と独立の「する」との複合が起こる。

統語的「スル動詞」においては，名詞と「する」がもともと独立する形で存在し，名詞が「する」に統語的に編入すると，一語を形成する。名詞編入により形成される統語的「スル動詞」は「動詞的名詞（VN）-スル」と同じ性質を示す。統語的「スル動詞」の「する」は独立の動詞なので，サ変動詞の活用をする。また，統語的「スル動詞」においてのみ，「する」と「できる」の置き換えることが可能である。

「一字形態素-スル」は，活用に関して以下の分布を示す。

(39) 「一字形態素-スル」の分類と活用

		変異形	否定 -sanai	否定 -sinai	可能 -eru/-enai	命令 -se	命令 -siro	デキル
語彙的	接辞付加	✓	✓	*	✓	✓	*	*
	語幹付加	✓	*	✓	*/??	*	✓	*
	複合	*	*	✓	*	*	✓	*
統語的	編入	*	*	✓	*	*	✓	✓

語彙的「スル動詞」の接辞付加派生語と語幹付加合成語は，語幹または拘束語根の自立性が低く，どちらもレキシコンで作られる。接辞付加か語幹付加かについての判断にゆれが出る場合には，活用にゆれが観察される。

付記：本章の内容の一部は，日本語研究会（Centre d'études japonaises, INALCO, パリ）において発表した。論文の内容に関するコメントをいただいた中村弥生，Jean Bazantay，神山剛樹，Thomas Pellard の各氏および査読者に謝意を表したい。

参照文献

Anderson, Stephen（1992）*A-morphous morphology*. Cambridge: Cambridge University Press.

Baker, Mark (1988) *Incorporation: A theory of grammatical function changing.* Chicago: University of Chicago Press.

Botha, Rudolf P. (1984) *Morphological mechanisms: Lexicalist analyses of synthetic compounding.* Oxford: Pargamon Press.

Brinton, Laurie and Elizabeth Traugott (2005) *Lexicalization and language change.* Cambridge: Cambridge University Press.

Grimshaw, Jane (1990) *Argument structure.* Cambridge, MA: MIT Press.

Kageyama, Taro (1976) Incorporation and sino-Japanese verbs. *Papers in Japanese Linguistics* 5: 117–155.

影山太郎 (1980)『語彙の構造』東京：松柏社.

影山太郎 (1993)『文法と語形成』東京：ひつじ書房.

Kageyama, Taro (2009) Isolate: Japanese. In: Rochelle Lieber and Pavol Stekauer (eds.) *The Oxford handbook of compounding*, 512–526. Oxford: Oxford University Press.

Kageyama, Taro (2016) Noun-compounding and noun-incorporation. In: Taro Kageyama and Hideki Kishimoto (eds.) *Handbook of Japanese lexicon and word formation*, 237–272. Berlin: De Gruyter Mouton.

Kishimoto, Hideki (2006) Japanese syntactic nominalization and VP-internal syntax. *Lingua* 116: 771–810.

Kishimoto, Hideki and Geert Booij (2014) Complex negative adjectives in Japaense: The relation between syntactic and morphological constructions. *Word Structure* 7(1): 55–87.

Kobayashi, Hideki, Kiyo Yamashita, and Taro Kageyama (2016) Sino-Japanese words. In: Taro Kageyama and Hideki Kishimoto (eds.) *Handbook of Japanese lexicon and word formation*, 93–131. Berlin: De Gruyter Mouton.

Mithun, Marianne (1984) The evolution of noun incorporation. *Language* 60: 847–894.

Miyagawa, Shigeru (1987) Lexical categories in Japanese. *Lingua* 73: 29–51.

三宅知宏 (2010)「"一字漢語スル"型動詞をめぐって」大島弘子・中島晶子・ラウル ブラン（編）『漢語の言語学』107–119. 東京：くろしお出版.

Miyamoto, Tadao (1999) *The light verb construction in Japanese: The role of the verbal noun.* Amsterdam: John Benjamins.

日本国語大辞典第二版編集委員会（編）(2000–2002)『日本国語大辞典（第2版）』東京：小学館.

Pustejovsky, James (1995) *The generative lexicon.* Cambridge, MA: MIT Press.

田野村忠温 (1988)「「部屋を掃除する」と「部屋の掃除をする」」『日本語学』7(11): 70–80.

田野村忠温 (2001)「サ変動詞の活用のゆれについて：電子資料に基づく分析」『日本語科学』9: 9–32.

田野村忠温 (2003)「コーパスによる文法の研究」『日本語学』22(4): 174–186.

于一楽 (2012)「「ホッチキスする」と「お茶する」の語彙意味論と形態論」『北研學刊』8: 113–120.

第4章

日英語の名詞的繋辞構文の通時的変化と共時的変異

小川芳樹

要旨

　本章では，ある種の名詞句の中に存在する名詞的繋辞（nominal copula）の「の／of」が，述部倒置の環境で顕在化する構文として，主に，「尺度名詞構文」と名詞句内でのwh移動／焦点化を伴う構文を取り上げ，歴史コーパスの調査結果から，以下の2点を示す。(i)「尺度名詞構文」のうち，尺度名詞と数詞の倒置を伴い，「の／of」を義務的に具現するタイプの出現は日本語でも英語でも，19世紀になって発達してきたものである。(ii) 名詞句内でのwh移動／焦点化を伴う英語の構文では，ofは生じないのが規範的であるが，1990年代以降のアメリカ英語で，ofを伴う変種が頻度を増しつつある。その上で，これらの事実を，「統語的構文化」の仮説とA/A′移動の特性により説明を試みる。

キーワード：　名詞的繋辞，述部倒置，尺度名詞構文，通時的変化，統語的構文化，A/A′移動

1. はじめに

　チョムスキーがコーパス言語学を全否定してきたこともあり（Andor 2004），生成文法の研究者の中には，データの入手を電子コーパスよりも内省的判断に頼る研究者が今でも多い。しかし，言語間の変異や言語の通時的変化や言語獲得の仕組みを研究するパラメータ統語論の実践のためには，個人の内省

的判断は利用できないので，もともと，相当数のインフォーマントから提供される大量の言語データやコーパスが不可欠であった。そこに，The Child Language Data Exchange System（*CHILDES*）（1984年～），British National Corpus（BNC）（1991年～），アメリカ英語歴史コーパス（COHA）（2009年～），日本語歴史コーパス「中納言」（2012年～）などの大規模コーパスが充実してきたことで，コーパス等から得られる大規模データを使ってパラメータ統語論の仮説の妥当性を検証するという研究手法は，生成統語論研究者にとっても利用可能性のより高いものとなってきた。

また，極小主義プログラムの進展とともに，パラメータ統語論の研究対象も，精緻化が進んできた。1980–90年代には，相関関係があるように見える多くの現象を統一的に説明しようとする「マクロパラメータ」が数多く提案されたが，2000年代以降は，地理的・類型論的に近接する言語どうしや同一言語の異なるレジスターどうしのわずかな変異を比較の対象とする「ミクロパラメータ統語論」が主流となり始めている（Kayne 2000, 2005, Baker 2017, Stowell and Massam 2017）。この背景には，自然言語の変異は，マクロパラメータのみで説明できるほど単純ではないという認識の高まり（Rizzi 2017）[1]と，幼児は，親世代の言語的出力を入力として母語を獲得するはずなのに，なぜ言語は変化するのかという問題意識の共有（Roberts 2007, Snyder 2017, Courane 2017）がある。そして，ミクロパラメータに基づく史的統語論のもとでは，必然的に，同一言語内の，特定の構文の中で，親子2世代間程度の短期間で起こるわずかな統語変化も研究対象となってくる（Mathieu and Truswell 2017, Ogawa 2014a, b, 新国・和田・小川 2017）。

これらの背景を踏まえて，本章では，日本語と英語の名詞的繋辞を含む構文を取り上げ，この構文が，共時的にどのような特徴を持ち，それらの特徴が通時的にどのように発達するものかについての統語論的仮説を提示し，そ

---

1 例えば，Longobardi（2017）は，DPの内部構造に関するパラメータだけで91個も必要であるとする。また，Duguine, Irurtzun and Boeckx（2017）は，言語事実を詳細に検討するなら，空主語パラメータは言語ごとではなく構文ごとに設定されるべきであると主張する。一方で，生物言語学を追求する立場から，Chomsky（2017）は，UGに付随するパラメータの数や質は最小化すべきであり，少なくとも語順に関係するパラメータはUGの一部ではないと主張する。パラメータについての最新理論は，Karimi and Piatteli Palmarini（2017）に整理されているので，参照されたい。

の仮説の妥当性を，歴史コーパスからわかる事実をもとに検証する。

　本章で扱う「名詞的繋辞構文」とは，名詞句内の主語と述語が倒置を許し，かつ，その際に名詞的繋辞の「の」やofを生じる(1)–(4)のような構文のことを指す。(1a)については，「の」が「である」で置き換え可能であることなどから，西山 (2003) はこの「の」を名詞的繋辞だと主張している。(2a, b) のうち (2b) に生じるofについては，den Dikken (2006) が，これを，名詞的繋辞 (nominal copula) だと主張している。(3a, b), (4a-c) は，管見の限りにおいて先行研究がないので，本章では「尺度名詞構文」と呼ぶことにする。

(1) a.　女性の運転手（＝女性である運転手；cf. 女性運転手）
　　 b.　運転手の女性（＝運転手である女性；cf. *運転手女性）
(2) a.　a village like a jewel
　　 b.　a jewel *(of) a village　　　　　　　　　　　(den Dikken 2006)
(3) a.　あの山は<u>高さ（が）3000 メートル</u>だ／である。
　　 b.　あの山は<u>3000 メートル *(の) 高さ</u>だ／である。
(4) a.　It rose with great rapidity until it reached <u>the height of 400 feet</u>, ...
　　 b.　Lead-glazed earthernware; <u>height 7 feet</u>, 10 1/2 inches over-all.
　　 c.　Asher smiled quizzically, as he spread his broad brown hands before his face and drew himself up to <u>his full six feet *(of) height</u>.
　　　　　　　　　　　　　　　　　　　　　　　　　　　　　　(COCA)

　(1)–(4) のいずれにおいても，(1a), (2a), (3a), (4a,b) では，繋辞「の／of」がそもそも生じないか，生起可能であっても義務的ではないが，(1b), (2b), (3b), (4c) では「の／of」が義務的となる。

　本章では，これらの名詞的繋辞構文のうち，倒置を含む構文 (b) が，「の／of」が削除できないという共通点だけでなく，倒置を含まない構文 (a) よりも遅い時代になって発達したという共通点も持つことを歴史コーパスの調査から示すとともに，倒置を伴う名詞的繋辞構文にこのような共通性がある理由について，Ogawa (2014a) が提案する「統語的構文化」の仮説に基づく説明を与える。また，この現象との関連で，本章では，名詞句内での述部

の A′ 移動が of と共起する (5a, b) が，現代アメリカ英語で 1990 年代に使われ始めて以降，使用頻度を増しつつある理由についても考察する。

(5) a. I don't know how big of a deal it is. （COCA; 2008; SPOK）
　　b. they think it's going to be too big of a deal, …
　　　　　　　　　　　　　　　　　　　　　　　　（COHA; 1999; MAG）

　本章の構成は以下の通りである。まず，2 節では，名詞的繋辞構文の性質と，その中で起こる述部倒置の性質を知るために，den Dikken (2006) の統語的分析を概説するとともに，新たな構文の通時的発達の原則を述べた，Ogawa (2014a) の「統語的構文化」の仮説を導入する。3 節では，倒置の有無で異なる 2 種類の「尺度名詞構文」の統語構造と派生方法を提案し，これらの構造と統語的構文化の仮説から予測される通りの事実が，歴史コーパスの調査から観察されることを示す[2]。4 節では，(5a, b) のような構文が可能となる理由について，統語的構文化の観点から考察する。5 節は結語である。

2. 日本語と英語の名詞的繋辞構文
2.1 日本語と英語の名詞的繋辞構文の共時的特徴
　西山 (2003) は，(1a) のタイプの名詞句について，NP1 は，NP2 に対する叙述的な意味を持つが，指示的な解釈を持たないと指摘し，このことにより，この名詞的繋辞構文がもつ，(6a–c) に示す事実が説明できると述べている。

(6) a. 「の」を「である」で置き換え可能：
　　　女性である運転手 (= (1a))
　　b. NP1 を量化することができない：

---

[2] Shibatani, et al. (2013: 374–375) によれば，「女性の教師」という日本語の対応物は，韓国語，トルコ語，モンゴル語では，「女性教師」に対応する同格複合語の形式でしか表現できない。小川 (2016: 303) によれば，中国語も同様である。つまり，名詞的繋辞構文を持つ日本語・英語のような言語は，インド・ヨーロッパ祖語由来の言語の中でも少数派のようである。

?女性全員の運転手³ (cf. 学生全員の車)
　NP1 を連言にした場合，「A と B」ではなく「A で B」となる：
　女性で／*と左利きの運転手 (cf. 太郎と／*で花子の車)

　これらの事実を踏まえて，西山 (2003) は，(1a) タイプの「NP1 の NP2」は，通常の属格付き名詞句の構造とは異なる (7) の統語構造を持つ (ただし，「デアル」は表層構造までに連体形の「の」に変わる)，と提案している⁴。

(7)

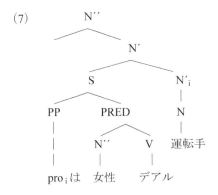

　ところで，(1a) と (1b) ((8a) と (8b) として再掲) は，論理的には同義であり，意味の違いがあるとしても，「女性」と「運転手」のどちらに焦点を当てるか，または，「の」名詞句が制限的・非制限的な解釈のいずれをもつか，という程度の違いしかないので，いずれも，(8c) の論理形式で表される⁵。

3　容認性判断は西山 (2003: 24) による。本章の筆者の判断では，この例は「*」としたい。
4　西山 (2003: 25) は，この「の」と，一見類似する (i) の「の」を，慎重に区別している。
　(i) 雪舟が子供の時／雪舟が子供である時
この「の」は，奥津 (1978) によって「だ」の連体形とされたものである。
5　焦点化は，機能範疇 FocP への移動の結果として得られる解釈であるので，基底構造では区別しない。また，制限的な関係節と非制限的な関係節も，Kayne (1994: 112) によれば，基底構造は同じであり，後者のみに適用される LF 移動によって両解釈は区別される。

(8) a. 女性の運転手
    b. 運転手の女性
    c. λx (woman (x) & driver (x))

そこで，(8a) と (8b) は共通の基底構造をもち，その一方に対してのみ移動操作が適用された結果，異なる表層構造が得られると主張したい。西山 (2003) は，「NP1 の NP2」という表現の意味論的・語用論的考察を主眼とする論考なので，このような述部倒置現象についての考察は行なっておらず，管見の限りにおいて，西山論文以外にも日本語の (8a, b) タイプの構文に移動による関連付けを行なっている研究はないと思われるが，英語については，名詞句での述部倒置現象についての代表的な統語的研究がある。den Dikken (2006) は，(8a, b) の「の」に対応する英語の名詞的繋辞の of を用いた (9a, b) のような Qualitative Binominal Noun Phrase (QBNP) について，それぞれの括弧内のような表現と共通する基底構造からの移動操作（名詞句内での述部倒置）によって派生するという提案を行なっている。

(9) a. an idiot of a doctor　(cf. an idiot as a doctor, a doctor like an idiot)
    b. a jewel of a village　(cf. a village like a jewel)

den Dikken によれば，QBNP は Attributive QBNP（以下，AQBNP）と Comparative QBNP（以下，CQBNP）に分けられる。AQBNP とは，N2 が (doctor, judge などの) 専門職を表す名詞で，N1 が，N2 の専門職としての質を表す名詞 (quality noun) となっている構文であり (ibid.: 162–163)，CQBNP とは N2 の属性が N1 の属性に似ていることを意味する構文である。たとえば，(9a) は，AQBNP の解釈 (10a) と CQBNP の解釈 (10b) の両方を持つが，(9b) の a jewel of a village には CQBNP の解釈 (10c) しか許されない。

(10) a. λx (IDIOT AS A DOCTOR (x))　　　　　　　　　(AQBNP 読み)
     b. λx∃y (DOCTOR (x) & IDIOT (y) & SIMILAR (x, y))
     　　　　　　　　　　　　　　　　　　　　　　　(CQBNP 読み)

c. λx∃y (VILLAGE (x) & JEWEL (y) & SIMILAR (x, y))

(CQBNP 読み)

また，(9a) と of の有無のみで異なる (11b) には (10a) の解釈のみが可能である。

(11) a. an idiot of a doctor ((10a) と (10b) の解釈の間で多義)
   b. an idiot doctor ((10a) の解釈のみ可能)

これらの事実から，den Dikken は，(11b) の構造として (12a) を，(11a) が (10a) の解釈をもつときの構造として (12b) を，(11a) が (10b) の解釈をもつときの構造として (12c) を，それぞれ提案している。(9b) も (12c) の構造をもつ。まず，(12a–c) に共通して生じる RP は，述部が動詞，名詞，形容詞，前置詞のいずれであるかを問わず，その投射の中で主述関係が生じる小節 (small clause) に対する総称であり，RelatorP と呼ばれるものの省略形である。

(12) a.

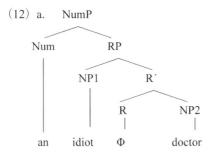

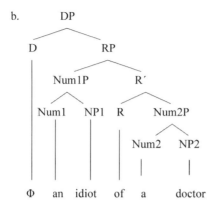

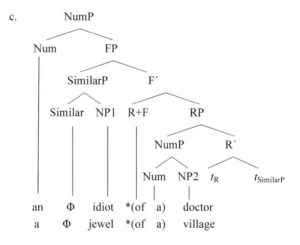

　(12a, b) の AQBNP では述部が R の指定部に，主語が R の補部に生じるのに対して，(12c) の CQBNP では述部が R の補部に，主語が R の指定部に生じ，述部が主語に先行する表層の語順は，R の補部に生じた SimilarP が，述部倒置によって機能範疇 FP の指定部に移動することによって得られる。この SimilarP は，(12c) で言えば，doctor が idiot に似ているという類似性（比喩）を統語的に表すものである（den Dikken 2006: 178）。また，(12b, c) に生じる of は，節内での be に対応する名詞的繋辞である。もともと R 主要部に生じる繋辞の of は，(12a) のように倒置が起きていない環境では省

略できるが，(12c)では，述部倒置が起きたことの音韻的標識(= Linker)としての機能範疇 FP の主要部に移動しているため，省略できない。このことから，of を含まない (11b) には AQBNP の解釈しか許されないことが説明される[6]。また，述部倒置が起きた場合に繋辞が省略できないというのは，QBNP の特徴を説明するためにのみ設けられた規定 (stipulation) ではなく，以下のような不定詞節内での倒置の際の繋辞 be の義務性を説明するのと同じ原理が，ここでも働いていると，den Dikken (2006: 92) は主張している。

(13) a. I consider a picture of a politician (to be) the cause of the riot.
 b. I consider the cause of the riot *(to be) a picture of a politician.

ここまで，名詞的繋辞の「の」を含む日本語の構文についての西山 (2003) の提案と，名詞的繋辞の of を含む英語の QBNP 構文についての den Dikken (2006) の提案を概観した。両者は，それぞれ独立になされた提案であり，両者が扱っている構文も異なるが，その取り上げられた構文には数々の類似点がある。まず，一見節を含まない名詞句の中に，主述関係を含む小節が存在し，その小節内の主述関係を介在する主要部としての名詞的繋辞が of や「の」で音形的に具現される場合があるという基本的な観察は共通している。第二に，「の」を含む (14a) が「の」を含まない (14b) と同義になるという事実や，N2 が専門職を表すという事実も，英語の (14c) の AQBNP で of a の具現が随意的である事実や，N2 が専門職を表すという事実と似ている。

(14) a. 女性の運転手 (= (1b))
 b. 女性運転手
 c. an idiot (of a) doctor (= (11a, b))

---

6 (11b) は N-N 複合語のようにも見えるが，den Dikken (2006: 163) は，通例の複合名詞では post office, blackboard などのように最初の形態素に第一強勢が置かれるのに対して，idiot doctor では doctor に第一強勢が置かれる事実をもとに，これは複合語ではなく (12a) のような名詞句であると主張している。また，小川 (2016) が指摘する (i) のような one 代入の可能性も，この主張を支持する。

 (i) Innocent Rider Suffers because of an Idiot One.　　　　　　(小川 2016: 290)

第三に，(14a) の「運転手」に述部倒置を適用して得られる (15a) で「の」
が省略できない事実は，述部倒置を含む (15b) で of a が義務的になる事実
と似ている。(15b) で of a が義務的であるのは，述部倒置の着地点である
FP の主要部には Linker としての名詞的繋辞が具現しなければならないから
である。

 (15) a. 運転手*（の）女性
   b. a jewel *(of a) village (= (9b))

　第四に，(14a) と (15a) が同義になる事実は，主語と述語の語順が入れ替
わっている (16a) と (16b) が同義になる事実と似ている。

 (16) a. a village like a jewel
   b. a jewel of a village[7]

　これらの類似性は，偶然の一致とは考えにくい[8]。したがって，英語の
CQBNP に対して与えられる構造を用いて，日本語の名詞的繋辞構文も分析
できると提案しよう。ただし，(16a, b) の主語と述語の間には，後者の統語
構造に含まれるとされる SimilarP の存在によって示される「〜に似た」と
いう意味が含まれるのに対して，同様の意味が，(14a), (15a) の主語と述語

---

7 (16a, b) では，主語と述語の語順と，of が具現しているか否かが異なるだけでなく，
SimilarP 主要部が like で具現しているか否かの違いもある。この最後の点について，den
Dikken (2006: 178) は，SimilarP の主要部が音形的に空である場合，その空範疇を認可しな
ければならないという要請によって述部倒置は駆動される，との考え方を提示している。
このような述部倒置の義務性と主要部の音形的具現の関係については，注9 と注 17 も参照。

8 次節では，日本語でも英語でも，倒置を含む尺度名詞構文が，倒置を含まない同構文に
比べて大幅に遅れて発達したことを示す。一方，英語の QBNP の通時的発達については本
章では詳しく論じないが，OED によれば，倒置を含まない AQBNP として解釈できる構文
は，以下の (i) が 1557 年に観察されるのに対して，jewel の倒置を含む CQBNP の初出例が
観察されるのは 1673 年であり，両者の初出年代には 100 年以上の開きがある。

 (i) The Scotts begyne allredye to conceyte a brute of an armye.
   (1557 Earl of Shrewsbury in Lodge Illustr. Brit. Hist.)
 (ii) Oh, ' tis a jewel of a husband. (1673 Dryden Amboyna iv. il)

の間には含まれない,という違いがある。そこで,日本語の(15a)では,Rの補部に生じ,述部倒置を受けるのはSimilarPとは別の機能範疇XPであると仮定しよう[9]。すると,(14a, b),(15a)の構造は,それぞれ,(17a, b)のようになる。(17a)では述部倒置は関与しないので,RP主要部の「の」は削除できる。これは,(12a, b)においてof aが削除できるのと同じ理由による。一方,(17b)では述部倒置が起こっているので,FP主要部の「の」は削除できない[10]。これは,(12c)においてof aが削除できないのと同じ理由による。

(17) a.

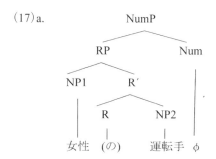

---

[9] このXPの中身については,本章ではこれを特定するための議論は行わないが,1つの可能性としては,Kayne (2005: 214) が示唆しているような,SIZE, COLOR, PERSON, CITY等の属性を表す音形のない名詞が被修飾要素として存在する可能性がある。Kayne (2005: 213-214) では,例えば,a red car は [a red COLOR car],a small car は [a small SIZE car] という統語構造を持ち,固有名詞についても,New York は [New York CITY],Mary は [Mary PERSON] のような統語構造をもつ,と提案されている。これを踏まえると,「女性の運転手」も,音形のないPERSONを含む,(i)のような構造を随意的にもつと仮定できる。

(i) [RP 女性 [R' R (の) [XP 運転手 [X' X (PERSON)]]]]

実際,(ii)のような表現も可能であり,しかも,ここで「人」が具現するのは,述部倒置が起きていない場合に限られる。この事実は,(16a, b) のCQBNPでlikeが具現できるのは述部倒置が起きていない場合に限られるという事実と平行的である。注7と注17も参照。

(ii) a. 女性の[運転手の人] (cf. 女性の運転手)
 b.*[運転手の人]の女性 (cf. 運転手の女性)

[10] 日本語は基本的に主要部末尾言語であるが,DP, RP, FPはフェイズ主要部であるために,普遍的に主要部先頭の特徴をもつと仮定する。詳細は,小川 (2016) を参照。

b.
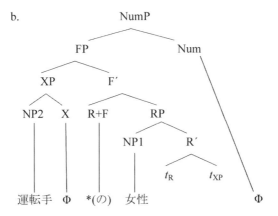

　以上，日本語の名詞的繋辞構文における述部倒置の随意性と倒置が起きた際の「の」の義務性について，構文特有の仮定に依らず，英語の QBNP についての den Dikken (2006) の分析のみを用いて説明できることを示した。

2.2　統語的構文の創発と通時的構文化

　ある言語内で，それまで存在しなかった構文が出現し，数十年ないしは百年程度の間にその様相を変えていく通時的過程について，Ogawa (2014a) と小川 (2016) は，これを「統語的構文化」という概念のもとで説明している。「統語的構文」「統語的構文化」の定義の詳細は上記 2 論文を参照していただくとして，その趣旨を概説すると (18) – (19) のようになる。

(18)　「統語的構文化」とは，2 つ以上の形態素から成る $[_{FP}\ [X\ Y]\ F]$ (X = 主要部，Y = 非主要部；F = 機能範疇；X, Y, F は順不同) という統語単位において，(19a) から (19b) のように，Y が固定表現から変項になったあと，(19b–d) のように変項 Y と F の数が一方向的に増加し，統語構造が複雑化していく通時的変化の過程を指す。

(19) a.　$[_{FP}\ [X\ Y]\ F]$ (X = 主要部；Y は X に選択された固定表現)
　　 b.　$[_{FP}\ [X\ Y]\ F]$ (X = 主要部；Y は任意の表現，つまり，変項)
　　 c.　$[_{FP2}\ Y_2\ [_{F'2}\ [_{FP1}\ [X\ Y_1]\ F_1]\ F_2]]$ (Y_1, Y_2 は変項；F1, F2 は機能範疇)
　　 d.　$[_{FPm}\ ...Y_n\ ...[_{FP2}\ Y_2\ [_{F'2}\ [_{FP1}\ [X\ Y_1]\ F_1]F_2]]...F_m]$ ($Y_1, ..., Y_n$ は変項)

例えば、phobia という形態素は、①元々、結合形 (combining form) として、別の結合形 hydro と選択的に結合し、hydrophobia という新古典複合語 (neo-classical compound) を作っていたものが、② hydro 以外にも acro, negro など多くの結合形と結合し得るようになり、やがて、③自由形態素とも結合して dog phobia のような N-N 複合語を作れるようになり、最終的には、④自立語として、the phobia のような通常の名詞句も作れるようになった。このうち、②から③にかけての通時的変化を図示すると、(20a, b) のようになる。

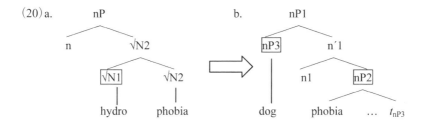

(20a) の統語的構文に含まれる機能範疇は1つだけで、非主要部 √N1 が唯一の変項として機能するが、(20b) の N-N 複合語に含まれる機能範疇は3つであり、かつ、nP2 も nP3 も変項として機能する。実際、複合語の N2 のみを one で置き換える one 代入は、(21a) には適用できないが、(21b) には適用できることから、(20a) は名詞句を包摂しない構造であったのが、(20b) では、n1 の補部と指定部が共に名詞句を包摂する構造に拡張した、と言える[11]。

(21) a. *I have a hydrophobia and you have <u>an acroone</u>. (cf. acrophobia)
　　 b. I have a cat phobia and you have <u>a dog one</u>. (cf. dog phobia)

ここで、日本語の名詞的繋辞構文である (17a, b) のうち、述部倒置を含ま

---

11 言語変異や言語変化の原因を機能範疇の形態的特性に還元しようとするパラメータ統語論 (Borer 1983) のもとでは、(20a) → (20b) の通時的変化は、phobia を選択する機能範疇 n に付随するパラメータが、補部にのみ √N を選択する指定から、補部にも指定部にも nP を選択する指定へとその値を変化させた結果だと言える。Rizzi (2017) の用語では、このようなパラメータは、3 タイプあるパラメータのうちの Merge Parameters に分類できる。

ない (17a) と述部倒置を含む (17b) の関係が，統語的構文化により一方が他方から発達したという関係になっているならば[12]，前述の (20a) と (20b) の関係において，(20a) から (20b) が発達したのと同様，(17a) と (17b) の関係においても，(17b) は (17a) よりも遅れて発達したという事実が，歴史コーパスの調査から判明するはずである．なぜならば，(17a) には機能範疇は RP と NumP の 2 つしか含まれないのに対して，(17b) には RP, NumP, XP, FP の 4 つの機能範疇が含まれるためである．

　この予測は，「女教師／女の教師／教師の女」の初出年代を調べることでも，いちおう確かめられる．実際，「日本語歴史コーパス (CHJ)」の検索によると，「女教師」と「女の教師」はそれぞれ 1888 年と 1909 年に初出例が見つかり，総ヒット件数もそれぞれ 62 例と 2 例あるが，「教師の女」は 1 件も見つからないので，統語的構文化の仮説と矛盾はしない．しかし，「運転手／教師」のような専門職を表す名詞は，それ自体が明治時代以降に生じた翻訳語である上に，CHJ には明治以降では 1874 年から 1925 年までのデータしか収録されていないので，使用頻度の少ない「教師の女」が，たまたまこの期間のサンプルに含まれなかった可能性もあり，2 件と 0 件の比較から，統語的構文化が (17a) から (17b) の段階までは進んでいない，とは断定し難い[13]．

　そこで，本章では，1 節で挙げた「尺度名詞構文」(3a, b) を取り上げる．「高さ／長さ」といった語彙自体は，平安時代から使われ続けていることがわかっているので，尺度名詞と数詞が組み合わされる 2 種類の語順を比較すれば，(3a, b) のどちらの構文が先に使われ始めたかを特定できるはずである．そして，(3a, b) が，(14a), (15a) と同様の名詞的繋辞を含む構文であり，このうち，(3b) にのみ述部倒置が含まれるとすれば，統語的構文化の仮説からは，「(3b) は (3a) よりも遅れて発達したはずだ」という予測が成り立つ．次節では，この予測が，CHJ の検索結果から，十分なデータ数に基づいて裏付けられることを示す．また，日本語の尺度名詞構文に対応する英語の構文

12　この統語的構文化が起きるために必要なパラメータの値の変化は，機能範疇 Num が RP を選択していたものが，RP だけでなく FP も選択できるようになるという変化である．

13　ちなみに，小川 (2016) では，述部倒置を含まない「動物名＋の＋子 (ども)」の語順の用例よりも 1000 年以上も遅れて，述部倒置構文である「子ども＋の＋動物名」の語順の用例が出現したことをコーパス調査から示すことで，同じ結論を導いている．

も取り上げ，その過去200年間の頻度変化の事実からも同様の結論が得られることを，COHAとCOCAの調査結果をもとに示す。

3. 尺度名詞構文の発達とその分布上の制限
3.1 日本語の尺度名詞構文と述部倒置

日本語には，ある物体や空間の高さ，長さ，幅，深さ，広さなどを表すために，(22a, b) と (23a, b) のような4種類の表現方法がある。以下では，これらをまとめて，「尺度名詞構文」と呼ぶことにする。

(22) a. あの山は<u>高さ（が）3000メートル</u>だ／である[14]。(= (3b))
　　 b. あの山は<u>3000メートルの高さ</u>だ／である。(= (3b))
(23) a. あの山は<u>高さ*（が）3000メートル</u>ある[15]。
　　 b. あの山は<u>3000メートルの高さ*（が）</u>ある。

(22a) と (22b)，および，(23a) と (23b) は，論理的に同義であるばかりでなく，使用環境にもほとんど差はなく，自由交替のように感じられる。つまり，(22) と (23) の (a) と (b) の違いは，尺度名詞N1と数詞N2（＋類別詞）が，N1-N2の語順で並んでいるか，N2-N1の語順で並び，両者の間に「の」が介在するか，という違いしかないように見える[16]。また，(22a) で「が」が

---

14 (23a) の「が」は随意的である。ただし，「が」を含む例は対比焦点を表し，「高さが3000メートルで，裾野が10キロメートルで…」のように後続文脈が続く方が自然に感じられる。この焦点の解釈は，主節内のFocusPがこれを担うと仮定しておく。

15 「だ」は「である」の縮約形であると仮定すると，(22a, b) と (23a, b) の違いは，文末の繋辞が「である」の場合，尺度名詞につく主格の「が」は随意的だが，文末の繋辞が「ある」の場合，尺度名詞につく主格の「が」は義務的になるという違いを示していることになる。それぞれの文の繋辞が「である」であるか「ある」であるかの違いと「が」の随意性・義務性は関係があると思われるが，この問題について本章では深く立ち入らない。

16 (23a) と (23b) の交替は，(ia) の非遊離数量詞と (ib) の遊離数量詞の違いに似ているが，「高さ」のような尺度名詞は，(ia, b) の「足」のような可算名詞と違って，非指示的な不加算名詞であることや，以下で見る尺度名詞構文の通時的発達の事実からしても，(23a) を遊離数量詞構文と同一視するべきではないと思われる。ちなみに，CHJによれば，(ib) タイプの前位修飾の数量詞は1010年の「源氏物語」に初出例が観察されるが，(ia) タイプの主格名詞句からの遊離数量詞構文は1592年の「天草版平家物語」まで初出例が観察され

随意的とはいえ尺度名詞と数詞の間に介在できるという事実は,「が」がない場合でも,「高さ3000メートル」という表現は,複合名詞ではなく名詞句であることを示す。これは,述部倒置を含まない AQBNP の an idiot doctor が,一見複合名詞に見えるものの,複合語アクセントではなく句アクセントを持ち,one 代入も許すため名詞句であると言えるのと平行的である(注6を参照)。また,「3000メートルの高さ」のように数詞 N2 と尺度名詞 N1 の語順が入れ替わると「の」が義務的になる事実は,述部倒置を含む CQBNP の a jewel of a village において名詞的繋辞の of (a) が義務的になる事実と平行的である。

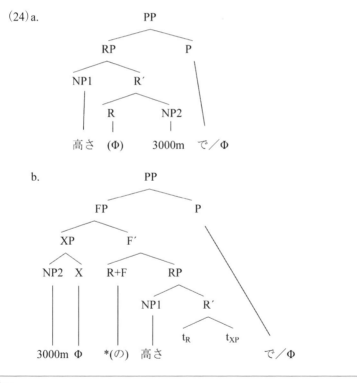

ない。
(i)　a.　あの動物は,足が8本ある。
　　 b.　あの動物は,8本の足がある。

これらの事実から，本章では，(22a), (23a) と (22b), (23b) は，それぞれ，(24a, b) の構造と派生をもつと主張したい[17]。

以上の提案と，前節までで見た述部倒置に関する統語的仮説を踏まえると，1つの理論的予測が成り立つ。つまり，述部倒置を含む構文は，これを含まない構文に比べて，FP と XP の投射がある分だけ，機能範疇が2つ多い。したがって，(22b), (23b) のような「数詞 N2 ＋ の ＋ 尺度名詞 N1」の語順の構文は，(22a), (23a) のような「尺度名詞 N1 ＋ 数詞 N2」の語順の構文に比べて，時間的に後れて発達したはずだ，という予測である。以下では，「中納言」の調査にもとづき，この予測通りの事実が裏付けられることを示す。

まず，「中納言」とは，国立国語研究所（NINJAL）が 2015 年から公開しているコーパス検索アプリケーションであり，NINJAL に利用申込をすれば誰でも無料で利用できる。しかも，短単位・長単位・文字列の3つの方法によってコーパスに付与された形態素情報を組み合わせた高度な検索を行うことができる。この中には，「日本語歴史コーパス」，「現代書き言葉均衡コーパス・少納言」，「日本語話し言葉コーパス」など複数のコーパスが含まれるが，中でも，「日本語歴史コーパス（CHJ）」は，奈良時代の「万葉集」から明治・大正時代の大衆雑誌までのすべての時代の文学作品が形態素情報付きで収録されており，日本語の 1200 年にわたる通時的言語変化の様相を調べたいときには非常に有用なツールとなっている。

この CHJ を使って，「尺度名詞 N1＋ 数詞 N2」の語順の構文と「数詞 N2＋ の ＋ 尺度名詞 N1」の語順の構文の時代ごとの出現頻度を比較してみる。例

17　(24b) の述部倒置に関係する機能範疇 X は，Kayne (2005) が以下の (i) に対して仮定する音形のない MUCH であると考えることができる。Kayne (2005: 150) によれば，この MUCH は，当該構文では音形的に具現しないが，(ii) のように MUCH が義務的に具現する別の構文もあり，(i) の MUCH は，形容詞を超えて左方移動を受けると仮定されている。

(i)　$MUCH_i$ enough t_i property
(iii)　John owns so *(much) property that ...
(iii)　発音されない MUCH と MANY は，音形のある ＋N 要素によって認可されねばならない。　　　　　　　　　　　　　　　　　　　　　　　　　（Kayne 2005: 153）
(iii) の認可条件は den Dikken (2006: 178) のそれとは異なるが，両者は，発音されない主要部は統語的認可を受けるために移動しなければならないという考え方を共有している。

えば,「高さ六尺」のような表現を「短単位検索」の手法で検索するには,まず,すべての時代のすべての作品から検索する方法と,特定の時代または作品に限定して検索する方法がある。後者の場合は,「検索対象を選択」のボタンをクリックして,現れた画面で,時代または作品の指定を行う。今は,何も限定しないでおく。次に,「検索動作」を指定する枠内では,特に,「前後文脈の語数」を 20 語程度に指定しておくと,前後の文脈が一読して理解できるのでよい。次に,検索文字列を入力するのだが,短単位検索とは,形態素ごとに指定する検索なので,まず,「キー」の指定で「書字形出現形」を選び,「高」を枠内に入力する。続いて,「後方共起条件追加」をクリックし,現れた「後方共起 1」には,「キーから 1 語」を選び,枠内に「さ」を入力する。「高さ」は一短単位ではなく,「高」という語幹に名詞化接尾辞の「さ」が付いてできた派生語なので,短単位検索の場合は,2 つの形態素を分けて入力する必要がある。さらに,「後方共起条件追加」をクリックし,現れた「後方共起 2」には,「キーから 2 語」を選び,さきほど「書字形出現形」を選んだ箇所で今度は「品詞」を選ぶ。「品詞」の指定は「大分類／中分類／小分類」の中から「中分類」を選び,40 ほどの選択肢の中から「名詞―数詞」を選ぶ(図 1)。この指定のもとで「高さ＋数詞」の文字列を検索すると,134 件の検索結果が現れる。これは KWIC 検索なので,結果は,「キー」である「高」を中心にして,「高さ」という文字列に「六」などの数詞が後接する文字列を,それが現れる作品名,その作品の成立年などの情報とともに示してくれる。

　この検索条件でヒットした 134 件の中には,「蓮華の座の,土をあがりたる高さ三四尺,仏の御たけ六尺ばかりにて」(「更級日記」,1059 年) などが含まれる。134 件の内訳は,平安時代の作品が 1 件,鎌倉時代の作品が 9 件,室町時代と江戸時代の作品が 0 件,明治時代の作品が 88 件,大正時代の作品が 36 件であった[18,19]。

18　これらの検索結果は,さきほどの「検索」ボタンの右隣にある「検索結果ダウンロード」ボタンをクリックしてテキストファイルとして保存することができる。また,検索結果の中には,場合によっては,調べたい文字列とたまたま同じだが意味が全く異なる文字列が混じっている場合があるので,100 件や 200 件程度であれば,目視で検索結果の全体を点検して無関係な例を除外する作業を行う必要がある。

図 1

　同様の手順で,「広さ／幅／巾／長さ／深さ／大きさ＋数詞」を検索した結果を時代ごとに集計すると,「表 1」のようになる。

　コーパス内における各年代ごとの収録語数はまちまちなので,単に年代ごとの用例数がわかっても,分母を揃えないと,文字列の頻度が 1200 年間でどのように変化したかはわからない。そこで,年代ごとの用例数を収録語数で割って 100 万を掛けた数値(PER MIL)を求めると,「表 1」の最終行が示すように,当該表現は,平安時代から存在し,鎌倉時代に最もよく使われたが,その後は大正時代まで,概ね減少傾向であることが確認できる。

---

19 「虎明狂言本」は 1642 年成立だが,CHJ には室町時代の作品として収録されている。これは,この作品が,伝統演劇の台詞を書き記したものであるため,一昔前の言語,すなわち,室町時代の言語の特徴を反映したものと位置づけられているためである(青木博史氏(個人談話))。また,2018 年 3 月 30 日に「室町時代編Ⅱキリシタン資料」(「天草版伊曽保物語」「天草版平家物語」,約 14 万短単位)と「江戸時代編Ⅰ洒落本」(約 22 万短単位)が追加収録されたことで,CHJ は,すべての時代区分の作品を少なくとも 1 つは収録する通時コーパスと言えるようになった。

表1 「尺度名詞＋数詞＋類別詞」の文字列の頻度変化

時代区分	尺度名詞＋数詞＋類別詞					
	平安	鎌倉	室町	江戸	明治	大正
コーパス	「中納言」					
作品成立年代	900s–1100s	1100s–1300s	1592, 1642	1757–1836	1874–1909	1917, 1925
収録語数	856,827	822,905	358,419	204,519	8,182,767	4,367,844
広さ	1	10	1	0	0	0
幅/巾	0	0	0	0	111	40
長さ	1	18	3	0	207	47
高さ	1	9	0	0	88	36
深さ	0	3	1	0	36	10
大きさ	0	6	0	0	2	0
小計	3	46	5	0	333	93
PER MIL	3.501	55.8995	13.950	0.000	40.69528	21.292

　次に，同様の手順で「数詞＋類別詞＋の＋尺度名詞」の文字列の頻度変化を調べる。例えば，「六尺の高さ」のような文字列を検索するとしよう。この場合も，「キー」の指定で「書字形出現形」を選び，「高」を枠内に入力し，「後方共起1」に「キーから1語」を選び，枠内に「さ」を入力するまでは先述の方法と変わらない。加えて，今度は，「前方共起条件の追加」をクリックし，「前方共起1」で「キーから3語」を選び，「品詞」を選び，「中分類」を選び，「名詞―数詞」を指定する。さらに，「前方共起2」で「キーから1語」を選び，「書字形出現形」を選び，枠内に「の」を入力する（図2）。

　この状態で「検索」ボタンをクリックすると，25件の検索結果が現れる。この中には，「其際なきを遠望し數十尺の高さに捲き上げられ」（「国民の友」，1888年）のような例が含まれる。しかし，この中には「二階三階の高さと雖ども同じく」のように述部倒置とは無関係の事例が2例含まれるので，これを除外する。また，ここで行った検索は，「高さ」という表現の2形態素手前に数詞が現れる文字列の検索であり，そこには，「六尺の高さ」のような文字列は含まれるが，「六尺程の高さ／六尺位の高さ／六尺以上の高さ」のように数詞と「高さ」の間に「程／位／以上」などの副助詞が介在

図2

する表現は含まれていない。「尺度名詞＋数詞＋類別詞」の文字列には「高さ六尺位」のような例も含まれるので，頻度の差を比較するためには，条件を揃えなければならない。そこで，「六尺位の高さ」のような表現を一括して拾うために，「前方共起1」で「キーから4語」を選び，「品詞」を選び，「中分類」で「名詞—数詞」を指定する。次に，「前方共起2」で「キーから2語」を選び，「品詞」を選び，「中分類」で「助詞—副助詞」を指定する。さらに，「前方共起3」で「キーから1語」を選び，「書字形出現形」を選び，枠内に「の」を入力する。この条件で検索すると，15件の検索結果が現れる。その中には，「二寸ばかりの高さに咲残りたるを見出しぬ」（「太陽」，1895年）のような例が含まれる。この23件と15件を合わせた38件が該当例となる。興味深いことに，これら38例がすべて明治時代以降の事例であり，奈良時代から江戸時代までの作品の中には該当例が1件も見つからない。

前述の手順で，「数詞＋類別詞＋（副助詞＋）の＋広さ／幅／巾／長さ／深さ／大きさ」の文字列の用例数を時代ごとに検索した結果を集計すると，次ページの「表2」のようになる。

「表1」と「表2」からわかるのは，尺度名詞と数詞が隣接した「高さ六尺」のような表現は，平安時代から使われていたものの，ここに述部倒置が適用されて得られる「六尺の高さ」のような例は，明治時代になって初めて使われるようになった比較的新しい用法だ，ということである。

表2 「数詞＋類別詞（＋副助詞）＋の＋尺度名詞」の文字列の頻度変化

時代区分	数詞＋類別詞＋（副助詞＋）の＋尺度名詞					
	平安	鎌倉	室町	江戸	明治	大正
コーパス	「中納言」					
作品成立年代	900s–1100s	1100s–1300s	1592, 1642	1757–1836	1874–1909	1917, 1925
収録語数	856,827	822,905	358,419	204,519	8,182,767	4,367,844
広さ	0	0	0	0	0	0
幅/巾	0	0	0	0	5	7
長さ	0	0	0	0	2	13
高さ	0	0	0	0	21	17
深さ	0	0	0	0	14	13
大きさ	0	0	0	0	2	2
小計	0	0	0	0	39	45
PER MIL	0	0	0	0	4.766	10.303

本章では，当該の「の」は，述部倒置が起きるときにのみ生じる機能範疇FPの主要部であって，FPは，統語的構文化の結果として生じるものであると仮定しているので，通時的には，FPを含まない構文よりも後の時代に出現したと予測するが，上記の事実は，この予測が支持されたことを意味する。

3.2 英語の尺度名詞構文と述部倒置

前節では，「統語的構文化」の仮説が予測する通り，日本語で，述部倒置を伴う尺度名詞構文の方が，述部倒置を含まない同構文に比べて，900年以上も遅れて出現したことを見てきた[20]。本節では，日本語の2種類の尺度名詞構文に対応する英語の2種類の尺度名詞構文を比較し，英語でも，述部

---

20 注13も参照。

倒置を含まない構文と含む構文の間には，日本語と同様の非対称性が観察されることを示す。

ここで取り上げるのは，(25a–c)((4a–c)の該当部分)のような最小対である。

(25) a. It ... reached the height of 400 feet, ...
   b. Lead-glazed earthernware; height 7 feet, 10 1/2 inches over-all.
   c. Asher ... drew himself up to his full six feet of height.

(25a, b)の下線部は，「高さ(が)～フィートに達した／である」という日本語に対応し，(25c)の下線部は，「立ち上がると6フィートの高さになった」に対応する[21]。つまり，(25a, b)は，述部倒置を起こす前の語順であり，(25c)は，述部倒置が起きたあとの語順である。このため，本章での仮定に基づくと，(25c)タイプの構文は，(25a, b)タイプの構文よりも遅れて発達したと予測するが，この予測を，COHAとCOCAを使って検証しよう。

COCAとは，現代アメリカ英語コーパス(Corpus of Contemporary American English)の略で，この原稿を書いている2018年3月時点で，1990年から2017年までのアメリカ英語の用例を，話し言葉・小説・雑誌・学術論文・新聞の各ジャンルに分けて，計5億6千万語ほど収録しているコーパスである。5年刻みで，あるいは，レジスターごとに区切った検索文字列の頻度とその変化を調べることができる。また，COHAとは，アメリカ英語歴史コーパス(Corpus of Historical American English)の略である。1810年から2009年までのアメリカ英語の話し言葉・小説・雑誌・学術論文・新聞から収録した事例を計4億語収録しており，検索文字列の10年ごとの頻度とその変化を調べることができる。COCAとCOHAは，Brigham Young大学のMark Daviesによって2009年以降に公開が続いているコーパス群(いわゆる，BYU Corpora)を代表するコーパスである[22]。

21　英語では，述部倒置を含まない尺度名詞構文も名詞的繋辞を顕在的に具現できる。これは，an idiot (of a) doctorにおけるof aの随意性と平行的な現象である。

22　イギリス英語についても，COCAに対応するものとしては，1980～1993年のテキストや話し言葉を収録したBritish National Corpus (BNC)が，COHAに対応するものとして

COHA も COCA も，検索窓には，定まった語彙や語句だけでなく，特定のカテゴリーに属する任意の語を検索対象とするための Syntax を指定することができる [23]。例えば，[v*] は「任意の動詞」を指定する記号であり，[mc*] は「任意の数詞」を指定する記号なので，List 検索で，[v*] the height of [mc*] という 5 語の文字列を検索すると，exceed the height of three to five feet や reached the height of four hundred feet のような例を拾ってくれる [24]。また，the height/length of [mc*] のように「/」の記号を用いると，the height of [mc*]，the length of [mc*] の 2 種類の文字列を一括して検索できる。また，[reach] のように動詞の原形を [ ] でくくると，reach のあらゆる活用形，すなわち，reach/reached/reaches/reaching の 4 種類をすべて拾ってくれる。同様に，[foot] のように名詞の単数形を [ ] でくくると，単数形の foot と複数形の feet をすべて拾ってくれる。以上の検索方法で List 検索を行うと，該当する文字列を，頻度の多いものから順に示してくれる。また，Chart 検索で同様の検索を行うと，COHA の場合，200 年間で当該文字列の 100 万語当たりの頻度（PER MIL）がどのように増減したかを棒グラフで示してくれる。1810 年から 2009 年までの 200 年間のうち，1900 年頃までは「後期近代英語期」，それ以降は「現代英語期」と呼んで区別される場合があるが [25]，変化が進行中である現象については，後期近代英語期と現代英語期では顕著な頻度の違いが現れる場合がある。例えば，near to X, nearer than X, nearest to X,

---

は，1803 年から 2005 年までの国会議事録を 16 億語ほど収録した Hansard Corpus が，BYU Corpora の ID とパスワードでアクセスできる。BYU Corpora には，これ以外にも，Time Magazine Corpus, Corpus of Global Web-Based English（GloWbE），Now Corpus などがあり，続々と新たなコーパスが公開されつつある。詳細は，以下のサイトを参照されたい。
　　https://corpus.byu.edu
また，BYU Corpora 以外にも，以下のサイトには公開中のコーパスが多数紹介されている。
　　http://www.helsinki.fi/varieng/CoRD/corpora/index.html
　　http://ling.human.is.tohoku.ac.jp/change/corpus/

23　Syntax の指定に必要な [v*] や [mc*] のような変項の記号は，検索窓の右隣の POS List にその一覧があるので，暗記する必要はない。

24　初期設定では 100 件を拾うようになっているが，検索結果が多くなりそうな場合は，検索画面の中の Options > Hits で 100 を 500 にでも 1000 にでも自由に変更できる。

25　http://user.keio.ac.jp/~rhotta/hellog/2017-07-08-1.html

so near to X のような near の形容詞用法は，1900 年からの 100 年間で頻度が 10 ～ 15 分の 1 に単調減少していたり（Ogawa 2014b），inside the house のように inside が補部との間に of を介在させない用法は，1810 年からの 200 年間で 70 倍以上に単調増加しているなど，この期間に頻度の劇的な増減を示す用例も珍しくない。

そこで，上述のような COHA/COCA の検索規則を踏まえて，COHA で，(25a–c) の 3 タイプの構文の出現頻度を，類別詞が foot/feet であるものに限って調べ，その結果を後期近代英語期と現代英語期に分けて集計すると，「表 3」（次ページ）のようになる [26]。

「表 3」が示すことは，「尺度名詞 +（of）+ 数詞 + 類別詞」の語順の構文 (Type A) と「数詞 + 類別詞 + of + 尺度名詞」の語順で述部倒置を伴う構文 (Type B) との比較では，Type A (of あり，of なしの合計) は，後期近代英語期の 100 年間のほうが，現代英語期の 100 年間よりもトークン頻度が 4 倍近く多く，現代英語期になって急速に頻度を減らしているのに対して，Type B は，後期近代英語期の 100 年間よりも，現代英語期の 100 年間の方が，トークン頻度が 4 倍近く多く，現代英語期になって急速に頻度を増やしている，ということである。換言すれば，英語でも尺度名詞構文は，1800 年代から 1900 年代にかけて，述部倒置を伴わない形から述部倒置を伴う形へと移行しつつあると言うことができる。この事実は，筆者が主張する「統語的構文化」の仮説のもとでの通時的変化の予測と合致する [27]。

26　(25a–c) の 3 構文を検索するための文字列は，それぞれ，以下の (i), (ii) のようになる。
 (i) the height/length/depth/width/breadth of [mc*] [nn*]
 (ii) height/length/depth/width/breadth [mc*] [nn*]
 (iii) [mc*] [nn*] of height/length/depth/width/breadth
ただし，[nn*] を限定しないと，これが尺度名詞とは無関係である例も数多く拾ってしまうことから，「表 3」では，[nn*] を [foot] で置き換えて検索した結果を示している。

27　BYU Corpora の中には，1470 年代から 1690 年代までの英語を検索できる Early English Books Online (EEBO)（収録語数 7 億 5 千万語余り）もある。注 26 の (i) – (iii) と同じ条件で尺度名詞構文の 3 バージョンの実例 ([nn*] を [foot] に限定した場合) を検索しても，COHA の検索結果「表 3」から言える内容（述部倒置なしの構文がまず発達したということ）と矛盾しない結果が得られる。

表3 英語の尺度名詞構文のタイプ頻度・トークン頻度と頻度変化

	(types)	(tokens)	1810s-1900s (tokens)	1910s-2000s (tokens)
Type A-1 (of なし)	尺度名詞＋数詞＋類別詞			
length [mc*] [foot]	27	28	16	12
breadth [mc*] [foot]	8	10	4	6
width [mc*] [foot]	4	4	1	3
height [mc*] [foot]	19	29	21	8
depth [mc*] [foot]	2	2	2	0
小計	60	73	44	29
Type A-2 (of あり)	尺度名詞＋of＋数詞＋類別詞			
the length of [mc*] [foot]	4	4	3	1
the breadth of [mc*] [foot]	0	0	0	0
the width of [mc*][foot]	1	1	1	0
the height of [mc*] [foot]	55	101	81	20
the depth of [mc*] [foot]	34	72	66	6
小計	94	178	151	27
Type A 合計	154	251	195	56
Type B (倒置あり)	数詞＋類別詞＋of＋尺度名詞			
[mc*] [foot] of length	5	7	3	4
[mc*] [foot] of breadth	1	1	0	1
[mc*] [foot] of width	1	1	0	1
[mc*] [foot] of height	10	19	3	16
[mc*] [foot] of depth	6	6	1	5
Type B 合計	23	34	7	27

4. 名詞句内での wh 移動・焦点化を伴う倒置構文における変化

　den Dikken (2006) は，述部倒置の結果，繋辞の音形的具現が義務的になる構文は，(26a, b) のような名詞句内での移動も，(27b) のような節内での移動も，A 移動による述部倒置を含む構文のみであると主張している。

(26) a. a village like a jewel (= (16a))
    b. a jewel *(of a) village (= (16b))
(27) a. I consider [a picture of a politician (to be) the cause of the riot].
    (= (13a))
    b. I consider [the cause of the riot *(to be) a picture of a politician].
    (= (13b))

一方,A′移動による述部倒置とは,例えば,節内で AP が倒置する (28) の比較相関構文や,名詞句内で AP が倒置する (29) の焦点構文である。この場合,繋辞の be や of は,具現できないか,具現できても義務的とはならない。

(28) a. The greater the danger (is), the higher the wages (are).
    b. The higher the number (is), the more detail your image will have.
(29) a. How big (*of) a problem do you have?
    b. That was (*of) too big a problem for him.

ところが,名詞句内で述部の A′移動が起きている (29a, b) の構文では,アメリカ英語で of の生起が可能になりつつある。名詞句内で述部の wh 移動・焦点化の際に of が生じる文字列の例として,too/how big/strong of a/an [nn*] を COHA で Chart 検索すると,該当例は,1990 年代にはじめてコーパスに現われて以降,増加傾向にあることがわかる。

SECTION	ALL	1810	1820	1830	1840	1850	1860	1870	1880	1890	1900	1910	1920	1930	1940	1950	1960	1970	1980	1990	2000
FREQ	15	0	0	0	0	0	0	0	0	0	0	0	0	0	0	0	0	0	0	4	11
WORDS (M)	405	1.2	6.9	13.8	16.0	16.5	17.1	18.6	20.3	20.6	22.1	22.7	25.7	24.6	24.3	24.5	24.0	23.8	25.3	27.9	29.6
PER MIL	0.04	0.00	0.00	0.00	0.00	0.00	0.00	0.00	0.00	0.00	0.00	0.00	0.00	0.00	0.00	0.00	0.00	0.00	0.00	0.14	0.37

図 3

COCA でも同じ文字列を Chart 検索すると，以下の図 4 に示すように，470 件がヒットするが，当該構文の頻度は，年代が進むにつれ，概ね増加傾向にある。(30a-b) は，その 470 件のうちの 2 件である。

SECTION	ALL	SPOKEN	FICTION	MAGAZINE	NEWSPAPER	ACADEMIC	1990-1994	1995-1999	2000-2004	2005-2009	2010-2014	2015-2017
FREQ	470	142	16	20	55	2	19	29	31	61	60	35
WORDS (M)	465	116.7	111.8	117.4	113.0	111.4	104.0	103.4	102.9	102.0	102.9	62.3
PER MIL	1.01	1.22	0.14	0.17	0.49	0.02	0.18	0.28	0.30	0.60	0.58	0.56

図 4

(30) a. How big of a problem do you have on your hands there?
(1993; SPOK)
b. Even if there was, there is too big of a risk. (2007; NEWS)

しかし，この事実から，アメリカ英語では，A′ 移動による述部倒置であっても，名詞的繋辞の of を具現できるようになった，とは仮定できない。同じく A′ 移動による述部倒置を伴う (28) の比較相関構文では，be 動詞が生じる頻度は極めて少なく，同時期に増加傾向も見られないからである [28, 29]。

そこで，代案として，次のように提案したい。まず，of を生じない (31) においては，how/too/so で修飾された形容詞は，名詞を修飾する RP 内の指定部位置から A′ 位置である DP 指定部へと直接 A′ 移動を受けているために，of は生じない。一方，of を生じる (30a, b) では，wh 句・焦点句の述部は，R の補部の位置に生じ，そこから，まず A 移動によって名詞句内の FP 指定部に倒置する。さらに，そこから，DP 指定部に A′ 移動を受けるため

28　この検索のために入力した文字列と，その検索結果は，以下である。
　(i) a.　the [jjr*] the [nn*] , the [jjr*] the　　（繋辞なし = 1236 件）
　(ii) b.　the [jjr*] the [nn*] [be] , the [jjr*] the　（繋辞あり = 24 件）
29　ちなみに，COCA で，too/how big/strong a/an [nn*] の文字列を検索した結果は 1193 件であり，too/how big/strong of a/an [nn*] の 470 件と 2 倍強の開きしかない。

に，最初のステップである A 移動が of の出現を誘発する。つまり，(31) と (33)(= (30a)) は，それぞれ，(32) と (34) の派生をもつと主張するのである[30]。

(31) How big a problem do you have on your hands there?
(32) [$_{DP}$ [$_{AP}$ how big] [$_{D'}$ D (a) [$_{RP}$ t_{AP} [$_{R'}$ R (φ) [$_{NumP}$ Num (φ) problem]]]]]
(33) How big of a problem do you have on your hands there?
(34) [$_{DP}$ [$_{AP}$ how big] [$_{D'}$ D (a) [$_{FP}$ t'_{AP} [$_{F'}$ R+F (of) [$_{RP}$ [$_{NumP}$ Num (φ) problem] [$_{R'}$ t_R t_{AP}]]]]]]

(32) は，述部が RP 指定部に生じる構造で，(34) は，述部が RP 補部に生じる構造である。how/too/so で修飾された述部が冠詞 a を越えて最終的に DP 指定部へ移動する A′ 移動はいずれにも含まれるが，述部が FP 指定部へ移動する A 移動は後者にのみ含まれる。名詞的繋辞 of は，A 移動の述部倒置を含む場合にのみ生じるので，(34) の派生のみが of を生じるのである[31]。

このように考えると，現代アメリカ英語で (30a–c) タイプの名詞句の使用頻度が増加しつつあるのは，この構文に「統語的構文化」が起こって FP を含む構造が可能になりつつあるから，と結論できる。

5. 結語

本章では，まず，英語の名詞句内での繋辞 of の具現と述部倒置に対して den Dikken (2006) が行なっている提案を日本語の名詞的繋辞「の」に応用することで，日本語の名詞句内でも述部倒置の環境でのみ「の」が義務的になる事実を説明できることを論じた。第二に，Ogawa (2014a) が構文の通時的変化の原則として提案している「統語的構文化」の仮説を導入し，その仮

---

30 Nishihara (1999) は，A 移動と A′ 移動の特徴を併せ持つ場所句倒置 (Locative Inversion) 構文について，TP 指定部への A 移動と，それに続く TopicP 指定部への A′ 移動を含む派生を提案している。実際，同構文において繋辞の be 動詞は削除できない。
31 (28) の比較相関文においては，A 位置である TP 指定部は必ず主語 NP によって占められるとすれば，最終的に CP 指定部へ移動する述部が，途中で TP 指定部に立ち寄る可能性はないため，繋辞の be 動詞は生じない，と説明される。

説は，日本語と英語の「尺度名詞構文」に対して起こった通時的変化の事実も説明できることを示した。第三に，英語の名詞句内での wh 移動・焦点化を伴う構文において，1990 年代以降，of の具現が可能となり，しかもその頻度を増やしつつある事実について，元来，A′ 移動のみを伴う述部倒置であったものが，統語的構文化の結果として，述部倒置の A 移動とそれに続く A′ 移動という二段階の操作を含むものへと変化しつつあると提案した。

参照文献

Andor, Józseef (2004) The master and his performance: An interview with Noam Chomsky. *Intercultural Pragmatics* 1: 93–111.
Baker, Mark (2017) Structural case: A realm of syntactic microparameters. *Linguistic Analysis* 41: 193–240.
Borer, Hagit (1983) *Parametric syntax*. Dordrecht: Foris.
Chomsky, Noam (2017) Notes on parameters. *Linguistic Analysis* 41: 475–479.
Cournane, Ailís (2017) In defence of the child innovator. In: Mathieu and Truswell (eds.).
den Dikken, Marcel (2006) *Relators and linkers: The syntax of predication, predicate inversion, and copulas*. Cambridge, MA: MIT Press.
Duguine, Maia, Ariz Irurtzun, and Cedric Boeckx (2017) linguistic diversity and granularity: Two case studies against parametric approaches. *Linguistic Analysis* 41: 445–474.
Karimi, Simin and Massimo Piatteli Palmarini (2017) Introduction to the special issue on parameters. *Linguistic Analysis* 41: 141–158.
Kayne, Richard (1994) *The antisymmetry of syntax*. Cambridge, MA: MIT Press.
Kayne, Richard (2000) *Parameters and universals*. New York: Oxford University Press.
Kayne, Richard (2005) *Movement and silence*. New York: Oxford University Press.
Longobardi, Giuseppe (2017) Principles, parameters, and schemata. *Linguistic Analysis* 41: 517–555.
Mathieu, Éric and Robert Truswell (eds.) (2017) *Micro-change and macro-change in diachronic syntax*. Oxford: Oxford University Press.
新国佳祐・和田裕一・小川芳樹 (2017)「容認性の世代間差が示す言語変化の様相：主格属格交替の場合」『認知科学』24(3): 395–409.
Nishihara, Toshiaki (1999) On locative inversion and *there*-construction. *English Linguistics* 16: 381–404.
西山佑司 (2003)『日本語名詞句の意味論と語用論：指示的名詞句と非指示的名詞句』東京：ひつじ書房.
Ogawa, Yoshiki (2014a) Diachronic demorphologization and constructionalization of

compounds from the perspective of distributed morphology and cartography. *Interdisciplinary Information Sciences* 20(2): 121–161.

Ogawa, Yoshiki (2014b) Grammaticalization of *near* from adjective to preposition via head-movement, gradability declination and structural reanalysis. *Interdisciplinary Information Sciences* 20(2): 189–215.

小川芳樹（2016）「日英語の等位同格構文と同格複合語の統語構造と構文化についての一考察」小川芳樹・長野明子・菊地朗（編）『コーパスからわかる言語変化・変異と言語理論』284–306. 東京：開拓社.

奥津敬一郎（1978）『「ボクハウナギダ」の文法：ダとノ』東京：くろしお出版.

Rizzi, Luigi (2017) On the format and locus of parameters. *Linguistic Analysis* 41: 159–191.

Roberts, Ian (2007) *Diachronic syntax*. Oxford: Oxford University Press.

Shibatani, Masayoshi, Sung Yeo Chung and Bayaerduleng (2013) Genitive modifiers: *Ga/No* conversion revisited. *Japanese/Korean Linguistics* 22: 355–394.

Snyder, William (2017) On the child's role in syntactic change. In: Gautam Sengupta, Shruti Sircar, Madhavi Gaythri Raman, and Rahul Balusu (eds.) *Perspectives on the architecture and acquisition of syntax: Essays in honor of R. Amritavalli*, 235–242. Dordrecht: Springer.

Stowell, Tim and Diane Massam (2017) Introducing register variation and syntactic theory. *Linguistic Variation* 17: 149–156.

第 5 章

日本語の存在型アスペクト形式とその意味

益岡隆志

要旨

　本章は，日本語の存在型アスペクト形式（テイル形・テアル形）がアスペクトの意味とどのように結びついているかを考察し，テイル形・テアル形がその基本部分において，存在動詞イル・アルに由来する活動性・静態性を一部反映したアスペクト体系を作り上げるということ，及び，テイル形・テアル形が表す意味には，イル・アルの意味と前接する動詞の意味から構成的に捉えられる意味とその構成的意味からの派生として捉えられる意味の 2 類が認められるということを指摘する。

キーワード：　存在動詞，コト拡張，動詞タイプ，観察の視座，構成的意味・派生的意味

1.　はじめに

　日本語文法研究の長い歴史のなかで，筆者が専攻する日本語の文研究（文論）が大きな進展を見せはじめたのは 1970 年代のことである。その進展の原動力になったものの 1 つが文構成の要となる述語の研究であり，より具体的には，その中核となる動詞の研究であった。また，動詞はその語彙情報が質量ともに豊富であることから，語彙（レキシコン）研究の面からも重要な研究課題となる。日本語研究において文研究と語彙研究が交差する動詞研究の重要性が深く認識され，研究の大きな潮流が形成されるようになったの

も 1970 年代のことであり，影山（1980）や仁田（1980）はそのような時代状況を映し出している。

　文研究と語彙研究が接点を持つ動詞研究は日本語文法研究において多大な成果を収めてきたのであるが，その研究課題の1つが他動性・ヴォイスの研究である。自動詞・他動詞が形態的に複雑な現れ方を見せる日本語は，他動性の研究を進めるうえで有利な条件を備えている。日本語はまた，自動詞・他動詞の形式と受動・使役の形式が形態的に深い関係にあることから，動詞研究がヴォイス研究につながっていくことも必然的であった。

　動詞研究が大きな成果を挙げてきたもう1つの研究課題がアスペクト研究である。日本語のアスペクト研究には長い研究の歴史が認められるが，それが興隆の時期を迎えたのもやはり 1970 年代のことであり，そのことを象徴するのが金田一（編）(1976) の刊行であった。日本語の動詞研究とアスペクト研究の深いつながりに目を向けたこの金田一（編）(1976) の刊行を契機として，動詞に関係する形と意味のあいだの複雑な様相を追究するアスペクト研究が，「アスペクト論」の名のもとに，多くの日本語文法研究者の関心を呼ぶ研究課題となっていったのである。

　本章では，このような"研究の宝庫"とも言える日本語のアスペクトをめぐって，日本語に特徴的と考えられる表現形式を対象に考察を試みる。具体的には，「存在型アスペクト形式」と称される動詞の「-ている」・「-てある」の形式（以下，「テイル形」・「テアル形」と呼ぶ）を取り上げ，動詞の意味に留意しつつ，その形式と意味のあいだにどのような関係が認められるのかを明らかにすることを目標としたい。そこでのポイントは，事象の観察における視座に着目することによりテイル形・テアル形の意味の全体的構図が見出されること，及び，テイル形・テアル形の意味に，イル・アルの意味とそれに前接する動詞の意味の合成としての構成的な意味と，その構成的な意味から派生的に得られる意味が認められることである。

　そのような目標のもと，本章は以下のように構成される。まず第2節で，本章の背景となる事象叙述文の研究を概観し，そのなかにアスペクト研究を位置づける。続く第3節で，日本語アスペクトの研究史を素描したうえで，本章の考察対象である存在型アスペクト形式を導入する。それに基づき，第4節では存在型アスペクト形式の体系について，そこに存在動詞「イル」・

「アル」がどう関わるのかという観点から検討を加える。次いで第5節では，構成的な意味と派生的な意味の関係を考えるというアプローチにより，存在型アスペクト形式の意味のあり方を探ってみたい。

2. 動詞文研究におけるアスペクト研究

文研究とアスペクト研究の関係を考察するにあたって，少し回り道にはなるが，その背景となる叙述類型（predication type）の問題から出発したい[1]。叙述類型というのは，文の叙述様式に性格の異なる2つの類型が認められるというものである。類型の1つは所与の対象が有する属性（property）を叙述するものであり，もう1つは特定の時空間に出現する出来事（event）を叙述するものである。これらの叙述をそれぞれ「属性叙述」（property predication），「事象叙述」（event predication）と呼ぶ。

このうち属性叙述の文は，(1) のような，名詞を述語とする文によって代表される。

(1) 日本は島国だ。

それに対して事象叙述の文は，(2) のような，動詞を述語とする文がその典型である。

(2) 子供が大声で泣いた。

寺村（1973）の言い方を用いるならば，属性叙述文は"主観的な判断"という性格を，事象叙述文は"客観的な描写"という性格を，それぞれ本来的に持っている。すなわち，属性叙述文は所与の対象と特定の属性を話し手が結びつけるものであり，事象叙述文は特定の時空間に出現する具体事象を観察・描写するものである。

叙述の類型における属性叙述と事象叙述の区別は以上のとおりであるが，以下，本章のテーマであるアスペクトが関係する事象叙述文について必要な

---

[1] 叙述類型に関する筆者の見方については，益岡（1987, 2008, 2018）を参照されたい。

説明を加えておく。

　事象叙述文を構成する要素として，要となる述語動詞の他に，それが要求する項（argument）と時空間性に関わる要素が挙げられる。この点は，事象叙述文に相当する文類型の存在に最初に注目した佐久間（1941）が指摘したところである。佐久間によれば，出来事を叙述する「物語り文」は「（何々）が（どうか）する／した」という構文様式で表され，そこには主語の成分と動詞述語の成分が関係するという。さらに，「事のおこる舞台といふもの」が関わるため，「時所的限定」を表す成分も必要になるとされる。同様の趣旨は，近年発表された影山（2009）においても指摘されている。すなわち，影山によれば，事象叙述文は述語を主要部とする項構造を持つが，項構造における項には事象の参与者を表す外項（主語項）・内項（目的語項）に加え，事象発生の時間を特定する出来事項（event argument）があり，それら諸項が出来事項を最上位に置いた階層構造をなすという[2]。

　佐久間（1941）や影山（2009）の見方を受け，本章では，事象叙述文における項の表現と時空間に関わる表現を次のように捉えておく。まず，事象叙述文の中核をなすのは，事象のあり方を定める述語動詞とそれが要求する項である。この動詞述語と項からなる構成体を「述語項構造」と呼ぶことにする。先の（2）の例で言えば，「泣く」が述語動詞，「子供が」が項，「子供が泣く」が述語項構造ということになる。述語項構造においては事象の参与者（動作主や被動者）が項として表され，また，項は優位性の違いに基づき主語・目的語といった文法機能が割り当てられる。（2）の例で言えば，「子供が」に主語の機能が与えられる[3]。

　事象叙述文にはまた，時空間性に関わる要素が必須要素となる。とりわけ，時間性を表す要素が重要な働きをする。時間性を表す文法カテゴリーにはテンスとアスペクトがあるが，動詞述語との関係が重要な意味を持つのは，事象の時間的な展開における局面を表すアスペクトである。

　先に述べたとおり，事象叙述文は特定の時空間に出現する具体事象を観

---

[2] 影山（2009: 28）では，出来事項（Ev）を最上位とする「(Ev(x(y(z))))」という項構造が提案されている。

[3] この点の詳細は益岡（近刊）に譲る。

察・描写するものである。そこで観察される事象は，時間的な展開における特定の局面に位置する事象である。日本語の代表的なアスペクト形式とされる動詞のテイル形は，当該の事象の時間的展開の局面を表す。例として，次の (3) と (4) を見てみよう。

(3)　子供が泣いている。
(4)　入り口のドアが開いている。

これらの例では，動詞のテイル形によって当該の事態が特定の局面にあることが表されている。例えば (3) の文では，「子供が泣く」という事象が始まってはいるが終わるには至っていない進行中の局面にあることが，また (4) の文では，「入り口のドアが開く」という事象が終了後の結果の局面にあることが，それぞれ表されている。

　動詞のテイル形は，このように，観察される事象を時間的展開のなかに位置づけるアスペクト形式であるが，ここで節を改めて，テイル形を含む日本語のアスペクト表現に関する見方がどのように育まれてきたかについて概観したいと思う。

3. 日本語アスペクト研究の流れ

　本節では，日本語のアスペクトに関する研究史を素描し，併せて本章の検討課題を再度確認しておきたい。

　研究史の素描を行うにあたって，言語学におけるアスペクト研究に一言触れておく[4]。アスペクトに関する言語研究にも長い歴史があるが，そこで確立したアスペクト関係の概念のなかに語彙的アスペクト（lexical aspect）と文法的アスペクト（grammatical aspect）の区別がある。このうちの語彙的アスペクトとは，語彙としての動詞に備わるアスペクトの性質である。例えば「泣く」という動作を表す動詞は，動作の開始後その動作が一定時間継続可能であるという意味的性質を有し，また「ドアが開く」における「開く」という動詞は，当該の動きが完結する以前と以後とで関与する対象物の状態が

4　アスペクトに関する言語研究については，Binnick (ed.) (2012) を参照のこと。

異なるという意味的性質を有する。

　もう一方の文法的アスペクトとは，アスペクトに関わる意味を表すために動詞が取る規則的な形式のことである。例えば「泣いている」・「(ドアが)開いている」のようなテイル形は，動詞の「-テ」に「イル」が付加して形成される規則的な形式であることから，文法的アスペクトと見ることができる。語彙的アスペクトは動詞の意味的なあり方に関わるところから，言語間での共通性が比較的高いものと思われる。それに対して文法的アスペクトのほうは，各言語がアスペクトを表すためにどのような形式を用いるかの問題であるから，言語間の差が生じやすい。そのため，日本語のテイル形式に直接対応する形式が他言語に見出せるということにはならない。

　上記の点を念頭に置いて，日本語アスペクト研究の流れに目を向けるとき，研究史を画する重要な研究として金田一（1950）が浮かび上がってくる。金田一（1950）の大きな貢献は，日本語を対象に語彙的アスペクトと文法的アスペクトの絡み合いを明確に示した点にある。語彙的アスペクトの面について言えば，金田一の貢献は動詞をアスペクトの観点から「状態動詞」(「ある」など)・「継続動詞」(「読む」など)・「瞬間動詞」(「点く」など)・「第四種の動詞」(「聳える」など) の4つに分類したことである。金田一はまた，これらの動詞タイプの違いが「-ている」の付加の可否，及び，付加したときに表す意味に現れることを指摘した。すなわち，状態動詞は「-ている」が付かず，第四種の動詞は「-ている」の付加が義務的である。継続動詞と瞬間動詞はどちらも「-ている」を付加することができ，また，付いたときに表す意味が前者では動作の進行中の意味であり，後者では結果の残存の意味であるとされる。金田一のこの指摘は，日本語の語彙的アスペクトと文法的アスペクトの絡み合いを捉えた点で，日本語アスペクト研究を前進させる大きな一歩であった。

　金田一（1950）のこの研究以後の日本語アスペクト研究には2つの大きな流れが認められる。1つは，奥田（1978, 1988）から工藤（1995, 2014）へと受け継がれる流れである。奥田（1978, 1988）は金田一（1950）の研究を評価する一方で，それが「-ている」という有標の形式のみをアスペクト形式とした点に異議を唱えた。

　金田一に対する奥田の異議にはロシア言語学におけるアスペクト研究の見

方が投影されている。ロシア語を対象とするアスペクト研究（動詞の「体」の研究）では伝統的に，動詞の完了体 (perfective) vs. 不完了体 (imperfective) という形態的対立が基本に据えられてきた。そこでは，一般に不完了体が無標であり，完了体が有標であるとされる。奥田はそうしたロシア言語学のアスペクト研究を踏まえ，日本語のアスペクトを動詞の無標形式である「スル」と有標形式である「シテイル」の対立と見て，その対立に「完成相」・「継続相」という名称を与えた。さらに，語彙的アスペクトに関しても，金田一による時間的な概念をもとにした「継続動詞」と「瞬間動詞」の区別に対して，主体の動作を表す「動作動詞」と主体の変化を表す「変化動詞」の区別として捉えなおすべきであると論じた。奥田の見方を受け継いだ工藤 (1995, 2014) は，完成相 vs. 継続相という対立を基本に据え，語彙的アスペクトの観点から見た詳細な動詞分類を提案している。

　もう1つの流れは，寺村 (1984) に代表されるものである。それは文法的アスペクトとしてテイル形などに加え，完了 vs. 未完了の対立をも認める見方である。完了 vs. 未完了の対立というのは，動詞のスル vs. シタの対立のことであり，そこでは，現代語の「シタ」が古代語で完了の意味を表すとされる「シタリ」という形態に由来することも考慮されているものと考えられる。その点は，寺村が動詞の完了・未完了の対立を「既然・未然」の名称で言い表していることにも窺える。

　寺村 (1984) は，このスル vs. シタの対立を「現在」vs.「過去」というテンスの対立であると同時に，「未然」vs.「既然」というアスペクトの対立でもあると見る。さらに，日本語のアスペクトとしてはこのスル vs. シタの対立が「一次的アスペクト」であり，補助動詞が後接する「～テイル」などに対しては「二次的アスペクト」という位置づけを与えている。因みに，寺村は奥田・工藤などとは異なり，「～テイル」の形式をスルと対立をなすものとは見做していない。

　以上述べた奥田・工藤などの流れ，寺村などの流れとは独立に，言語研究の観点から語彙的アスペクトの問題を中心に日本語のアスペクトを追究する研究の流れとして影山 (1996) や Jacobsen (1992, 2016) の研究が挙げられる。影山 (1996) などの研究は，英語を対象に語彙的アスペクトの問題に取り組んだ Vendler (1957) の研究を踏まえて展開されたものであり，日本語アスペ

クト研究の視野にさらなる広がりを与えている。

　日本語アスペクト研究の流れの大要は以上述べたとおりであるが，先行研究のなかで本章において特に注目したいのは，日本語の文法的アスペクトとされるテイル形などの形態的特徴に着目する観点である。テイル形などの文法的アスペクトに顕著な形態的特徴とは，日本語の基幹的語彙資源である存在動詞を利用しているという点である。さらには，日本語が存在動詞として「イル」・「アル」という2つの動詞を使い分ける点も見逃せない。

　金水（2006）は存在動詞を用いたアスペクト形式を「存在型アスペクト形式」と名づけている。以下では，基幹的語彙資源である存在動詞を利用したこの存在型アスペクト形式を考察の対象に据えることにする。存在動詞に着目するということは，イル・アルがテイル形・テアル形という文法的アスペクトの形成にどのように関わるのか，また，そのテイル形とテアル形が互いの関係のなかでどのような体系を作り上げるのか，といった問題に取り組む必要があることを意味する。以下に続く第4節と第5節で，これらの問題を検討していきたいと思う。

4. 存在型アスペクト形式の体系
4.1 存在動詞構文のコト拡張

　本節では，存在型アスペクト形式のテイル形・テアル形がどのような体系を作り上げるのかを明らかにしたいと思うが，それに向けてまずは存在動詞の構文と存在型アスペクト形式の構文の関係について考えてみたい。

　両者の関係を本章では，益岡（2013, 2017）で提案した「コト拡張」の見方に基づき，(5)や(6)のようなモノ（人を含む）の存在を表す構文から(7)や(8)のようなコト（事象）の存在を表す構文への構造的拡張の関係と捉えたい。

(5)　あそこに子供がいる。
(6)　あそこに看板がある。
(7)　あそこで子供が遊んでいる。
(8)　あそこに看板がかけてある。

(5)と(6)は，ある場所（「あそこ」）にあるモノ（「子供」・「看板」）の存在が

観察されることを表し、(7) と (8) は、ある場所(「あそこ」)でコト(「子供が遊ぶ」・「看板がかかる」という事象)の存在が観察されることを表す。因みに、(7) と (8) では、モノ(「子供」・「看板」)の存在も併せて表現されている[5]。

ここで強調すべきは、テイル形・テアル形を用いたアスペクト表現が存在の意味を表すイル・アルの語彙的特徴を受け継いでいる点である。「存在型アスペクト形式」という命名に示されるとおり、広義の存在表現と見做すわけである。以下、広義の存在表現としてのテイル形・テアル形の表現とアスペクトとの関係について説明を加えることにする。

モノの存在を表す表現はモノをその存在が関わる空間に位置づける。すなわち、当該のモノがある特定の場所に存在することを指定する。先の (5) と (6) の場合であれば、「子供」と「看板」が「あそこ」で示される場所に存在することが表されている。それに対してコトの存在を表す表現では、事象をその出現が関わる時空間に位置づけることになる。時間について言えば、当該の事象を時間的展開のなかに位置づけるわけである。

この場合、指定される事象の位置は、時間的展開のなかの特定の局面ということになる。そのため、事象の存在を表す表現は事象を時間的局面に位置づけるアスペクト表現となる。先の (7) と (8) の場合であれば、「子供が遊ぶ」・「看板がかかる」という事象がそれらが関係する時間的な展開のどの局面にあるかが表されている。具体的には、(7) では「子供が遊ぶ」という事象が開始後の進行の局面にあること(いわゆる「進行相」)が、(8) では「看板がかかる」という事象が終了後の結果の局面にあること(いわゆる「結果相」)が表されている。

それでは、事象が進行局面・結果局面に位置づけられるということをどう理解すればよいのであろうか。テイル形・テアル形は動詞のテ形に存在動詞イル・アルが後接して形成される。動詞のテ形が継起の意味を表すことに関係して[6]、テイル形・テアル形は事象成立後の時間的局面を表す。事象成立後

---

[5] 関与するモノがコトを表す名詞の場合(例えば、「至るところに人々の暮らしがある。」cf.「至るところで人々が暮らしている。」)は、モノの存在を表す構文とコトの存在を表す構文の中間に位置するものと見ることができる。

[6] 動詞のテ形と継起の意味の関係については益岡(1992)を参照のこと。

における局面として重要なものは，事象開始以後の局面と事象終了以後の局面である。この事象開始以後の局面と事象終了以後の局面がまさしく進行の局面（進行相）と結果の局面（結果相）に相当する。再度 (7) と (8) の例で言えば，(7) は「子供が遊ぶ」という事象が観察時において事象開始以後の進行局面にあることを，(8) は「看板がかかる」という事象が観察時において事象終了以後の結果局面にあることを，それぞれ表している。

このように，存在型アスペクト形式のテイル形・テアル形は，それが指定する時間的局面のあり方から言えば，当該の事象が進行局面にあるという進行の意味と結果局面にあるという結果の意味を表すことになる。以下では，従来の慣用に従ってこれらのアスペクトの意味を「進行」・「結果」と呼ぶことにしよう。類例によりこの点を確認すれば，次の (9) は進行の意味を表し，(10)・(11) は結果の意味を表す[7]。

(9) プールでイチローが泳いでいる。
(10) あそこに電車が止まっている。
(11) あそこに花が飾ってある。

4.2 テイル形・テアル形とその体系

上述の点をもとに，存在型アスペクト形式のテイル形・テアル形がどのような体系を作り上げるのかという課題の検討に移る。従来の研究においては，工藤 (1995) をはじめとして，テイル形に関心を向けるものが多いのであるが，本章では，テイル形とテアル形を同類のアスペクト形式として捉える見方に注目したい。そのような見方に立つ研究には，前述の金水 (2006) の他に，野村 (2003) や副島 (2007) が挙げられる。筆者も益岡 (1987, 1992, 2000) においてテイル形とテアル形を一組の形式として扱っている。

本章の観点からは，金水 (2006)，野村 (2003)，副島 (2007) などが指摘している次のような点に留意したい。すなわち，金水 (2006) については，通時的な観点からテアル形を「テイル形との関係において注目する必要があ

---

[7] 因みに，誤用とも言われる「魚が売っている」は結果の意味を表すが，モノ（この場合，「魚」）の存在を際立たせる点が特徴的である。

る」(p. 266) と述べている点が，また野村 (2003) については，テイル・テアルの文を一種の存在文と見たうえで，テイル形で言えば「様態＋存在（＝シテ＋イル）」という構成を持つ「存在様態」の表現であると述べている点が，さらに副島 (2007) については，テイル形とテアル形をアスペクトの同じパラダイムのなかに位置づけたうえで，両者は「結果相」を持つ点が共通する一方で，対象指向性の有無で異なる（すなわち，テイル形は対象指向性を欠く「主体結果相」，テアル形は対象指向性を持つ「客体結果相」）と述べている点が注目される。

　こうした先行研究の指摘を念頭に置いて，本章では，存在型アスペクト形式のテイル形とテアル形の関係を次のように捉える。その基本は，4.1 で述べた，テイル形・テアル形は事象成立後の時間的局面である進行局面（事象開始以後の局面）または結果局面（事象終了以後の局面）を表すという見方である。そして，これらの形式が表す基本的な意味である進行と結果の表し方に関して，これまでの研究の指摘にあるとおり，テイル形は進行の意味と結果の意味を表し，テアル形は結果の意味を表すと考える。

　この点を簡単な例で示すと次のようになる。

（12）　蟹がまだ動いている。
（13）　子供がおもちゃを片づけている。
（14）　赤ん坊が寝ている。
（15）　おもちゃが片づけてある。

（12）と（13）はそれぞれ，蟹が動きはじめてその動作が続いていること，子供がおもちゃを片づけはじめてその動作が続いていることを表す。それに対して（14）と（15）はそれぞれ，赤ん坊が寝入ってその状態が続いていること，おもちゃの片づけが終わってその状態が続いていることを表す。結果の意味は，このように，テイル形・テアル形のいずれによっても表される。それでは，テイル形・テアル形によるこのようなアスペクトの意味の表し分けをどう理解すればよいのであろうか。

　そもそも存在型アスペクト形式という捉え方は，存在動詞イル・アルの関与を重く見るという考えに根ざしている。その観点からは，テイル形・テア

ル形の意味のあり方には存在動詞イル・アルの語彙的特徴が反映されるということが想定される。存在動詞としてのイルとアルの関係は一般に，人に代表される有生の存在と事物に代表される無生の存在を表し分けるものとされるが，より正確には，自らの意志で存在位置をコントロールできる存在者とそのようなコントロールができない存在物を表し分けるものと見ることができる。言わば"活動的"(active)な存在者と"静態的"(inactive)な存在物を表し分けるものであり，動詞の区別で言えば非能格動詞としてのイルと非対格動詞としてのアルの違いということになる[8]。

　イルとアルのこのような語彙的特徴の違いがテイル形・テアル形の意味にそのまま反映されるとすれば，進行の意味に関しては動きの終了まで活動が続き，結果の意味に関しては動きの完結以後は静態的な状態が続くのであるから，テイル形とテアル形がそれぞれ進行と結果を表し分けることになるはずである。仮にテイル形とテアル形がこのような意味の表し分けを行うならば，格組織の言語類型における「動作格（active格）型格組織」に擬えることができよう[9]。

　しかし実際には，テイル形とテアル形による意味の表し分けは，先の(12)〜(15)が明瞭に示すとおり，事象の主語（主体）の進行動作・結果状態はテイル形が表し，事象の目的語（客体）の結果状態はテアル形が表す—ただし，テアル形の構文では，(15)がそうであるように，事象の目的語（他動詞の目的語）が構文上は主語の形で表される—という関係になっている。テイル形が事象の主語をターゲットとし，テアル形が事象の目的語をターゲットとするという関係のあり方は，格組織の言語類型における「対格型格組織」に擬えることができる。

　ただし，「対格型格組織」に擬えると言っても，単純に事象の主語・目的語に基づく体系であるということではない。なぜなら，テアル形はその表す意味が結果の意味に限定されている点で，静態的な存在物を表すというアルの語彙的特徴をそのまま受け継いでいるからである。テアル形はアルの語彙

---

[8] アルとは異なり，イルには「そばにいなさい」のような要求表現や「そばにいられる」のような間接受動表現が成り立つ。

[9] 格組織の言語類型については角田 (2009) を参照されたい。

的特徴を受け継ぎ，もう一方のテイル形は活動的な存在者を表すというイルの語彙的特徴からは解放され得て，進行の意味だけでなく結果の意味をも表すことができるというのが実際の姿である。その点を踏まえて言えば，存在型アスペクト形式の体系は活動性・静態性を部分的に反映したアスペクト体系であるということになる。活動性・静態性を一部反映しながら述語項構造における主語・目的語という文法機能に基づく体系を形作っているというわけである。

以上，存在型アスペクト形式がどのような体系を作り上げるかを見てきたのであるが，本節で考察したテイル形・テアル形のアスペクトの意味は基本的な意味に限定したものであった。次節では，このような基本的な意味を含むテイル形・テアル形の意味の全体像に迫ってみたい。

5. 存在型アスペクト形式の意味
5.1 存在型アスペクト形式の多義性

前節ではテイル形・テアル形の基本的な意味に限定して論を展開したが，テイル形・テアル形が表すアスペクトの意味が実際には極めて多義的であることがこれまでの研究で明らかにされている。そこでまずは，テイル形・テアル形がどのように多義的であるのかを従来の研究をもとに整理しておくことにしよう。

テイル形・テアル形の多義性については，金田一（編）(1976)，寺村(1984)，益岡(1987)，高見・久野(2006)，Takami and Kuno (2017) などに，また特にテイル形の多義性については工藤(1995, 2014) などに詳しい記述がある。記述の細部では多少の違いがあるとしても，大筋では同様の記述がなされていると言ってよい。ここでは，テイル形・テアル形の主たる意味を例文付きで次のようにまとめておく。

(16) テイル形・テアル形の意味
    A　テイル形の意味
        A1：[進行] 子供が遊んでいる。
        A2：[結果] 時計が止まっている。
        A3：[反復] あの人は毎年この大学を訪れている。

A4：［パーフェクト］あの人は以前，この大学を訪れている。
　　　A5：［単なる状態］近江は水に恵まれている。
　　B　テアル形の意味
　　　B1：［結果］壁にポスターが貼ってある。
　　　B2：［パーフェクト］すでに先週ホテルの予約をしてある。

　先行研究ではまた，これらの意味に関して基本的な意味と非基本的な意味を区別している。すなわち，テイル形については進行・結果が基本的な意味であり，反復・パーフェクト・単なる状態は非基本的な意味である。テアル形については結果が基本的な意味であり，パーフェクトは非基本的な意味である。このうちの基本的な意味に関しては，第3節で述べたように，本動詞の語彙的アスペクト（すなわち，イル・アルに前接する動詞のタイプ）が深く関わることが金田一（1950），奥田（1978, 1988），工藤（1995, 2014），影山（1996），Jacobsen（1992, 2016）などによって明らかにされてきた。「叩く」のような「主体動作動詞（活動動詞（activity verbs））」，「壊れる」のような「主体変化動詞（到達動詞（achievement verbs））」，「壊す」のような「主体動作客体変化動詞（達成動詞（accomplishment verbs））」といった動詞タイプがそれである。

5.2　構成的意味と派生的意味

　先行研究に基づく上記の整理をもとに，以下，テイル形・テアル形の多義性について本章の観点から分析を行う。その分析のポイントは，事象の観察における視座に着目することによりテイル形・テアル形の意味の全体的構図を示す点にある。この視座の違いが上述のテイル形・テアル形の基本的な意味と非基本的な意味の区別に深く関係するのである。

　事象の観察における視座の違いと基本的意味・非基本的意味の区別との関係について，本章では次のように考える。基本的な意味のほうは，具体的に観察される事象を時間的展開のなかに位置づける，言わば"現場密着型位置づけ"とでも呼び得るものである。それに対して非基本的な意味のほうは，事象を具体的な観察の場から離れた抽象的な時間的展開のなかに位置づける，言わば"脱現場型位置づけ"とでも呼び得るものである。そして，この

"現場密着型位置づけ"と"脱現場型位置づけ"の違いは，当該のアスペクトの意味がテイル形・テアル形という形式の構成のあり方を直接反映するものであるかどうかという点に対応する。すなわち，テイル形・テアル形の意味が前者ではイル・アルの意味とそれに前接する動詞の意味の合成として捉えられるもの（構成的意味）であり，後者ではそうした構成的な意味から派生的に得られるもの（派生的意味）である。以下，このような構成的意味と派生的意味の違いという観点からテイル形・テアル形の意味を見ていくことにする[10]。

まず基本的な意味である進行・結果の意味については4.1で，テイル形・テアル形は事象成立後の時間的局面を表すということ，及び，事象成立後における局面として重要なものに事象開始以後の局面（進行の局面）と事象終了以後の局面（結果の局面）があるということを指摘しておいた。そこで問われるべきは，事象開始以後の局面と事象終了以後の局面の選択がどのようになされるのかという問題である。

その選択に深く関わるのがイル・アルに前接する動詞のタイプ（すなわち，語彙的アスペクト）である。5.1でも述べたとおり，この点については先行研究において詳しい検討がなされてきた。その検討のなかから，主体動作動詞（活動動詞）・主体変化動詞（到達動詞）・主体動作客体変化動詞（達成動詞）という重要なタイプ分けが浮上してきた。ここでは，このタイプ分けをもとにそこから進行の意味と結果の意味がどのように導き出されるのかを整理してみたい。

まず主体動作動詞に関しては，主語の動作が開始された段階で事象が成立する。したがって，(17)の例が示すように，そのテイル形は当該の事象が開始以後の進行の局面に位置することを表すことになる。

（17）　子供が太鼓を叩いている。

この場合，進行局面に位置するためには，当該の事象が一定時間継続する性

---

[10] 形式の意味を構成的意味と派生的意味の関係において捉えるという見方については，益岡（2017）を参照されたい。

格のものでなければならない。そのような特徴を欠く「一瞥する」のような動詞は，(18) が示すように，テイル形で進行の意味を表すことは困難である。

 (18) イチローが隣の人の顔を一瞥している。

動作の継続性という特徴に注目するなら，金田一 (1950) の「継続動詞」という命名も的を射ていると言うことができる。
 主体変化動詞に関しては，主語の状態が変化した段階で事象が成立する。変化した段階で事象が完結し，完結以後はその固定された状態が続くことになる。したがって，そのテイル形は (19) の例が示すように，当該の事象が事象終了以後の結果の局面にあることを表す。

 (19) おもちゃが壊れている。

 もう1つの主体動作客体変化動詞であるが，このタイプの動詞の場合，事象の成立は主語のあり方と目的語のあり方でその様相を異にする。すなわち，事象の成立は，主語の動作の観点から見れば動作開始の段階であり，目的語に生じる変化の観点から見ればその変化が完結した段階である。このように，主体動作客体変化動詞においては主語の動作の進行局面と目的語の変化の結果局面の両方が存在型アスペクト形式の表現対象となるわけであるが，(20)・(21) の例に見られるとおり，前者の進行の意味はテイル形が表し，後者の結果の意味はテアル形が表すという役割分担がなされる。

 (20) 子供がおもちゃを壊している。
 (21) 壁にポスターが貼ってある。

また，テイル形に関しては (22) のような受動文の形を取ると，進行局面と結果局面のどちらも表すことができる。

 (22) おもちゃが壊されている。

因みに，動詞のなかには主体動作と主体変化の二面性を持ち得るものもある。例えば「溶ける」の場合で言えば，溶けはじめた段階で事象が成立しその動きがその後継続するという面と，溶解が完結した段階で事象が成立しその固定した状態がその後続くという面の両面が認められる。したがって，(23)では進行の意味と結果の意味のいずれもが成り立つことになる。

(23) 氷が溶けている。

テイル形・テアル形が表す進行と結果の意味は，このように，イル・アルの意味と前接する動詞の意味の合成として構成的に導き出されるのであるが，この構成的な意味からそれとは異なるアスペクトの意味が派生する。それがテイル形・テアル形の非基本的な意味である反復・パーフェクト・単なる状態の意味にほかならない。次に，この反復・パーフェクト・単なる状態の意味がそれぞれ進行・結果の意味からどのように導き出されるのかを考えてみたい。

テイル形・テアル形の構成的な意味というのは，具体的に観察される事象を時間的展開のなかに位置づける"現場密着型位置づけ"と呼び得るものであった。そこに関わるのは，現場に密着した視座による直接的観察である。その視座が現場から離れた俯瞰的観察という視座に移しかえられると，具体的な観察の場から離れた抽象的な時間的展開のなかに事象を位置づける"脱現場型位置づけ"が生まれてくる。テイル形・テアル形が表す反復・パーフェクト・単なる状態の意味はそうした俯瞰的観察という視座において成り立つ意味である。以下，このような意味の派生を進行，結果の順に見ていくことにしよう。

まず進行に関しては，それが俯瞰的観察の視座に移しかえられたとき，反復の意味が立ち現れてくる。事象の進行というのは，観察される単一の事象が現場の時間の広がりのなかに継続的に存在することである。この継続性が複数の事象の連続的な出現に置きかわったものが事象の反復である。この場合，個々の事象は独立に出現するわけであるが，その連続して出現する事象を俯瞰的視座から眺めるとき，それらは1つの連続体として捉えられることになる。そのような現場に密着した観察と現場から離れた俯瞰的観察の関

係は，次の (24) と (25) の違いにより理解されよう。

(24) あの子は今パンを食べている。
(25) あの子は毎朝手作りのパンを食べている。

現場に密着した直接的観察である (24) は進行の意味を表し，俯瞰的視座による表現である (25) は反復の意味を表す。因みに，次の (26) の例では，直接的観察による進行の意味（例えば，実況中継）と俯瞰的視座による反復の意味（例えば，「この神社」の説明）の二義が考えられる。

(26) この神社では競技カルタが行われています。

それに対して結果のほうは，それが俯瞰的観察の視座に移しかえられたとき，"基準時以前に生起した事象を基準時において意義づける"というパーフェクトの意味が立ち現れてくる。結果とパーフェクトは当該の事象が終了後の局面にあることを表している点では共通するが，前者が現場に存在する結果状態の観察であるのに対して，後者は脱現場的な結果状態を表すという点で違いがある。

パーフェクトの意味は，次の (27)・(28) の例に見られるように，テイル形・テアル形のいずれにおいても成り立つ。

(27) 高梨は昨年 2 月，プレ大会を兼ねて平昌であったワールドカップ 2 連戦に出場し，男女を通じて歴代最多に並ぶ通算 53 勝を達成している。 （朝日新聞 2018・2・9）
(28) 夫婦で近くの墓地を購入してある。

このようなパーフェクトの意味は，基準時以前に生起した事象がどのような意義を持つのかを俯瞰的な視座から評価するときに成り立つものである。(27)・(28) の例では，当該の事象が前者では履歴として意義づけられ，後者では効果をもたらすものとして意義づけられている。パーフェクトの意味は，このような説明的な性格を持つものである。

テイル形の派生的意味にはもう1つ，(16) で A5 として挙げた「単なる状態」がある。次の (29) もその例である。

(29) この道は右に曲がっている。

単なる状態は，「形容詞的用法」などと呼ばれるとおり，事象の関与が認められない点において特殊である。しかし，この用法は形容詞とは異なり，当該の状態を現実には存在しない事象の結果状態に擬えて表現している点で，結果の意味から派生したものの変種として位置づけることができよう。

6. おわりに

以上，本章では日本語アスペクトの研究史を踏まえて，日本語に特徴的と考えられる存在型アスペクト形式のテイル形・テアル形を考察の対象に掲げ，関係する動詞の意味に留意しつつ，それらの形式がアスペクトの意味とどのように結びつくかを検討した。

検討結果のポイントは以下の2点に集約される。

(i) テイル形とテアル形はその基本部分において，存在動詞イル・アルに由来する活動性・静態性を一部反映したアスペクト体系を作り上げる。
(ii) テイル形・テアル形が表す意味には，イル・アルの意味とそれに前接する動詞の意味から構成的に捉え得る意味と，その構成的意味からの派生として捉え得る意味の2類が認められる。

本章は筆者が取り組んでいる日本語の叙述類型研究のなかの事象叙述研究の一環として——直接的には，益岡 (2017) の続編として——執筆したものである。事象叙述研究の中心は動詞文の研究であるが，本章ではその重要な検討課題としてアスペクトを選定した。日本語アスペクトの研究は，日本語研究において大きな成果を収めているテーマの1つである。本章で提示した考察の方向が日本語アスペクト研究のさらなる発展に多少なりとも資するところがあれば幸いである。

付記：本章の草稿に対して岸本秀樹氏から貴重なコメントを頂戴した。いただいたコメントを十分反映させるには至らなかったが，岸本氏のご厚意に感謝申し上げたい。なお，第5節の内容についてはエヴィデンシャリティの問題など検討を要する点があるが，それらの課題については他日を期したい。

参照文献

Binnick, Robert（ed.）（2012）*The Oxford handbook of tense and aspect*. Oxford: Oxford University Press.
Jacobsen, Wesley（1992）*The transitive structure of events in Japanese*. Tokyo: Kurosio Publishers.
Jacobsen, Wesley（2016）Lexical meaning and temporal aspect. In: Taro Kageyama and Hideki Kishimoto（eds.）*Handbook of Japanese lexicon and word formation*, 531–558. Berlin: Mouton de Gruyter.
影山太郎（1980）『日英比較語彙の構造』東京：松柏社.
影山太郎（1996）『動詞意味論：言語と認知の接点』東京：くろしお出版.
影山太郎（2009）「言語の構造制約と叙述機能」『言語研究』136: 1–34.
金田一春彦（1950）「国語動詞の一分類」『言語研究』15: 41–63.
金田一春彦（編）（1976）『日本語動詞のアスペクト』東京：むぎ書房.
金水敏（2006）『日本語存在表現の歴史』東京：ひつじ書房.
工藤真由美（1995）『アスペクト・テンス体系とテクスト：現代日本語の時間の表現』東京：ひつじ書房.
工藤真由美（2014）『現代日本語ムード・テンス・アスペクト論』東京：ひつじ書房.
益岡隆志（1987）『命題の文法：日本語文法序説』東京：くろしお出版.
益岡隆志（1992）「日本語の補助動詞構文：構文の意味の研究に向けて」文化言語学編集委員会（編）『文化言語学：その提言と建設』532–546. 東京：三省堂.
益岡隆志（2000）『日本語文法の諸相』東京：くろしお出版.
益岡隆志（2008）「叙述類型論に向けて」益岡隆志（編）『叙述類型論』3–18. 東京：くろしお出版.
益岡隆志（2013）『日本語構文意味論』東京：くろしお出版.
益岡隆志（2017）「日本語恩恵構文の意味の拡がりと構文の関係性」天野みどり・早瀬尚子（編）『構文の意味と拡がり』79–98. 東京：くろしお出版.
益岡隆志（2018）「日本語文論からの課題提起：叙述類型論の事例」『文化情報学』13（1・2）: 98–104. 同志社大学文化情報学会.
益岡隆志（近刊）「日本語の主題と主語：叙述類型の観点から」北林利治他（編）『ことばとの対話：記述・理論・言語教育』東京：英宝社.
仁田義雄（1980）『語彙論的統語論』東京：明治書院.
野村剛史（2003）「存在の様態：シテイルについて」『国語国文』72(8): 1–20.
奥田靖雄（1978）「アスペクトの研究をめぐって（上）（下）」『教育国語』53: 33–44, 54:

14–27. 東京：むぎ書房.
奥田靖雄（1988）「時間の表現（1）」『教育国語』94: 2–17. 東京：むぎ書房.
佐久間鼎（1941）『日本語の特質』東京：育英書院.
副島健作（2007）『日本語のアスペクト体系の研究』東京：ひつじ書房.
高見健一・久野暲（2006）『日本語機能的構文研究』東京：大修館書店.
Takami Ken-ichi and Susumu Kuno (2017) Functional syntax. In: Masayoshi Shibatani, Shigeru Miyagawa, and Hisashi Noda (eds.) *Handbook of Japanese syntax*, 187–234. Berlin: Mouton de Gruyter.
寺村秀夫（1984）『日本語のシンタクスと意味Ⅱ』東京：くろしお出版.
角田太作（2009）『世界の言語と日本語：言語類型論から見た日本語』東京：くろしお出版.
Vendler, Zeno (1957) Verbs and times. *The Philosophical Review* 66(2): 143–160.

第 6 章

ブロッキングの認知脳科学

語彙と意味と文法との関係に関する予備的考察

小泉政利・安永大地・加藤幸子

要旨

　レキシコンと文法との関係についての 2 つの主要なアプローチを事象関連電位を用いた実験で検証する。Kiparsky（2005）に代表されるフィルターに基づくアプローチはブロッキング現象を意味的逸脱と捉えるが，Embick & Marantz（2008）などで展開されている分散形態論によるアプローチではブロッキング現象を形態統語的逸脱と位置付ける。日本語使役文におけるブロッキング現象に対して，形態統語処理の負荷を反映する P600 と呼ばれる事象関連電位の成分が観察された実験の結果から，分散形態論の分析が支持されることを示す。

キーワード：　ブロッキング，フィルター，分散形態論，ERP（事象関連電位），実験言語学

1. はじめに

　実験を用いた言語研究は，便宜上，2 種類に分けて考えることができる（Koizumi 2015）。1 つは，言語知識（文法，語彙）に関する特定の仮説を暫定的に正しいものと仮定して，人間の言語処理機構の性質を探る研究である（例えば，Koizumi et al. 2014, Momma et al. 2016, Yano 2018）。言語の理解や産出の際に脳内でどのような処理がどのようなタイミングで行われるのか，文法や語彙のどのような側面が言語処理にどのように反映されるのか（ある

いはされないのか),それらが脳内でどのように物理的に実装されているのか(すなわち言語の神経基盤),などを明らかにしようとする研究がこれに当たる。2つ目は,言語処理機構についてその時点で分かっていることを前提にして,言語知識の性質を探る研究である(例えば,Koizumi and Tamaoka 2010, Hackl et al. 2012, Felser 2012)。文法理論上の対立仮説のうちどれが正しいのか,特定の言語現象が文法によって説明されるべきものなのか処理上の問題に帰すべきものなのか,などを解明しようとする研究はこのタイプである。前者の研究がある程度蓄積されると後者の研究が可能になり,後者の研究からのインプットにより前者の研究が更に進むといったように,この2つの方向の研究は相補的であり,その相乗効果により螺旋階段的に研究が発展するのが理想的である。

(1) 言語研究の2つの方向性とその相乗効果

　本章では,2番目のタイプの研究例として,ブロッキングと呼ばれる現象(より一般的にはレキシコンと文法との関係)に対する主要な2つの対立仮説の妥当性を,脳波を用いた実験により検証することを試みる。

2. ブロッキング現象

　例えば,英語には,動詞の語幹に *ed* を付加して過去形を作るという一般的な規則がある(*kick, kicked*)。しかし,*go* のようにこの規則に従わない不規則な動詞もある(*go, *goed, went*)。また,形容詞の比較級は前に *more* をおくことによってつくるのが一般的であるが,*bad* や *small* の比較級は,この規則から予想される *more bad* や *more small* ではなく,*worse* と *smaller* である。

(2) a.　more intelligent
　　 b.　more attractive
(3) a.　worse / *more bad, *badder
　　 b.　smaller / *more small

この様に，複数の形式が同じ意味に対応する場合に，より一般的だが複雑な形式が阻止（ブロック）され，より単純・特定的なほうが選ばれる現象をブロッキング（Blocking）という（Aronoff 1976, Poser 1992）。
　日本語では使役動詞にこの現象が見られる。日本語の使役動詞は，表面上の形態・音韻的特徴から，2種類に分類できる（Miyagawa 1999）。一つは動詞語幹に -sase を付加したサセ使役である。動詞語幹が子音で終わる場合には -sase は -ase になる。

(4)　サセ使役の例
　　 a.　tabe　　/ tabe-sase
　　　　 eat　　 / eat-cause
　　 b.　narab　 / narab-ase
　　　　 line.up / line.up-cause

-sase を付加して使役動詞を作る規則は大多数の動詞に適用でき，more を用いて形容詞の比較級を作る英語の規則などと同様に，極めて生産性が高い。
　日本語の使役動詞のもう一つのタイプは，形態・音韻的に不規則で非生産的な，語彙的使役である。Jacobsen (1992) によると非対格動詞と語彙的使役との対応の仕方には 16 の異なるクラスがある。どの動詞がどのクラスに属するかは一般的な規則で予測できないため，記憶しておかなければならない。

(5)　非対格動詞と語彙的使役との対応パターンの例

	クラス	非対格動詞	語彙的使役
(i)	-ar-/-e-	ag-ar-u ' rise '	ag-e-ru ' raise '
(ii)	-re-/-s-	hazu-re-ru ' come off '	hazu-s-u ' take off '
	…		

　　　　　（vii）　∅ /-e-　　ak-u 'openINTR'　　ak-e-ru 'openTR'
　　　　　　　　…

　語彙的使役動詞を主動詞に用いた文は単一の出来事を表し，単文構造を持つ。一方，サセ使役動詞を使った文は，動詞語幹の出来事と，それを生じさせる出来事の2つの出来事を表し，複文構造の性質を示すことが古くから知られている（Kuno 1973, Shibatani 1976）。例えば，（6）に示したように，サセ使役文では使役主（「花子」）も被使役主（「太郎」）も再帰代名詞「自分」の先行詞になれる。

　　（6）　花子$_1$が太郎$_2$に自分$_{1/2}$の靴を履かせた。

一般的に「自分」の先行詞は主語でなければならないという制約があるので，この例文は，サセ使役文には主語が2つ含まれていること，すなわちサセ使役文は複文構造を持つことを示している。
　「自分」と共によく用いられるもう一つの主語性のテストに，尊敬語化がある。尊敬語動詞（o-V ni nar など）が使われた文では主語が尊敬の対象でなければならないが，サセ使役文で動詞語幹を尊敬語化すると，（7）に示したように，その尊敬の対象は被使役者項（の指示対象）になる[1]。

　　(7)　Daijin　　wa　　ooji　　ni　　sono　　kutsushita　o　　o-haki　　ni
　　　　 minister　TOP　prince　DAT　the　　　socks　　 ACC　H-put.on　COP

　　　　 nar-asete　　　　ok-are-mashi-ta.
　　　　 become-CAUS　　put-HON-POL-PAST

　　　　'The minister let the Prince (continue to) put the socks on his feet.'
　　　　　　　　　　　　　　　　　　　　　　　　　　　　　（Matsumoto 2000: 147）

このことからも，サセ使役文の被使役主項は補文の主語であることが分かる。

1　(7) の例では，主動詞だけでなく使役接辞も尊敬語化されており，使役接辞の尊敬語化をはずすと容認性が下がる。なぜそうなるのかについては，Matsumoto (2000: 147) を参照のこと。

ところが，興味深いことに，被使役主項が無生物や乳児などで，自らの意思で主体的に行動する動作主になれない場合には，サセ使役文が単文構造の性質を示す（Miyagawa 1984, Matsumoto 2000）。(8)の文では，使役主項の「花子」は「自分」の先行詞になれるが，被使役主項の「赤ちゃん」を「自分」の先行詞と解釈することはできない。生まれたばかりの赤ちゃんが自らソックスを履くことは想定できないため，花子が直接的に働きかける解釈が強制される。この解釈は，花子が自分の靴を手に持って赤ちゃんの足にはめ込むという捉え方によっては単一の出来事を表しており，そのために統語的に単文構造を持つものと思われる。

(8)　花子$_1$が赤ちゃん$_2$に自分$_{1/*2}$の靴を履かせた。

さらに，このタイプの使役文では動詞語幹を尊敬語化することはできない。

(9)　*Karera wa　mada sankagetsu no　ooji　ni　sono kutsushita o
　　　they　TOP　yet　three.month　COP　prince　DAT　the　socks　ACC
　　　o-haki　ni　nar-ase-rare-mashi-ta.
　　　H-put.on　COP　become-CAUS-HON-POL-PAST
　　　'They put the socks on the three-month-old Prince's feet.'（intended）
　　　　　　　　　　　　　　　　　　　　　　　　　　（Matsumoto 2000: 147）

この事実からも，動作主でない被使役主項は主語ではないという分析が支持される。すなわち，サセ使役文は，被使役主項が動作主の場合には複文構造をもち，非動作主の場合には単文構造を持つということになる。

　ここでブロッキングに話を戻すと，被使役主項が非動作主で単文構造をもつサセ使役動詞は，同じ意味を持つ語彙的使役が存在する場合には容認されない（＝ブロックされる）。例えば，「並ぶ（narab）」に -sase を付加したサセ使役動詞 narab-ase を使った文は，(10a)のように被使役主項が動作主になれる名詞（「生徒」）の場合は，複文構造を持つ容認可能な文である。しかし，(10b)のように被使役主項が動作主になれない名詞（「カード」）を持つ単文構造の使役文は，容認不可能である。非動作主を被使役主項として持つ

サセ使役動詞 narab-ase は，語彙的使役動詞 narabe と同じ意味を持つため，narabe によって阻止（＝ブロック）されるのである。

(10) a. 教師が生徒を校庭に並ばせた。
　　 b. *教師がカードを教卓に並ばせた。
　　 c. 教師がカードを教卓に並べた。

　このように，日本語の使役動詞のブロッキングは，伝統的に心内辞書に記憶されていると考えられてきた語彙的使役動詞と，統語部門で作られると考えられてきたサセ使役動詞が競合する現象であることから，文法の仕組みを探る研究において重要な役割を果たしてきた。例えば，Miyagawa (1980, 1984) は，心内辞書に蓄えられている語彙的使役動詞と競合するのであるから，サセ使役動詞も同様に心内辞書の中で作られるはずであると主張した。それに対して，Kuroda (1981) は，サセ使役動詞が統語的操作によって作られるという前提を維持し，統語部門から出力されたサセ使役動詞を心内辞書に戻して語彙的使役動詞と競合させる仕組みを提案した。

3. ブロッキング現象に関する理論的対抗仮説

　世界の諸言語に見られるブロッキング現象についての説明として，現時点で有力な仮説が2つある。Kiparsky (2005) に代表されるフィルターに基づくアプローチと，Embick & Marantz (2008) などで展開されている分散形態論によるアプローチである。フィルターに基づくアプローチでは，文法は生成部門とフィルター部門の2つの部門により構成されている。まず生成部門で辞書に記載されている語彙項目をもとに形態統語的な操作により，競合する全ての言語表現を生成する。それをフィルター部門でふるいにかけて（＝ブロックして），最終的に生き残ったものが選ばれる。この考え方では，単文構造の narab-ase と語彙的使役の narabe は，両者ともに生成部門で生成される形態統語的に問題のない言語表現である。しかし，この2つの表現は同じ意味を求めて競合するため，フィルター部門で，より複雑な構造をもつ narab-ase が阻止され，より単純な narabe が生き残る。すなわち，フィルターに基づくアプローチでは，ブロッキングは意味と形式との不整合

と捉えられる。

　一方，分散形態論によるアプローチでは，伝統的な語彙主義で想定されているようなレキシコンは存在せず，語形成は全て統語的操作によって行われる。ブロッキングと呼ばれる現象は語彙挿入（Vocabulary Insertion）の帰結として生じる。Miyagawa（2012）で提案されている分散形態論に基づく日本語使役動詞の分析によると，例えば（10b/c）の場合，統語部門で概略（11）のような構造が作られる。

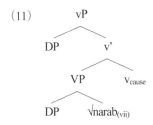

ここで語幹 √narab$_{(vii)}$ についている（vii）という添字は，√narab が上記（5）のクラス（vii）であることを意味する。使役動詞 v$_{cause}$ には，概略（12）のような語彙挿入規則によって音形が挿入される。語彙挿入規則は条件の複雑な不規則なものから順番に適用される。（12）の中括弧の中の規則はどれも不規則な規則で，もし条件を満たすものがあればそれが適用される。それらのいずれも条件に合わない場合には，最も一般的な（デフォルトの）-(s)ase 挿入規則が適用される。（11）では語幹がクラス（vii）なので，v$_{cause}$ には -e が挿入される。その結果，（10c）のように narabe が生成される。分散形態論に基づくこのアプローチでは，クラス（vii）である narab と同一節内にある v$_{cause}$ にデフォルトの規則が適用されて -sase が挿入されることはないので，単文構造の narabase が生成されることはない。すなわち，分散形態論ではブロッキングは形態統語的違反ということになる。

（12） $\begin{Bmatrix} v_{cause} \Leftrightarrow \text{-e} / V_{(i)}\_\_\_ \\ v_{cause} \Leftrightarrow \text{-s} / V_{(ii)}\_\_\_ \\ \dots \\ v_{cause} \Leftrightarrow \text{-e} / V_{(vii)}\_\_\_ \\ \dots \\ v_{cause} \Leftrightarrow \text{-(s)ase} \end{Bmatrix}$

　要約すると，フィルターに基づくアプローチはブロッキングを意味と形式との不整合と捉え，分散形態論はブロッキングを形態統語的違反と分析している。どちらのアプローチも記述的には同程度に妥当なので，どちらが正しいのかを従来の理論言語学的な手法で決定することは難しく，論争が続いている。そこで，我々は人間の脳がブロッキング現象を実際にどのように処理しているのかという観点からこの問題を検討するために，脳の働きを反映する生理指標の一つである事象関連電位に着目した実験を行った。

4. 事象関連電位と実験結果の予測

　事象関連電位（Event-Related brain Potentials, ERP）とは，光や音などの外界からの刺激や，注意や判断といった心的な事象に対して，時間的に固定されて惹起される脳の電位変化のことである。ERPの波形は，①刺激呈示からどれくらいの時間の後に波形が頂点を迎えているか（頂点潜時），②波形が上向き（陰性）に大きくなっているか，下向き（陽性）に大きくなっているか（極性），③効果がより顕著に現れているのが頭皮上のどの電極部位か（頭皮上分布）などによって特徴付けられる。ERPは時間的分解能が高いことだけでなく，特定の認知事象に対して特定のERP成分が一貫して観察されるという点において，我々が脳内で情報をどのように処理しているかを知るのに適したツールであると言われている。

　人間の言語認知の様相を知るためにもこのERPは有用である。つまり，どのようなERP波形が得られたかを見ることで，その時点でどのような言語認知処理が行われているかを知ることができるという利点がある（Sakamoto 2015, 安永 2017）。たとえば，文脈から逸脱した語の処理や選択制限に違反した語の処理といった言語の意味的な側面に対する認知負荷が大

きくなると，N400と呼ばれる波形が観察される。N400は，刺激の呈示後約400ミリ秒（ミリ秒は1000分の1秒）後にピークを迎える陰性方向に大きく偏位する波形で，典型的には，頭頂から後頭部にかけて観察される。また，P600と呼ばれる波形は，刺激の呈示後約600ミリ秒以降に振幅が陽性方向に最大化する波形で，中心頭頂部で優位に観察される。P600は，文法的な逸脱に対する修正処理，複雑な統語構造を持つ文の処理など言語の形態統語的な側面に対する認知負荷が大きくなることで観察されると言われている。

次節で報告する実験では，表1の4種類の文を刺激として実験参加者に呈示した。領域1（R1）は使役主項のガ格名詞句である。4条件とも「教師」などの人間を表す名詞が使われている。領域2（R2）は被使役主項のヲ格名詞句である。条件Aと条件Cでは動作主になり得る人間名詞，条件Bと条件Dでは動作主になれない無生物名詞である。領域3（R3）は，場所を表す後置詞句である。領域4（R4）は使役動詞で，条件Aと条件Dではサセ使役動詞，条件Bと条件Cでは語彙的使役動詞が使われている。どの文も動詞の後の領域5（R5）に「らしい」が付加されている。

表1　実験で刺激として用いられた文の例

	R1	R2	R3	R4	R5
条件A：	教師が	生徒を	校庭に	並ばせた	らしい。
条件B：	教師が	カードを	教卓に	並べた	らしい。
条件C：	教師が	生徒を	校庭に	並べた	らしい。
条件D：	教師が	カードを	教卓に	並ばせた	らしい。

条件Aは，サセ使役動詞を用いた複文構造をもつ容認可能な使役文である。このタイプの文では，被使役主項は自らの意思で行動できる動作主の意味を持つ。条件Bは，語彙的使役動詞を使った単文構造の容認可能な使役文である。この条件の被使役主項は動作の対象であり，無生物である。条件Cも条件Bと同様に動作の対象を被使役主項に持つ語彙的使役動詞による単文構造の文であるが，被使役主項に使われている名詞が人間名詞（「生徒」など）であるため，現実世界に関する常識と齟齬をきたし，意味的に不自然に感じられる文である。したがって，この条件ではN400が観察されること

が予想される。条件Dではサセ使役動詞が用いられている。前述したように，サセ使役動詞は一般的に複文構造と単文構造のどちらにも生起できるので，条件Dの文は統語的に2通りの分析の可能性がある。複文構造と分析した場合には，被使役主項が動作主でなければならないが，本実験の条件Dでは被使役主項として無生物名詞が使われているので，複文構造の文としては意味的に不自然である。したがって，この解釈ではN400が観察されるはずである。一方，単文構造と分析すると，前説で説明したようにサセ使役動詞（「並ばせる」）は語彙的使役動詞（「並べる」）にブロックされて生起できないはずなので，容認不可能な文になる。フィルターに基づく理論はブロッキング現象を意味的逸脱ととらえるので，N400が惹起することを予測する。一方，分散形態論ではブロッキング現象は形態統語的逸脱なので，P600の出現を予測する。

予測をまとめると，フィルターに基づく理論は，条件Dも条件Cと同様に意味的逸脱なのでN400が出現することを予測する。分散形態論は，条件Cは意味的逸脱だけだが，条件Dでは，複文構造と分析した場合の意味的逸脱によるN400と，単文構造と分析した場合の形態統語的逸脱によるP600の両方が出現することを予測する。

5. 実験
5.1　行動指標データ：容認度判断課題

まず，日本語母語話者がそれぞれの条件の文ついて，日本語の文としてどの程度容認できると感じているかを確認するための質問紙調査を行った。この調査に参加したのは，日本語を母語とする20歳から22歳の大学生16名であった。各条件148文の合計592文を4つのリストに分け，カウンターバランスを取り，各条件がランダムになるように配置した。1人の参加者は1つの条件につき37文に対して自然さの判断を行なった。自然さの判断は5段階評定法を用いた。評点とその判断基準は以下の通りであった。

(13)　自然さ評定の判断基準
　　　1→日本語として不適切に感じ，まったく容認できない不自然な文。
　　　2→日本語としてやや不適切に感じ，やや容認しづらい不自然な文。

3 → どちらともいえない。
4 → 日本語として適切だろうと思える，容認しやすい自然な文。
5 → 日本語としてまったく問題ない，ばっちり容認できる自然な文。

　集計の結果，条件 A，B が条件 C，D よりも有意に評定値が高く，日本語母語話者にとってより自然で容認可能な文だと判断されたことが示された（図1）。

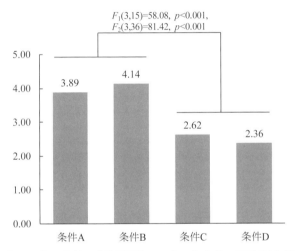

図1　文の自然さ判断課題における各条件の平均評定値

　この容認性判断課題では，日本語母語話者は条件 C および D が容認しづらいということが示された。しかし，そのような判断が下される理由については評定値を見るだけでは明らかにすることはできない。このような容認性の差が生じた理由についてより詳細な検討を行い，ブロッキングが生じる理由として挙げられた 2 つの理論的仮説のうち，どちらがより妥当であるかを考察するために生理指標実験を行った。

5.2　生理指標データ：事象関連電位実験

　本研究では，19 歳から 30 歳の 28 名が ERP 実験に参加した。全員が右利きで，正常な視力（矯正視力を含む）を有する日本語母語話者であった。脳

波の記録は，銀/塩化銀電極を用い，国際10-20法に基づき，頭皮上の17箇所（正中線：Fz, Cz, Pz；傍矢状洞部：F3, F4, C3, C4, P3, P4, O1, O2；側頭部：F7, F8, T7, T8, P7, P8）から導出した（図2を参照）。基準電極は両耳朶結合で，記録時の抵抗は5kΩ以下とした。サンプリング周波数は250Hzとし，記録時の帯域通過フィルターは，0.05〜50Hzであった。

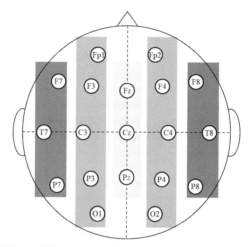

図2　今回のERP実験で用いられた電極の配置

頭を上から見たイメージで，図上部の△が鼻を表わしており，上側が顔の前面であることを示している。

　実験の手続きは以下の通りである（図3）。刺激は領域（R1からR5）ごとの視覚呈示であった。各領域はCRT画面の中央に呈示され，その呈示持続時間は800ミリ秒であった。領域間の間隔は200ミリ秒であった。各文の呈示が終わった後に，その文の容認性判断をマウスのボタン押しで二者択一で求めた。実験文として，4条件それぞれ37文の148文とフィラー文37文が加えられ，合計185文が参加者ごとにランダムに呈示された。フィラー文に対しては，容認性判断の後に，さらに文一致判断課題を課した。実験は，参加者ごとに行われ，1人あたりの実験時間は，準備やインフォームドコンセント，教示，休憩，洗髪などすべて含み，およそ90分であった。

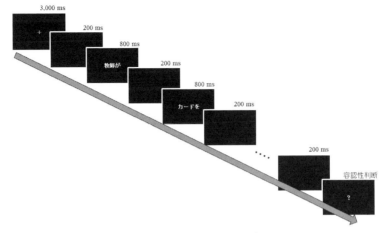

図3　ERP実験1試行の流れ

　ERP実験中の容認性判断課題は，条件Aの文のうち，91.5%が「容認できる」と判断された。同様に，条件Bは91.8%，条件Cは37.5%，条件Dは37.7%が容認可能という結果であった。この結果は，質問紙調査の結果と合致している。

　ERPデータの解析は，各文の動詞にあたる，領域4 (R4) に対する脳波に対して行われた。R4が呈示される−100〜0ミリ秒間の平均電位量をベースラインとし，刺激呈示後0〜1,000ミリ秒間の平均電位量を参加者ごと，条件ごとに算出した。

　図4が，R4の呈示後−100〜1,000ミリ秒間のERP加算波形のうち，正中線上の3部位を示したものである。波形の視診に基づき，N400が出現したかどうかを分析する区間（潜時帯）は，R4の呈示後380〜500ミリ秒間とし，P600潜時帯は，R4の呈示後600〜800ミリ秒間と設定した。この区間のERP成分に有意な差があるかを検定するため，平均電位量について，文タイプ（4水準：条件A〜D）×前方性（正中線，側頭部では3水準；傍矢状洞部では4水準）×半球性（2水準；傍矢状洞部と側頭部のみ）の2要因または3要因の反復測定の分散分析を行った（表2）。

　こうすることで，文タイプの違いによってN400やP600が出現したかど

うかを知ることができるし，さらに，これらの成分が頭皮上の前後左右のどの領域で出現したかを知ることができる。

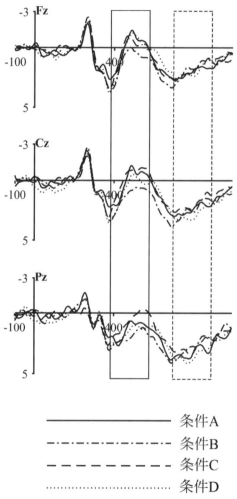

図4　R4の呈示後－100～1,000ミリ秒間のERP加算波形（正中線）
陰性方向が上向き。実線の枠がN400潜時帯として分析した区間を示し，波線の枠がP600潜時帯として分析した区間を示す。

N400 潜時帯では，正中線，傍矢状洞部，側頭部のいずれにおいても，文タイプの主効果が有意であり，正中線と傍矢状洞部では文タイプと前方性の交互作用が有意であった。正中線上の 3 部位での文タイプ×前方性の交互作用における多重比較を行うと，Fz, Cz においては，条件 B と比較して，条件 C, D で有意に大きな陰性成分が観察され，Pz においては，条件 A, B と比較して条件 C で有意に大きな陰性成分が観察された。この結果を総合的に考えると，条件 B に対して条件 C, D で N400 効果が観察されたと言える。

P600 潜時帯では，傍矢状洞部において，文タイプに関わる効果が観察された。文タイプの主効果について多重比較を行うと，条件 D が条件 B, C よりも陽性方向に振れていることを支持する統計結果であった。また，文タイプ×前方性の交互作用について，前方性における文タイプの単純主効果を見ると，前頭部では条件間で有意な差が観察される組み合わせはなかったが，中心部，頭頂部では，条件 D が有意に陽性方向に振れているという結果であった。

以上の実験結果は次のようにまとめることができる。質問紙調査および脳波記録中の容認性判断課題において，条件 C, D が条件 A, B よりも評定値が低かった。また，ERP の解析において，条件 C, D はいずれも N400 成分を惹起し，さらに，条件 D は P600 成分を惹起した。

6. 考察

ブロッキング現象に関する 2 つの理論的対抗仮説のうち，フィルターに基づく理論は条件 D を意味的逸脱と捉えて N400 の出現を予測するのに対して，分散形態論は条件 D に対して，複文構造と分析した場合の意味的逸脱による N400 に加えて，単文構造と分析した場合の形態統語的逸脱による P600 の出現を予測する。実験の結果，条件 D の R4 で N400 と P600 の両方が観察された。P600 の出現は，フィルターに基づく理論では説明できないが，分散形態論の予測と一致する。したがって，この実験結果は，ブロッキングを形態統語的逸脱と捉える分散形態論の分析を支持する。

表2 分散分析の結果

A.

	N400		
	正中線	傍矢状洞部	側頭部
文タイプ	$F(3,81)=5.84$, ***	$F(3,81)=3.87$, *	$F(3,81)=4.65$, *
文タイプ×前方性	$F(6,162)=2.73$, *	$F(6,162)=3.48$, *	$F(6,162)=2.35$, +
文タイプ×半球性	N/A	$F(3,81)=1.66$, ns.	$F(3,81)=5.01$, *
文タイプ×前方性×半球性	N/A	$F(6,162)=1.37$, ns.	$F(6,162)=1.70$, ns.

ns.: non significance, +: $0.05<p<0.1$, *: $p<0.05$, **: $p<0.01$, ***: $p<0.005$, ****: $p<0.001$, N/A: 該当なし

B.

	P600		
	正中線	傍矢状洞部	側頭部
文タイプ	$F(3,81)=2.13$, ns.	$F(3,81)=4.14$, *	$F(3,81)=2.69$, +
文タイプ×前方性	$F(6,162)=1.09$, ns.	$F(6,162)=4.24$, ***	$F(6,162)=1.29$, ns.
文タイプ×半球性	N/A	$F(3,81)=1.08$, ns.	$F(3,81)=1.59$, ns.
文タイプ×前方性×半球性	N/A	$F(6,162)=2.41$, +	$F(6,162)=1.25$, ns.

ns.: non significance, +: $0.05<p<0.1$, *: $p<0.05$, **: $p<0.01$, ***: $p<0.005$, ****: $p<0.001$, N/A: 該当なし

7. 結論に代えて

　ブロッキング現象についての説明として，フィルターに基づく仮説と分散形態論に基づく仮説がある。従来の純粋に理論言語学的な手法でこの両者を峻別することは難しいため，どちらが人間の言語機能の性質をよりよく捉えているか決着がつかなかった。そこで，この2つの対抗仮説を検証するために事象関連電位を用いた実験を行い，分散形態論の分析の方が生物学的により妥当性が高いことを示唆する結果が得られた。本研究は予備的段階であり，さらに検討が必要であるが，実験を用いた言語研究が言語知識（言語の認知システム，あるいは狭義の言語機能）の性質を探るうえで有効であることは示せたのではないだろうか。本章の冒頭で述べたように，実験言語学の研究は，便宜上，言語知識から言語使用を探るという方向性をもつものと，その逆の言語使用から言語知識を探る方向性をもつものとに分けられる。本

研究は後者に属するが，その妥当性は前者の研究成果の妥当性に依存しており，両者は相補的かつ互恵的関係にある。狭義の言語機能が運用システムからの要請（インタフェース条件）の最適解になっているという見通しをもつミニマリスト・プログラムにおいても（あるいは，おいてこそ），運用システムの性質の研究が今後ますますその重要性を増すであろう[2]。本章を実験言語学への招待と受け止めて貰えれば幸甚である。

付記：本章で報告した研究はMITならびに21st Annual Meeting of the Cognitive Neuroscience Societyで発表した。研究および論文執筆の様々な段階でお世話になった次の諸氏に御礼申し上げる：岸本秀樹，宮川繁，久木身和子，菅原彩加，Martin Hackl, Hadas Kotek, Michael Yoshitaka Erlewine。本研究の一部はJSPS科研費JP15H02603の助成を受けて行われた。

参照文献

Aronoff, Mark（1976）*Word formation in generative grammar*. Cambridge, MA: MIT Press.
Embick, David, and Alec Marantz（2008）Architecture and blocking. *Linguistic Inquiry* 39(1): 1–53.
Felser, Claudia（2012）Language processing evidence for linguistic structure. *An International Journal of Theoretical Linguistics* 4(2): 1–22.
Hackl, Martin, Jorie Koster-Hale, and Jason Varvoutis（2012）Quantification and ACD: Evidence from real-time sentence processing. *Journal of Semantics* 29(2): 145–206.
Hauser, Marc D., Noam Chomsky, and W. Tecumseh Fitch（2002）The faculty of language: What is it, who has it, and how did it evolve? *Science* 298(5598): 1569–1579.
Jacobson, Wesley（1992）*The transitive structure of events in Japanese*. Tokyo: Kurosio Publishers.
Kiparsky, Paul（2005）Blocking and periphrasis in inflectional paradigms. *Yearbook of Morphology 2004*: 113–135.
Koizumi, Masatoshi, and Katsuo Tamaoka（2010）Psycholinguistic evidence for the VP-internal subject position in Japanese. *Linguistic Inquiry* 41: 663–680.
Koizumi, Masatoshi, Yoshiho Yasugi, Katsuo Tamaoka, Sachiko Kiyama, Jungho Kim, Juan Esteban Ajsivinac Sian, Lolmay Pedro Oscar García Mátzar（2014）On the (non)

---

[2] "Recent work on FLN [the faculty of language in the narrow sense] ... suggests the possibility that at least the narrow-syntactic component satisfies conditions of highly efficient computation to an extent previously unsuspected. Thus, FLN may approximate a kind of "optimal solution" to the problem of linking the sensory motor and conceptual-intentional systems. In other words, the generative processes of the language system may provide a near-optimal solution that satisfies the interface conditions to FLB [the faculty of language in the broad sense]"（Hauser, Chomsky, and Fitch 2002: 1574）.

universality of the preference for subject-object word order in sentence comprehension: Asentence-processing study in Kaqchikel Maya. *Language* 90: 722–736.

Koizumi, Masatoshi (2015) Experimental syntax: Word order in sentence processing. In: Mineharu Nakayama (ed.) *Handbook of Japanese psycholinguistics*, 387–422. De Gruyter Mouton.

Kuno, Susumu (1973) *The structure of the Japanese language*. Cambridge, MA: MIT Press.

Kuroda, S. Y. (1981) Some recent trends in syntactic theory and the Japanese language. In: Ann K. Farmer and Chisato Kitagawa (eds.) *Proceedings of the Arizona conference on Japanese linguistics: The formal grammar sessions (Coyote Papers 2)*, 103–122. Tucson, AZ: University of Arizona Linguistics Circle.

Matsumoto, Yo (2000) On the crosslinguistic parameterization of causative predicates: Implications from Japanese and other languages. In: Miriam Butt and Tracy Holloway King (eds.) *Argument realization*, 135–169. Stanford: CSLI.

Miyagawa, Shigeru (1980) *Complex verbs and the lexicon*. Doctoral dissertation, University of Arizona.

Miyagawa, Shigeru (1984) Blocking and Japanese causatives. *Lingua* 64(2-3): 177–207.

Miyagawa, Shigeru (1999) Causatives. In: Natsuko Tsujimura (ed.) *The handbook of Japanese linguistics*, 236–268. Malden, MA: Blackwell.

Miyagawa, Shigeru (2012) Blocking and causatives revisited: Unexpected competition across derivations. *Case, argument structure, and word order*, 195–216. New York and London: Routledge.

Momma, Shota, L. Robert Slevc, and Colin Phillips (2016) The timing of verb selection in Japanese sentence production. *Journal of experimental psychology: Learning, memory, and cognition* 42(5): 813–824.

Poser, William J. (1992) Blocking of phrasal constructions by lexical items. In: Ivan Sag and Anna Szabolcsi (eds.) *Lexical matters*, 111–130. Stanford, CA: CSLI.

Sakamoto, Tsutomu (2015) Processing of syntactic and semantic information in the human brain: Evidence from ERP studies in Japanese. In: Mineharu Nakayama (ed.) *Handbook of Japanese psycholinguistics*, 457–509. Boston: De Gruyter Mouton.

Shibatani, Masayoshi (1976) The grammar of causative constructions: A Conspectus. In: Masayoshi Shibatani (ed.) *The grammar of causative constructions*, syntax and semantics, Vol. 6, 1–40. New York: Academic Press.

Yano, Masataka (2018) Predictive processing of syntactic information: Evidence from event-related brain potentials. *Language, Cognition and Neuroscience*, 1–15. DOI: 10.1080/23273798.2018.1444185.

安永大地(2017)「言語(ERP)」鈴木直人・片山順一(編)『生理心理学と精神生理学 第II巻 応用』91–97. 京都：北大路書房.

第 7 章

コーパスと言語教育
コーパスによって深化する L2 語彙の教授

石川慎一郎

要旨

　本章では，英語コーパスの教育応用，とくに，英語語彙指導への応用に関して，(1) 母語話者コーパスに基づく教授内容の精選と精緻化，(2) 母語話者コーパスを用いた自律的言語学習，(3) 学習者コーパスに基づく学習者 L2 運用の問題点の解明，の 3 点にわけて概観する。(1) では，コーパスに基づく語彙表・辞書・教材の開発について，(2) では，学習者にコーパスを検索させ，言語ルールをボトムアップ的に発見させるデータ駆動型学習 (data-driven learning：DDL) について，(3) では，学習者コーパスを活用した過剰・過少使用言語項目の検出についてそれぞれ論じる。

キーワード：　コーパス，語彙選定，辞書編纂，教材開発，DDL，学習者コーパス，言語教育，過剰・過小使用

1. はじめに
1.1 英語コーパスの開発史

　言語コーパスの歴史を論じる場合，その起源をどこまでさかのぼるかについては諸家により見解がわかれるが，現代につながる本格的なコーパスの嚆矢が 1964 年に公開された Brown Corpus であることについてはほぼ共通の理解が得られている（石川 2012）。

アメリカのブラウン大学の Henry Kučera と W. Nelson Francis は，1961 年に米国で公刊されたすべての出版物から，新聞・雑誌・小説など，全部で 15 のジャンルを設定し，それぞれの比率を定めた上で，母集団からランダムサンプリングを行い，500 種のサンプルを集めた。1 つのサンプルは 2,000 語と定められ，合計で 100 万語のアメリカ英語の書き言葉が収集された。こうして構築された Brown Corpus は，同様の標本抽出基準で構築された他のコーパスと合わせ，以降，様々な言語研究で使用されている。

コーパスを使って調査できる事柄は多いが，Kučera と Francis が最も強い関心を持っていた分野の 1 つが語彙頻度の研究であった。両名が 1967 年に刊行した *Computational Analysis of Present-Day American English* は，コーパス準拠型の計量的語彙研究が広がる端緒ともなった。

その後，1995 年には，英国政府の出資を得て，ランカスター大学やオックスフォード大学の研究者のグループにより，イギリス英語 1 億語を収集した British National Corpus（BNC）が公開された。また，2000 年代に入ると，ブリガムヤング大学の Mark Davies によって，ウェブ上の言語データを一定のジャンルバランスで継続的に収集するという新しい発想のもと，Corpus of Contemporary English（COCA）の構築が開始された。COCA は，毎年，2000 万語ずつデータを増量しており，2017 年 12 月時点で 5 億 7 千万語分が公開されている。

1.2 英語コーパスと言語教育

コーパスの言語教育への応用については，主として，(1) 母語話者コーパスに基づく教授内容の精選と精緻化，(2) 母語話者コーパスを用いた自律的言語学習，(3) 学習者コーパスに基づく学習者 L2 運用の問題点の解明の 3 つの方向性が考えられる。

(1) は，伝統的な言語研究の延長線上に位置付けられるもので，現代英語の用法をコーパスデータの検証によってできるだけ正確に，かつ，詳細に記述し，頻度を手掛かりとして，優先的に教えるべき内容を特定するという方向性を持つ。コーパスに基づく語彙表・辞書・教材などの開発がこの方向の実践として行われている。

(2) は，学習者にコーパスを検索させ，実例の中から，ボトムアップ的に

言語ルールを発見させるデータ駆動型学習（data-driven learning：DDL）の方向性である。コーパスを使ったDDL指導では、学習者は、自律的にコーパス調査を行い、ターゲットとなる語の用法（典型的な語形・コロケーション・文型等）や文法ルールを自ら発見して理解を深めていく。DDLは、教師が文法ルールを提示し（presentation）、タスク練習で定着させ（practice）、最後に、確認のために産出（作文や発話）を行わせる（production）という伝統的な「P-P-P」型の指導に代わるものとして、近年、注目を集めている。

　（3）は、学習者自身による英作文や英語発話を集めた学習者コーパスを分析し、学習者の過剰使用・過小使用・誤用などを検出することで、学習者の抱える問題を科学的に解明し、必要な手立てを講じようとする方向性である。習熟度や国籍を統制して分析を行うことで、さまざまな学習者のL2獲得の過程をモデル化するとともに、特定の習熟度レベルないし特定の母語を持つ学習者が典型的に誤りやすいL2の内容を明らかにすることもできる。

　本章では、以下、主要な先行研究を整理し、あわせて、筆者自身による研究を紹介しながら、(1)～(3) の具体的な在り方を論じていく。

2. 母語話者コーパスに基づく教授内容の精選と精緻化

　母語話者コーパスを用いた教授内容の精選と精緻化に関して、ここでは、語彙表・辞書・教材を取り上げて概観していく。

2.1　コーパスと語彙表
2.1.1　一般語彙表の開発

　現代英語を構成する各種の資料を均衡的に収集したコーパスを解析することで、現代英語における様々な語の出現頻度や、高頻度に出現する語を特定することができる。過去のコーパス構築プロジェクトにおいても、様々な一般語彙表が開発・公開されてきた。Brown Corpusに基づくKučera & Francis (1967)（Francis & Kučera 1982も参照）、BNCに基づくLeech, Rayson, & Wilson (2001)、COCAに基づくDavies & Gardner (2010) などである。こうした語彙表を見ることで、我々は、個々の語の使用実態について多くの事実を知ることができる。

2.1.2 　教育語彙表の開発

　コーパス準拠の一般語彙表を見れば，高頻度語を特定することは難しくないが，高頻度語が常に教育的な重要語であるとは限らない。というのも，コーパスは，いかにバランスを配慮して構築したとしても，教養ある成人英語話者の言語使用がデータの大部分を占めることとなり，そこから得られた高頻度語は初級学習者の学習ニーズと一致しないことも多いからである。

　このため，言語教育の世界では，一般コーパスから得られた出現頻度だけでなく，様々な補助データを組み合わせて，教育的に重要な語を選定する試みが広く行われている。以下では2つのプロジェクトを紹介したい。

　1つ目はケンブリッジ大学が中心になって進めている English Vocabulary Profile（EVP）である（Capel 2010, Capel 2012）。周知のように，ヨーロッパでは，欧州評議会（Council of Europe）の主導のもと，各言語の能力を一貫した共通尺度で示す動きが強まっている。ヨーロッパ共通参照枠（Common European Framework of Reference for Languages：CEFR）では，A（Basic User：基礎的言語使用者），B（Independent User：自律的言語使用者），C（Proficient User：熟達言語使用者）の3つの大区分，6つの中区分（A1, A2, B1, B2, C1, C2），9つの小区分（A2, B1, B2をさらに2区分する）が能力水準として提唱されている（石川 2017）。EVP は CEFR の言語能力水準と言語教育の内容を連結させる具体的な取り組みの一環である。

　ケンブリッジ大学のチームは，世界中で実施されているケンブリッジ英語試験のライティング設問の解答を収集して Cambridge Learner Corpus（CLC）を構築し，それぞれの能力水準の学習者が使っている語彙の水準を明らかにした。さらに，各種英語試験の指定語彙リストや教材語彙リスト，また，母語話者の書き言葉・話し言葉を収集した Cambridge English Corpus（CEC）から得た L1 頻度情報，さらには現場の教師から得たフィードバックなども参考にして補正を行い，教育的重要語を選定し，それらを6段階の CEFR レベルに紐付けた。

　EVP の概要を見るため，手近なテキストサンプルとして，合衆国憲法の序文を取り上げ，個々の語のレベルを確認してみよう（個々の語はすべて小文字で表示）。

```
we_A1     the_A1    people_A1    of_A1    the_A1    united_B2    states_B2
in_A1     order_A2    to_A1    form_A2    a_A1    more_A1    perfect_A2
union_B1    establish_B2    justice_B2    insure    domestic_B2    tranquility_C2
provide for_C2    the_A1    common_B1    defence_B2    promote_B1    the_A1
general_B1    welfare_B2    and_A1    secure_B2    the_A1    blessings    of_A1
liberty_B2    to_A1    ourselves_A2    and_A1    our_A1    posterity    do_A1
ordain    and_A1    establish_B2    this_A1    constitution_C1    for_A1
the_A1    united_B2    states_B2    of_A1    america
```

図1　合衆国憲法前文の語彙レベル（EVPの6段階による）

　weやorderは基礎的言語使用者に相当するA1・A2レベル，unionやdomesticは自律的言語使用者に相当するB1・B2レベル，constitutionやtranquilityは熟達言語使用者に相当するC1・C2レベルの語であることがわかる。一方，insure（※ ensureはB2），blessing, posterity, ordainや，固有名詞（America）はレベル外の語とされている。これらのレベルは，一般コーパスの頻度とは明らかに異なっている。たとえば，BNCの頻度（100万語あたり）を見れば，common（196）＞ourselves（44）であるが，EVPレベルではourselves（A2）＞common（B1）となっており，教師の直観的判断に近いレベル調整がなされていると言えるだろう。

　教育語彙表として見た場合，EVPには2つのユニークな特徴がある。1点目は，個別語だけでなく，句についてもレベルが設定されていることである。上記では，provide forが句として扱われ，C2レベルとされている。

　2点目は，語の単位だけでなく，語義の単位でもレベル識別を行っていることである。たとえば，perfectを例にすると，「完全な」（A2），「最適な」（B1），「全くの」（C2）など，establishで言うと「創始する」（B2），「定着させる」（C1），「決定する」（C2），「立証する」（C2）など，語義ごとに固有のレベルが設定されている。こうした語義レベルでの難度分類は，精緻なコーパス分析の成果であると言える（なお，上記の合衆国憲法の分析例では，語義は識別しておらず，個々の語が持つ最も低い語義レベルを表示している）。

　教育的語彙選定の2つ目の事例は，日本の大学英語教員の多くが加入する大学英語教育学会（JACET）が1970年代から現在まで40年以上継続して

行っている大学生のための重要語彙選定プロジェクトである．JACET がこれまでに公刊した語彙表の変遷を概観することは，教育的な重要語の選定とコーパスの関係を考える上で興味深い (Ishikawa 2018b)．

1970 年代〜1990 年代の JACET の語彙表は，内外の既存語彙表と教師の主観を合成するという形で作られていた．初版となる JACET (1981) では，Kučera & Francis (1967) や Carroll, Davies, & Richman (1971) などの語彙表と英英辞書の定義語彙を基礎資料とした上で，教師の主観により，生活基本語彙や日本文化関連語彙を補って，大学教養課程までに習得すべき約 4,000 語を選定した．第 2 版となる JACET (1983) では，初版に対する教員からのフィードバックや，その他の各種の語彙リストのデータを参照し，約 300 語の入れ替えを行った．また，第 3 版となる JACET (1993) では，個々の語に品詞や頻度レベルのマークを付加し，教育的利用性を高めた (村田 1993)．

一方，筆者も参画することとなった 2000 年代以降の改訂では，それまでの方針を抜本的に転換し，コーパス準拠の理念が新たに打ち出された．初版から数えて第 4 版となる JACET (2003) では，BNC での頻度順位と，補正資料 (国内で使用されている英語教科書・検定試験等) での頻度順位を比較し，順位が大きく離れている場合は BNC 順位を補正するという手法により，上位 8,000 語の選定を行った．ただし，曜日名や月名などは，単純な頻度順位で配列するのが望ましくないとして別表にまとめた (後に，相澤・石川・村田 (2015) において，別表が本表に組み込まれ，見出し語がさらに整理された)．その後，第 5 版となる JACET (2016) では，第 4 版がイギリス英語に偏り，ジャンル差も考慮していなかったという反省のもと，イギリス英語を集めた BNC とアメリカ英語を集めた COCA から，それぞれジャンル別に頻度を取得し，それらを合成することで，より妥当性の高い基準頻度情報を得た．また，補正用データベースも拡充し，日本人大学生がこれまで接触してきた資料 (中高教科書など) と今後接触する可能性が高い資料 (英字新聞，英語論文，英語検定試験) を体系的に収集し，大規模な順位調整を行った．

下記は，前出の合衆国憲法の前文に JACET (2016) による単語ランクの情報を付与したものである．便宜上，上位 1000 語 (順位 1–1000) をレベル 8，次位 1000 語 (1001–2000) をレベル 7…として，8 段階で表示している．

> we_8, the_8 people_8 of_8 the_8 united_7 states_8, in_8 order_8 to_8 form_7 a_8 more_8 perfect_8 union_6, establish_7 justice_5…

図2　合衆国憲法前文の語彙レベル（JACET（2016）の8段階による）

　このように，コーパスは，一般語彙表や教育語彙表の開発に大きく貢献してきたと言える。コーパスから得られた頻度は，語の重要度の絶対的基準ではないとしても，それを決める上での大きな手掛かりとなるものである。

2.2　コーパスと辞書

　初期の大型コーパスの1つであるBank of Englishは，辞書出版社であるコリンズ社とバーミンガム大学の共同プロジェクト（COBUILD）の一環として構築された。このことからもわかるように，コーパスと辞書編纂はきわめて親和性が高い。

　バーミンガム大学のJohn Sinclairが牽引したCOBUILD辞書シリーズは，それまで経験と勘が頼りであった辞書編纂の世界にコーパスという新たな道具を持ち込み，辞書の編纂過程にさまざまな変革をもたらしたことで知られるが，それは，コーパスが言語研究に与える影響の大きさを示すものでもある。

　とくに，語彙の提示という観点から見た場合，コーパスに準拠した辞書の利点は大きく3点に整理できる。1点目は個々の語に正確な頻度情報を付与できるようになったということである。下記は前出の合衆国憲法の前文にCOBUILDによる頻度レベルの情報を付与したものである（以下，COBUILD辞書からの引用は同社ウェブサイト（www.collinsdictionary.com）上の最新データによる。頻度レベルは5段階で，最も高頻度なものが5となっている）。

> we_5, the_5 people_5 of_5 the_5 united_3 states_5, in_5 order_5 to_5 form_5 a_5 more_5 perfect_4 union_4, establish_4 justice_4…

図3　合衆国憲法前文の語彙レベル（Collins COBUILDの5段階による）

2点目は語義記述の正確性が高まったことである。たとえば，finally という語を例にすると，従来の辞書では「最後に」といった語義が一般的であったが，コーパスを調べると，当該語が belatedly などの副詞と共起する事例が多く見つかる。こうした言語事実を根拠として，COBUILD 辞書は finally について "You use finally to suggest that something happens after a long period of time, usually later than you wanted or expected it to happen"（下線は筆者）という定義を示している。母語話者であっても，こうしたニュアンスは直観ではとらえにくく，微細なニュアンスの記述は精緻なコーパス観察があってこそなしえたものと言える。

3点目は用例の妥当性が高まったことである。従前は母語話者の直観で用例やコロケーション例を作例していたが，コーパス検索を徹底することで，実際によく出るコロケーションをバランスよく記述することが可能になった。COBUILD 辞書では，前述の finally についても，give, give up, arrive など，コーパスで finally と多く共起している動詞が幅広く紹介されている。

このように，コーパスは，個々の語の正確な頻度を示すだけでなく，語義や用法についてもその実態を明確に示し，結果として，辞書記述の妥当性と信頼性を大きく向上させてきたのである。

2.3　コーパスと教材

コーパスに基づく教授内容の精選と精緻化に関して，最後に見ておきたいのは，コーパス準拠の L2 教材の開発である。すでに見た辞書と同様，従前の外国語教材の多くは，編者の教師としての経験や勘を根拠に書かれており，その中には不自然な言語表現も散見された。一般に，外国語教材や指導における歪みは，外国語学習者が自然な L2 を習得する上での大きな阻害要因の1つとなりうる。たとえば，日本の英語教材も，かつては，Is this a pen? など，現実的にありえない文や，A: How are you? /B: I'm fine, thank you. And you? など，不自然に定型的なやりとりを教えるものが少なくなかった。

もっとも，語彙表や辞書に比べ，教材は，コーパスデータを直接的に反映しにくいものの1つである。「コーパスに出てくるものだけを，高頻度なものから順に教える」という発想は，一見，説得力を持つが，実際には，さま

ざまな矛盾を引き起こす。たとえば，実際の英語において，現在形より過去形が多いとしても，過去形を先に導入し，後で現在形を扱うのが適当かどうかは意見がわかれるだろう。

上記の論点もあり，語彙表や辞書に比べると，コーパス準拠を直接的にうたった教材はあまり出ていない。その中で，例外と言えるのが，ケンブリッジ大学出版局が刊行する英会話教材の *Touchstone* シリーズである。これは，前出の Cambridge English Corpus を使って内容の全面的な見直しと精選を図り，実際に使われている英語を教え (teaching "English as it's really used")，現実の文脈に即した自然な英語を提示し (presenting "natural language in authentic contexts")，流暢な会話を成立させるために必要な語彙・文法・会話方略を体系的に教えようとするものである。

たとえば，*Touchstone* (2版) の Level 1 の Lesson 1 では挨拶を導入しているが，そこでは，基本的な挨拶表現である How are you? に関して，A: Good morning, Sarah. How are you?/B: Good. How are you, Matt?/A: I'm fine, thanks. という会話例が示される (p. 2)。これにより，友人関係においては，How are you? を一般的な挨拶と組み合わせて使えること，人名の呼びかけと併用できること，受け答えに多様なバリエーションがあることがわかる。また，Good night. については，A: Good night./B: Good night. Have a good evening./A: Thank you. You too. という会話例が示される (p. 3)。これにより，Good night. と言われた場合に同じ表現を返せること，Have a good evening という同様の表現を重ねて使用できること，挨拶に対して謝意表現を返せること，You too. で同じ表現を返す代わりとしうることがわかる。あわせて，それぞれの会話には写真が添えられ，どのような状況で当該の会話が成立するのかも示されている。従前の会話の教科書で，こうした基本的な挨拶表現について，語彙や表現のバリエーションを充分に示し，どのような談話状況でそれぞれの会話が成り立つのかを明示的に示したものは必ずしも多くなかった。その意味で，*Touchstone* のスキットには目新しさがある。

また，教師用の手引きには，各単元に出てくる様々な語や表現について，母語話者コーパスや学習者コーパスから得られた様々な言語事実が Corpus Information というコラムの形で記載されている。たとえば，食べ物を話題にした Unit 12 では，可算・不可算名詞に関して「総称名詞の前にも学習者

は the を付けがちあること（*I don't like the meat）」，would like に関して「縮約しない表記と縮約形を使う'd like の表記の頻度はほぼ同じであること」「縮約形・非縮約形ともに主語の 75％は I であること」「いずれの形でも後続要素の 78％は to 不定詞であること」「学習者は would like の後に動詞原型を誤って用いること」「学習者は I would like to と I like を混同しがちであること」，or something に関して「会話で使われる 2 語連鎖の中で頻度上位 10 位以内に入っていること」「something の出現例全体の 1/3 が実はこの用法であること」などが記載されている。こうした情報があれば，教師は，I would like to と She/he would like to の自然さに違いがあることや，会話において or something が重要な談話機能を果たすことなどを明示的に学習者に伝えることができるだろう。

このように，コーパスは，適切な教育的配慮をもって使用されるならば，教材の内容を改善し，教室で教えられる英語をより自然で妥当なものにする一助となりうる。

3. 母語話者コーパスを用いた自律的言語学習

前節では，コーパスを用いて教授の内容を改善する実践について考えてきた。本節では，同じくコーパスを用いて教授の方法を改善する実践について考えてみよう。具体的には，教室での外国語指導の現場にコーパスを持ち込み，コーパス検索を体験させることで学習者の L2 理解を深めるデータ駆動型学習（data-driven learning：DDL）の実践を紹介する。

3.1 DDL の背景

すでに述べたように，外国語の教室では「P-P-P」（ルール提示・ルール練習・ルール産出）の指導過程が広く使用されてきた。こうしたトップダウン型の指導は，ルールを短期間で効率的に教えられるという利点を持つが，一方で，学習過程は受け身的なものになりがちで，記憶の定着や学習内容の応用には課題が残る。

DDL は上記の「P-P-P」に対抗しうる教授理念と言える。DDL の理念に基づく言語教授では，通例，「コンピュータ出力されたコンコーダンスを教室で使用し，学習者に目標言語における規則的なパタンを探索させたり，コン

コーダンスの出力結果に基づいて言語活動や練習問題を開発したりする」ことが行われる（Johns & King 1991）。DDL は，Lewis (2011) が「P-P-P」に代わる新しい語彙教授の理念とする「O-H-E」型の指導過程の一種でもあり，学習者は，言語データの観察（observation）を通して仮説構築（hypothesizing）を行い，さらに，仮説とデータを照合することで仮説を実験的に検証し（experiment），正しいルールを自ら発見していく。

　こうしたボトムアップ型の学習は総じて時間がかかり，学習者の L2 能力が低い場合には時間をかけてもルール抽出に到達できない可能性があるが，一方で，学習者はインプットとしての L2 資料により深く没入し，得られた知見が記憶に残りやすいという利点もある。

　DDL の具体的な実践についてはさまざまな方法があるが，過去の実践が示すのは，完全な学習者任せではなかなかうまくいかないということである。このため，DDL の実践者は，通例，何らかのタスクシートを用意し，学習者による試行錯誤的なコーパス検索に一定の筋道を与えるよう工夫している。

3.2　DDL の実践例

　ここでは，一例として inform（知らせる）という動詞の用法を理解させる DDL タスクを考えてみよう。日本人学習者は，当該語を《inform ＋ 人 ＋ of ＋ 物》という決まり文句で記憶している場合が多い。そこで，こうした学習者に，何らかのコーパスを検索させるようなタスクを与える（あるいは，教師があらかじめ用意した検索結果画面を配布してもよい）。図 4 は，Brown Corpus で inform（活用形含）が出現する 80 例中の冒頭 20 例である。

　一般に，コーパスを研究利用する場合，検索対象語の直前位置や直後位置を指定してソートを行うことで傾向を効率的に抽出するわけだが，教室でのコーパス使用では，上記のように，あえてソートを行わず，コーパスでの出現順に少数の事例を取り出して学習者自身に傾向を探させるタスクが有効である。

　習熟度が高く，言語分析への適性が高い学習者であれば，特に指示を与えなくてもここから多くの情報を汲み取れるであろう。一方，英語を苦手とする学習者を教えている場合は，たとえば図 5 のような設問をあらかじめ用意し，タスクシートとして配布しておくことができる。

1	t I believe if people were better informed on this question, most of them v
2	y early in his administration he informed the Kremlin through diplomatic c
3	ortant and the board should be informed on what was done, is going to
4	Robinson's pretty wife, Connie informed him that an addition to the family
5	'*h. Last week, when Royal was informed that three Longhorns were amo
6	school crossing, the officer was informed by the Sisk boy that he recognize
7	"shrewd, tough, vigorous, well-informed and confident", and a 44-year-ol
8	ve obtained. The anti-trust laws inform a business that it must compete, bu
9	e 707. Mr& Kennedy had been informed early in the day of the attempt
10	ds upon the citizen who is both informed and concerned. The great advan
11	andards that are needed for an informed America. The problem grows in ir
12	at his recommendations will be informed and workable, and that they will r
13	many another intelligent, well-informed American. But the one that upse
14	tled as a legal holiday, we were informed to report to our respective polls t
15	news and special presentations inform the listener about groups, projects,
16	e universe, has the appeal that informed conversation always has. Several
17	me the opportunity to become informed. The preparatory class is an intr
18	chin <up>. Parents should be informed about this system and encourage
19	sychology and so on be as well informed in matters of art, especially interic
20	n the past, he would have been informed that he was a victim of <deja

図4 Brown Corpus での inform の出現例の一部

DDLタスクシート
Q1 informはどのような活用形で最も多く使われているか?
Q2 informは能動態と受動態のどちらで多く使われているか?
Q3 informの後部にはどのような語が多く使われているか?
Q4 informの直前に出現しやすい副詞にはどのようなものがあるか?

図5 DDLを支援するタスクシートの例

　このようなタスクを用意しておけば,学習者はコーパスを検索して得た(あるいは教師から与えられた)用例を自分自身の目で丁寧に観察し,informについて,(1)原形での使用がほとんど見られない,(2)受動態使用(形容詞用法含)が7割を占める,(3)後部には補文を導くthat(4例)のほか

about や on(ともに 2 例)が使われる,(4)直前位置には well(3 例)やその比較級である better が多く,well-informed(十分に情報を与えられた)は成句表現となっている,といった事実を,独力で,あるいはほかの学習者との議論を通して,発見することができるだろう.

もちろん,コーパス準拠辞書を調べれば,同様の情報をより簡単に得ることができるかもしれないが,言語データを自律的に検索し,自ら答えを探し当てることで,これらの情報はより深く記憶され,学習者の語彙知識の拡張につながるのである.こうして,学習者は,熟語集などで覚えた《inform+人 +of+ 物》という形が必ずしも inform の典型パタンでないことを理解するようになる.

もっとも,DDL は萌芽的な言語教授法であり,その効果については必ずしも明確ではない.たとえば,Luo(2016)は,中国の英語学習者 48 名に英作文を書かせ,実験群では BNC(高度な検索が平易に行える BNC web の CQP 版)で,統制群ではインターネット(検索サイト Baidu)で,作文中の語の用例を調べさせ,再度,同じテーマで作文を行わせた.その後,第 1 作文と第 2 作文を比較したところ,実験群のほうが流暢性と正確性が伸びたものの,複雑性の点では両群に差がなかったと報告されている.また,Boulton & Cobb(2017)は,64 種の先行研究で報告された DDL 実践の効果を統計的に再分析(メタアナリシス)した.その結果,実践群と非実践群で比較した場合でも(統制群・実験群比較),実践の直前と直後で比較した場合でも(プレ・ポスト比較)差は有意であり,一定の効果量が確認される(Cohen's d は,前者が 0.95,後者が 1.50.偏差値で言えば,それぞれ 9.5,15.0 の上昇に相当)ものの,実践後,しばらく時間をおいた時点で再度テストを行い,学習効果の持続性を確認する研究(プレ・遅延ポスト比較)はほとんどなされていないことから,DDL の学習効果の持続性・定着性については現段階でははっきりしないと述べている.

以上で見たように,DDL については,具体的な進め方や,その教育効果(とくに持続的効果)についていまだ未解明の部分も残されている.しかし,コーパスが,言語教授の内容だけでなく,「P-P-P」型に偏重していた言語教授の方法を改善する潜在的可能性を持っていることは明らかであると言えよう.

4. 学習者コーパスに基づく学習者のL2運用の問題点の解明

これまでの節では，母語話者コーパスの教育利用について考えてきたが，最後に，学習者のL2産出を収集した学習者コーパスの教育利用の可能性について考えたい。

4.1 主要な学習者コーパスと分析の手法

最初期の母語話者コーパスであるBrown Corpusの公開が1960年代であったのに対し，一定の規模を持つ学習者コーパスが公開されるようになったのは2000年代以降のことである。もちろん，それ以前においても，教師が学習者の作文や発話をいくらか集めて個人的な指導の参考にすることはあったが，明確なデータ収集理念のもと，体系的にデータ収集を行い，学術的な研究資料として一般公開するということはほとんどなかった（石川2012, 石川2015）。

この意味で，世界初の本格的な国際学習者コーパスとされるのは，書き言葉（作文）を集めたICLE (International Corpus of Learner English) (Granger, Dagneaux, & Meunier 2012, Granger, Dagneaux, Meunier, & Paquot 2009) と，話し言葉（対話）を集めたLINDSEI (Louvain International Database of Spoken English Interlanguage) (Gilquin, De Cock, & Granger 2010) である。これらはいずれも，ベルギーのルーバンカトリック大学のSylviane Grangerの主導により，主として欧州圏の上級大学生の英語産出データを集めたものである。ICLEでは，授業の内外で，さまざまなトピックについて大学生に作文を書かせ，それらを収集した。LINDSEIでは，評価を伴わないオーラルインタビューを実施し，調査者との英語によるやり取りの中で，トピック発話，自由発話，絵描写を行わせ，学習者の発話を録音して書き起こしした。

2つのコーパスの公開によって，応用言語学の中に学習者コーパス研究という新しい研究領域が生まれることとなったが，そこでは中間言語対照分析 (contrastive interlanguage analysis) という手法が広く使用されている (Granger 1996)。たとえば，母語話者と学習者を比較することで，学習者のL2運用における各種の逸脱が検出され，習熟度の上昇によっても改善しない，つまりは，化石化 (fossilization) を引き起こしている問題点を特定することができる。また，異なる母語を持つ学習者を比較すれば，L1がL2運用にどの程

度影響しているかを評価することもできる。

4.2 アジア圏英語学習者の L2 運用実態の解明：The ICNALE
4.2.1 ICNALE の概要

　ICLE と LINDSEI は L2 英語学習者の実態解明に大きな寄与を行ったが，2 つのコーパスには，アジア圏の学習者のデータがほとんど含まれておらず，また，厳密な条件統制が取られていないため，比較研究の資料としては使いにくいという問題点も残されていた。

　そこで，筆者は，ICLE と LINDSEI を補完すべく，アジア圏の 10 か国・地域の英語学習者の L2 産出と母語話者による L1 産出を体系的に収集した新しい学習者コーパスとして，ICNALE (International Corpus Network of Asian Learners of English) の構築を進めている。これまでに ICNALE プロジェクトに参加した学習者の数は 4,000 名，収集した L2 産出サンプルの数は 10,000 件，総語数は 200 万語を超える。現時点において，ICNALE は世界最大のアジア圏英語学習者コーパスの 1 つである。

　ICNALE は，学習者の属性を詳細に調査するだけでなく，トピックの数を 2 つに絞り (It is important for college students to have a part-time job./Smoking should be completely banned at all the restaurants in the country.)，データ産出の条件をできる限り統制することで，対照研究の精緻化を図ることを目指している。たとえば，日本人英語学習者と中国人英語学習者の L2 英語運用を比較してそれぞれの特性を明らかにしようとする場合，両者が異なるトピックや異なる条件（時間の長さ，辞書使用の有無など）で L2 産出を行っていたり，両者の習熟度レベルが違っていたりするなら，データを比較して何らかの差異が検出されたとしても，それが両者の母語の違いに起因するのか，両者の習熟度の違いに起因するのか，あるいは，トピックや産出条件の違いに起因するのか，識別できなくなってしまうだろう。この点において，すべての学習者の習熟度を調査し，トピックや産出条件を統制した ICNALE は，対照研究の妥当性を担保するデータベースと言える。

　ICNALE は，多様なタイプの L2 産出をカバーしており，現在，Written Essays（作文）(Ishikawa 2013)，Spoken Monologue（独話）(Ishikawa 2014)，Edited Essays（作文校閲）(Ishikawa 2018a) の 3 つのモジュールが完成してお

り，さらに，Spoken Dialogue（対話）（石川 2018）の開発が進行中である。これらはすべて同じトピックに基づくデータ収集となっており，ICNALE は，母語話者と学習者間，母語の異なる学習者間，といった従来型の対照研究の信頼性を大幅に高めるだけでなく，産出モード間比較という新しい対照研究の可能性を拓くものにもなっている。

4.2.2　ICNALE を用いた日本人学習者の逸脱的言語使用の特定

　学習者と母語話者の統制環境下での産出データがあれば，それらを比較することで，学習者が逸脱的に使用する語や句を統計的に抽出することが可能になる。Ishikawa（2011）では，ICNALE の作文を分析し，日本人学習者の逸脱的使用語を抽出した。得られた結果は，学習和英辞典の編纂資料にも使用された（小西 2012）。

　しかし，当時は ICNALE に発話データが存在していなかったため，検討できたのは書き言葉における過剰・過小使用語のみであった。そこで，本節では，新たに書き言葉と話し言葉を比較し，それぞれの産出モードにおける過剰・過小使用語の選定を試みたい（なお，本節の分析結果の一部は上記辞典の新版に相当する岸野 2019 に反映された）。

　今回，分析に使用したのは ICNALE（Version 201708）の Spoken Monologue モジュール中の 13.5 万語（日本人 4 万語，母語話者 9.5 万語）と，Written Essays モジュール中の 27 万語（日本人 18 万語，母語話者 9 万語）である。それぞれのモジュールに出現するすべての語（活用形単位）の頻度を日本人と母語話者間で比較し，ずれの大きさを示す対数尤度比（log likelihood score）を算出した。

　対数尤度比は，3.84，6.63，10.83 以上となる場合に，5％，1％，0.1％水準で頻度差が有意となる。そこで，対数尤度比が 3.84 以上になる語を抽出したところ，学習者の話し言葉中の過剰使用語は 286，過小使用語は 261，また，書き言葉中の過剰使用語は 452，過小使用語は 652 であることがわかった。もっとも，母語話者頻度と差があるこれら 1,651 語のすべてを「逸脱使用」ととらえるのは乱暴な議論であろう。また，ICNALE のトピックや共通指示文（Do you agree or disagree with the statement?）に関連して過剰・過小使用された語についても指導上の優先性は低いだろう。

そこで，上記の1,651語のうち，対数尤度比が50以上で，トピックや指示文との直接的な関連が認められない語だけを抜き出したところ，77語に絞られた。以下は，対数尤度比に基づいてそれらを3レベルに分類した結果である。下表においてSWとあるのは，書き言葉・話し言葉の両方における過剰・過小使用語で，対数尤度比レベルは両者の平均値で決定している。SおよびWとあるのは話し言葉または書き言葉の一方でのみ過剰・過小使用されている語である。

はじめに，過剰使用語の一覧を見てみよう。

表1　日本人学習者の書き言葉・話し言葉における過剰使用語

	SW	S	W
200+	we, so, I, people, bad, 't	because, don('t)	
100+	think, is, can, but	with, very	must
50+	example, our, for, reason, two, hate	this, good, want	various, first, at, person, second, third, moreover, things, who, us

上記より，日本人学習者のL2産出には，(1) 1人称起点の陳述 (SW: we, I, our/W: us)，(2) 総称名詞による議論の一般化 (SW: people/W: person)，(3) 因果や論理性の極端な強調 (SW: so, but, reason/S: because/W: 理由を列挙する first, second, third)，(4) ヘッジ表現の多用 (SW: I think...)，(5) くだけた会話的表現の使用 (SW: 縮約形の't/S: don('t))，(6) 主観的な断言や言い切り (SW: bad, hate/S: good/W: must)，(7) 項目の羅列や添加 (SW: for example /W: moreover) などの傾向があることがわかった。ここには過度に形式的な表現と過度に口語的な表現の混在が認められ，学習者が内容に即して適切な言語表現を選べていないことが示されている。

次に，過小使用語の一覧を見てみよう。

表2　日本人学習者の書き言葉・話し言葉における過小使用語

	SW	S	W
200+	would, that, as	a	
100+	just, an, been	of, be	and, well, their, any
50+	believe, to, being, on, really, way, find	in, which, even, are	simply, issue, while, was, bit, already, extra, still, focus, quite, allow, gain, related, enough, seem, out, upon, or, here, world

　上記より，日本人学習者のL2産出には，(1) 主張の強調 (SW: just, believe, really/S: even/W: simply, quite, enough)，(2) 主張の緩和 (SW: would/W: bit, seem)，(3) 適切な名詞の数処理 (SW: an/S: a)，(4) 幅広い時制や態の使用 (SW: been, being/W: already)，(5) 複雑な構文使用 (SW: 補文を導くthat, 知覚構文を導くfind/W: 並列内容を導くwhile)，(6) 前置詞や接続詞を用いた内容の連結 (SW: on/S: in/W: and, upon, or) などの点で欠落や不足が見られることがわかった。日本人学習者は，限られた語彙や文法を用いて最低限の内容を伝達することはできるが，各種のレトリックで主張に強弱を付けたり，様々な時制・態・構文を用いて内容を効果的に表出したりすることが共通の課題であると言えそうである。

　このように，学習者コーパスは，学習者のL2運用に潜む問題点を解明する上で重要な基礎データを提供することとなる。ここでは日本人学習者についての分析結果を示したが，同じ手法を用いることで，異なるL1背景を持つ学習者の問題点をそれぞれ個別に特定することも可能である。

5.　まとめ

　以上，本章では，コーパスの開発史を確認した後，英語コーパスの教育応用，とくに，語彙指導への応用について，(1) 母語話者コーパスに基づく教授内容の精選と精緻化，(2) 母語話者コーパスを用いた自律的言語学習，(3) 学習者コーパスに基づく学習者L2運用の問題点の解明，の3点にわけて議論した。

　(1) に関しては，コーパスが，言語，とくに，個々の語の頻度や用法について確かな分析資料を提供し，語彙表・辞書・教材の開発に効果的に使用で

きることを述べた。

(2)に関しては，ルールを先に提示する旧来の「P-P-P」型の指導に代え，コーパスを教室に持ち込み，学習者にコーパス観察を行わせることで，学習者自身に言語ルールを発見させるDDLという新しい教授法の可能性について述べた。

最後に，(3)に関しては，主要な学習者コーパスと，学習者コーパスの一般的分析手法とされる中間言語対照分析について概説した上で，書き言葉・話し言葉における学習者の過剰・過小使用語を特定し，学習者によるL2運用上の問題点を可視化する方法について述べた。

初の英語母語話者コーパスであるBrown Corpusのリリースから54年，初の英語学習者コーパスであるICLEのリリースから16年が経過した現在，コーパスの教育応用は，理論的・実験的な試行を越えて，日常的な実践に移されるべき段階にきていると言える。今後，実証的な取り組みが世界で広く行われ，コーパスが言語教育の改善に実質的に貢献していくことが期待される。

参照文献

相澤一美・石川慎一郎・村田年（2015）『JACET8000英単語：「大学英語教育学会基本語リスト」に基づく』東京：桐原書店.

Boulton, Alex and Tom Cobb（2017）Corpus use in language learning: A meta-analysis. *Language Learning* 67(2): 348–393.

Cambridge University Press（n.d.）English vocabulary profile. Retrieved from http://www.englishprofile.org/wordlists

Capel, Annette（2010）A1-B2 vocabulary: Insights and issues arising from the English profile wordlists project. *English Profile Journal* 1(1): 1–11.

Capel, Annette（2012）Completing the English vocabulary profile: C1 and C2 vocabulary. *English Profile Journal* 3(1): 1–14.

Carroll, John B., Peter Davies and Barry Richman（1971）*The American heritage word frequency book*. New York: Houghton Mifflin.

大学英語教育学会（JACET）（1981）『JACET基本語第一次案』（初版）大学英語教育学会.

大学英語教育学会（JACET）（1983）『JACET基本語第二次案』（2版）大学英語教育学会.

大学英語教育学会（JACET）教材研究委員会（1993）『JACET基本語4000』（3版）大学

英語教育学会.

大学英語教育学会（JACET）基本語改訂委員会（2003）『大学英語教育学会基本語リスト：JACET8000』（初版）大学英語教育学会.

大学英語教育学会（JACET）基本語改訂特別委員会（2016）『大学英語教育学会基本語リスト：新 JACET8000』（2 版）東京：桐原書店.

Davies, Mark and Dee Gardner（2010）*A frequency dictionary of contemporary American English: Word sketches, collocates, and thematic lists*. London: Routledge.

Francis, Winthrop Nelson and Henry Kučera（1982）*Frequency analysis of English usage: Lexicon and grammar*. Boston: Houghton Mifflin.

Gilquin, Gaëtanelle, Sylvie De Cock, and Sylviane Granger（2010）（eds.）*Louvain international database of spoken English interlanguage*. Louvain-la-Neuve: Presses Universitaires de Louvain.

Granger, Sylviane（1996）From CA to CIA and back: An integrated approach to computerized bilingual and learner corpora. In: Karin Aijmer, Bengt Altenberg, and Mats Johansson（eds.）*Languages in contrast: Papers from a symposium on text-based cross-linguistic studies, Lund, 4–5 March, 1994*, 37–51. Lund: Lund University Press.

Granger, Sylviane, Estelle Dagneaux, and Fanny Meunier（2002）（eds.）*International corpus of learner English: Handbook and CD-ROM*. Louvain-la-Neuve: Presses Universitaires de Louvain.

Granger, Sylviane, Estelle Dagneaux, Fanny Meunier, and Magali Paquot（2009）（eds.）*International corpus of learner English*. Second version. Louvain-la-Neuve: Presses Universitaires de Louvain.

Ishikawa, Shin'ichiro（2011）Learner corpus and lexicography: Help-boxes in EFL dictionaries for Asian learners—A study based on the international corpus network of Asian learners of English. In: Kaoru Akasu and Satoru Uchida（eds.）*ASIALEX2011 Proceedings: Lexicography, theoretical and practical perspectives*, 190–199. Tokyo: Asialex.

Ishikawa, Shin'ichiro（2013）The ICNALE and sophisticated contrastive interlanguage analysis of Asian learners of English. In: Shin'ichiro Ishikawa（ed.）*Learner corpus studies in Asia and the world, 1*, 91–118. Kobe: Kobe University.

Ishikawa, Shin'ichiro（2014）Design of the ICNALE-Spoken: A new database for multi-modal contrastive interlanguage analysis. In: Shin'ichiro Ishikawa（ed.）*Learner corpus studies in Asia and the world, 2*, 63–76. Kobe: Kobe University.

Ishikawa, Shin'ichiro（2018a）The ICNALE edited essays: A dataset for analysis of L2 English learner essays from a new integrative viewpoint. *English Corpus Studies* 25: 117–130.

Ishikawa, Shin'ichiro（2018b）A critical survey of JACET English word lists: Reconsideration of the validity of the frequency integration method. *Journal of Corpus-based*

Lexicology Studies 1: 53–80.
石川慎一郎（2012）『ベーシックコーパス言語学』東京：ひつじ書房.
石川慎一郎（2015）「学習者コーパスⅡ：国内における英語学習者コーパスの開発と研究」投野由紀夫（編）『コーパスと英語教育』99–129. 東京：ひつじ書房.
石川慎一郎（2017）『ベーシック応用言語学』東京：ひつじ書房.
石川慎一郎（2018）「The ICNALE Spoken Dialogue の設計：対話における L2 口頭産出研究のために」In: Shin'ichiro Ishikawa（ed.）*Learner corpus studies in Asia and the world, 3*, 9–26. Kobe: Kobe University.
Johns, Tim and Philip King（eds.）（1991）*Classroom concordancing*. English Language Research Journal 4. Birmingham: Centre for English Language Studies, University of Birmingham.
岸野英治（編）（2019）『ウィズダム和英辞典』3 版. 東京：三省堂.
小西友七（監修）（2012）『ウィズダム和英辞典』2 版. 東京：三省堂.
Kučera, Henry and Winthrop Nelson Francis（1964）*A standard corpus of present-day edited American English, for use with digital computers*. Providence: Brown University, Department of Linguistics.
Kučera, Henry and Winthrop Nelson Francis（1967）*Computational analysis of present-day American English*. Providence: Brown University Press.
Leech, Geoffrey, Paul Rayson, and Andrew Wilson（2001）*Word frequencies in written and spoken English: Based on the British national corpus*. London: Longman.
Lewis, Michael（2011）Lexis in the syllabus. In: David Hall and Ann Hewings（eds.）*Innovation in English language teaching: A reader*, 46–54. London: Routledge.
Luo, Qinqin（2016）The effects of data-driven learning activities on EFL learners' writing development. *Springer Plus* 5: 1225. DOI 10.1186/s40064-016-2935-5
McCarthy Michael, Jeanne McCarten, and Helen Sandiford（2014）*Touchstone, Student's Book, 1*. Second edition. Cambridge: Cambridge University Press.
村田年（1993）「『JACET 基本語 4000』における語彙選定の基準と手順」Retrieved from http://www.j-varg.sakura.ne.jp/about/log/4000/readme.html

第 8 章

語彙獲得

「誤用」から見る普遍性と個別性

村杉恵子

要旨

　語彙を獲得するとは，語彙のもつ抽象的な統語的形態的特徴を知ることでもある。語彙が担う統語的形態的特徴には，親が直接的に教えたとは考えにくい抽象度の高い性質が含まれる。人はなぜ限られた言語経験をもとに豊かな言語知識を獲得できるのかという問い（「プラトンの問題」）は，語彙獲得においても問題となる。本章では，獲得に時間を要する「形容詞」という統語範疇と，わずか 1 歳代から観察されるミメティックスを用いた膠着語特有の新造語生成にみられる二つの「幼児の誤用」について記述し，どのような特徴が，いつ，そしてなぜ，言語獲得の過程にみられるのかについて生成文法理論の枠組みで考察する。

キーワード： 第一言語獲得，プラトンの問題，誤用，ミメティックス，形容詞，膠着語

1. はじめに

　語彙はどのように習得されるのであろうか。幼児が習得するのは，自身の置かれた環境に頻度高くあらわれる語彙であることは言うまでもない。それは必ずしも両親の母語（方言）とは限らない。両親とは異なる言語（方言）を母語とする養育者に育てられれば，養育者の母語を自身の母語とする場合がある。旅行先の方言もまた然りである。野地（1973–1977）は，実子の縦断

的観察記録の中で，スミハレ (2;0) が愛媛への旅の後に，語尾に「が」をつけるようになり，母から「すみはれちゃん，オシッコない？」と問われて「ないが」と答えたと記している。語彙獲得において環境から与えられる言語経験は不可欠である。

　また，1歳から2歳の幼児は，養育者などが子どもに向けて発する育児語を，いわゆる成人語よりも早く獲得するという報告もある。育児語には，擬音語（ワンワン（犬）），擬態語（ポイ（投げる）），擬情語（ザワザワ（心配する思い）），音韻反復（パンパン（パン），ジジ（字））などの音韻の形態的特徴を持つ語がある。小林・奥村・服部 (2015) は，1歳児（1歳，1歳4ヶ月，1歳7ヶ月）を対象とした実験的研究を行い，1歳4ヶ月頃の幼児は育児語を選択的に学習することを示している。ある物体について，育児語に特徴的な音韻反復を持つ新造語（「ロンロン」「テンテン」）と成人語の特徴を持つ新造語（「タワ」「ヤミツ」）を同時に提示して，二つの「ラベル」をいかに学習するのかを調査した結果，1歳の幼児は，育児語も成人語も学習が成立しなかった一方で，1歳7ヶ月は両ラベルの学習が成立し，1歳4ヶ月の幼児は，育児語を選択して学習することを示したという。

　1歳中盤頃の時期は語彙急増期（vocabulary spurt）の始まりともいわれ，6歳頃までの期間に，語彙は一日平均10語程度が習得されるといわれている。短期間に膨大な語彙習得が達成されうるのは，ヒトには生まれながらにして，語彙獲得のための一定の制約が与えられているためであるとする仮説も提案されている。幼児はある種の制約を利用することで物体とそのラベル付けとの関係性について一定の可能性のみを限定し，効率よく推論を行うことができるというのである。このような制約は認知バイアスとして研究成果が多く報告されている（小林・佐々木 1998, Imai, Gentner and Uchida 1994, Markman 1989, 今井・針生 2003, Landau, Smith and Jones 1988)。実際，語彙獲得には，認知バイアスの他にも，外界からの入力のみによって達成されたとは考えにくい現象が多く見られる。

　語彙とそれが担う形態的・統語的特性がどのように獲得されるのかを考える上では，量的研究と質的研究の双方が不可欠である。多人数の幼児を対象に横断的に比較する心理実験的な研究に比して，縦断的に観察を重ねる質的研究は，数年という年月が費やされることからも研究対象としうる幼児の数

が限られ，また挿話的な側面があるとして光があてられにくい。しかし，少ない人数を対象とした丁寧な質的研究には示唆に富むものもある。たとえば，1歳7カ月の頃から目と耳が不自由になった人が，遠足で遭遇したある事故について述べた叙述について，Carol Chomsky (1986: 337) は以下のように記している。

> I saw one cab flattened down to about one foot high ... And my mechanics friend told me that the driver who got out of that cab that was squashed down by accident got out by a [narrow] escape.

これは，目と耳が不自由であるにもかかわらず，*see* という動詞が「正しく」（大人の文法と同様に）用いられうることを示す例である[1]。実際に視覚的に見ることのできない人も「見る」という語彙の意味やそれにかかわる文法知識を持っている。このような観察は，目と耳の不自由な人々が「見る」という動詞を正しく用いる数や，発話者の発話全体における「見る」の使用の割合を示さずとも，人に語彙を獲得するための生得的な力が備わっていることを示唆する。

見えないはずの人が *see* という動詞の意味を理解する「ふしぎ」は，実際，語彙の獲得のプロセスには多く観察される。単に親の発話を模倣して語彙を獲得するとは考えにくい現象がその一例である。本章ではCHILDESなどのコーパスと，先行研究に示された縦断的研究を基礎データとして，日本語を母語として獲得する幼児に特徴的な二つの問題について考察する。次節では形容詞の統語範疇の獲得途上に見られる「誤用」について，そして第3節では新造語を生成する能力の実在性とメカニズムについて論考する。

2. 形容詞の獲得

語彙の持つ統語的な特性に関する古典的な心理実験的研究の代表のひとつとして Carol Chomsky (1969) を挙げることができる。Chomsky (1969) では，

---

1 Landau and Gleitman (1985) ならびに Gleitman and Landau (2013) では，目の不自由な幼児も *look* や *see* の意味や，色彩語についての知識を持っている可能性があることを示唆している。

学童期の子どもでも、easy (tough) 構文を、eager 構文のように解釈する段階があると指摘している。その指摘の根拠となるのは (1) のような例文について、「目隠しされた人形が目的語（正）か主語（誤）」を人形に目隠しをさせて問う実験から得られた結果によるものである。(1a) については、実験対象者 (5歳から9歳) に「はい」・「いいえ」のいずれかで答えさせ、(1b) については実際に人形に働きかけをさせる。

(1) a. Is the doll easy to see or hard to see?
    b. Would you make her easy/hard to see?

この心理実験のポイントは、目隠しされた人形を用いるところにある。人形を見ることは（実験対象者にとって）たやすいかどうかを問い、子どもがそれに正答できるか否かを調べることにより、easy という形容詞のもつ意味と選択的特性とがいつ獲得されるのかを調査している。その結果、5歳の子どもでも、The doll is easy to see という構文を The doll is eager to see といった構文と同様に、目隠しされた人形にとって何かを見ることは簡単であるという誤った解釈を与えることがみとめられた。5歳をすぎないと easy (tough) 構文は習得されず、「人形は（目隠しされているがゆえに）何かを見ることが難しい」という誤った解釈をする場合があるという[2]。

　実際、名詞や動詞といった基本的な統語範疇に比して、形容詞は幼児にとって獲得の難しい統語範疇のようである。たとえば幼児英語においては、形容詞から動詞 (Are you silling? (あなたは馬鹿なことをしているの?))、あるいは動詞から形容詞 (The paper is soaky. (紙がびしょびしょだ)) といったように新造語が作られる (O'Grady 2005 (内田 2008 監訳))。日本語の形容詞の獲得についても、「ふしぎ」な現象は報告されている。(2) にそれぞれ例示するように、形容動詞「嫌いな」の否定形が形容詞のように活用したり、形容詞が名詞のように項の位置にあらわれたりする。

---

[2] その後、人形に目隠しをするという奇異ともいえる状況以外の手法で行われた実験でも easy 構文が年齢の低い子どもには困難であることが示されている (Cromer 1987, Wexler 2013 などを参照のこと)。

(2) a. *きらくない（きらいではない）(2;05)　　　（伊藤 1990: 202）
　　b. *小さい　こおてや（小さいのを買ってよ）(スミハレ 2;07)
　　　　　　　　　　　　　　　　（Murasugi, Nakatani and Fuji 2009）

　なぜ幼児は入力に在る語彙をただ単純に模倣することなく，かくも創造的に形容詞を「誤る」のであろうか。
　形容詞獲得の過程において，幼児が形容詞句と名詞句との間に助詞「の」を（大人の文法とは異なり）挿入するという記述的研究がある。横山（1990）は，形容詞を含む連体修飾節について日本語を母語とする幼児二名（K児とR児）を対象とした縦断的観察に基づき，幼児の発話にはまず，限られた数の「正用」があらわれ，次に「の」の「誤用」が見られ，その後，大人の文法に至ると記述している。横山（1990）の研究を紹介しよう。
　まず，一歳代に，二名の幼児は，形容詞による連体修飾について「正用」をする。その初出は，K児では1歳7ヶ月，R児では1才9ヶ月であった。

(3) a.　K1：おいしい　こーき（おいしいコーヒー）(1;07)
　　b.　R1：ちいしゃい　ブーブー（ちいさい自動車）(1;09)

　ところが，横山（1990）の分析によれば，K児では1歳8ヶ月，R児では2歳0ヶ月になると(4)に見るように最初に正用形を発した後，自発的にそれを言い換えて形容詞と被修飾語である名詞との間に助詞「の」を挿入する「誤用」の発話があらわれたという。

(4) a.　K1：おーきいさかな（大きい魚）
　　　　K2：おーきいのさかな (1;08)
　　b.　R1：まーるいうんち（丸いうんち）
　　　　R2：まーるいのうんち (2;00)

　このような言い換えは，K児では1歳9ヶ月，R児では2歳1ヶ月に消失し，助詞「の」を挿入した「誤用」の発話を単独で頻繁に発するようになっていった。こうした「誤用」は，K児では1歳8ヶ月に始まり観察終期の2

歳 11 ヶ月までに合計 36 例，R 児では 2 歳 0 ヶ月に始まり 2 歳 11 ヶ月までに合計 82 例観察され，これらの「誤用」の 80％以上は K 児の場合 2 歳 3 ヶ月以前に，R 児の場合 2 歳 4 ヶ月以前に観察された。その後，その出現数は顕著に減少し，K 児では 2 歳 4 ヶ月，R 児では 2 歳 10 ヶ月に「誤用」の発話を生産した後，それを本来の正しい形式の発話に言い換える自己修正の発話がみられるようになった。

(5)　R1：ぽっけ　まーるいのかおよ（ポッケ，丸い顔よ）
　　　R2：まーるいかおよ（丸い顔よ）(2:10)

K 児ではこのような自己修正の過程を経て 2 歳 9 ヶ月以降，「誤用」は観察されず，一方，R 児では 2 歳 11 ヶ月に至っても生産されていた。
　ここで興味深いのは，「誤用」が生じる「形容詞＋名詞」の種類が限定的であったという横山 (1990) の指摘である。例えば，K 児の「の」の誤用は修飾語を構成している形容詞が「赤い」「大きい」「黄色い」「暗い」「小さい」「でっかい」などの限られた形容詞についてのみあらわれており，この傾向は R 児についても同様であったというのである。
　特定の形容詞の後にのみ「の」が挿入されるとする観察事実は，Murasugi, Nakatani and Fuji (2009) の縦断的研究ならびにコーパス分析によっても報告されている[3]。Murasugi, Nakatani and Fuji (2009) は，2 歳頃の幼児について，色，大きさや形状といった特定の形容詞にのみ，この種の「の」の過剰生成が見られ，一方，「おいしい」「ばばちい（汚い）」「痛い」などの形容詞は叙述的に用いられ，「の」の過剰生成は見られないことを観察している。

(6)　a.　おいしい，これ。おいしい，これ。（ゆうた 1;10）
　　　b.　ここ ばばちい よね。（スミハレ 2;00）
　　　c.　お母ちゃん ぽんぽ（胃）いたい の？（スミハレ 2;00）
　　　　　　　　　　　　　　　（Murasugi, Nakatani and Fuji 2009）

3　例文 (6) – (8) とそれについての説明は，拙著『ことばとこころ』から一部を引用している。

この観察にもとづき，Murasugi, Nakatani and Fuji (2009) は，なぜこのような奇妙な一般化が見られるのかを問い，この段階は幼児が一部の「形容詞」を大人とは異なり名詞として捉えていると分析している。子どもは，色，大きさ，形状のような名詞的形容詞について，それらを名詞として捉え，属格の「の」を（正しく）挿入すると分析している。色，大きさ，形状のような名詞的形容詞が名詞として捉えられている段階があると考える根拠として，それらが指示的名詞として，項の位置に（時に格を伴って）あらわれるという事実がある。

(7) a. *黄色いと *赤いと（スミハレ 2;09）
　　 b. *小さいこおて（買って）や（スミハレ 2;07）
(8) 　*ちっちゃいがあって，*まあるいがあって…こんな *大きいが
　　　あって…（ゆうた 2;02）　　　　　（Murasugi, Nakatani and Fuji 2009）

(7a) の形容詞「黄色い」「赤い」はそれぞれ「黄色いクレヨン」「赤いクレヨン」，(7b) の「小さい」は「小さい犬」を指している。(8) では形容詞に直接主格「が」が付与され，主語として振る舞っている。(7b) は (2b) の再掲である。すなわち，(2b) にみた「ふしぎ」への可能な答えがここにある。2歳前後に一定の「形容詞」にのみ「の」が挿入される現象は，その時期，個人差はあると思われるが，幼児が，一定のタイプ（たとえば色，大きさ，形状など）に関係する意味を持つ形容詞について，それを統語範疇としては名詞として扱うため，結果的に同種の「（大人にとっての）形容詞」は一般の名詞句と同様に属格が付与されると考えられる。このように考えると横山 (1990) の記述は，形容詞という統語範疇の獲得の困難さによるものであると再分析され，属格「の」が過剰生成されているのではないと考えられる。

　色，大きさ，形状をあらわす形容詞は，他の情緒的，評価的な形容詞と異なり，具体名詞に通ずる特徴を持つという指摘がなされている（Berman 1988, Mintz and Gleitman 2002）。また de Villiers and de Villiers (1978) は，子どもは，色，大きさ，形状をあらわす形容詞を一つのグループとして捉えていると論ずる。さらに，形容詞は「流動的範疇」とされ，習得が難しいとす

る論もある（Gasser and Smith 1998, Berman 1988, Polinsky 2005, 他）。実際，日本語の形容詞は名詞と同様「です」の前にあらわれ，一方では動詞と同様に時制を伴い活用することから，形容詞としての統語的手がかりは，肯定情報において明確ではない[4]。

では，それ以外の属格の「の」があらわれない形容詞について，幼児はどのように捉えているのだろうか。Murasugi, Nakatani and Fuji（2009）は，名詞的形容詞の過去形が遅くあらわれるのに比して，それ以外の形容詞の過去形は現在形と同じように早くから産出にみられることを指摘している。表1は「ゆうた」の発話，表2は「スミハレ」の発話を示すものであるが，ここに示されるように，名詞的形容詞の過去形が遅くあらわれるのに対し，その他の形容詞の過去形は比較的早くあらわれる。

属格挿入のみられない形容詞について，Murasugi, Nakatani and Fuji（2009）はそれらを幼児は動詞的形容詞として扱っているとする考察を提示している。しかし，このとき，幼児は，名詞的形容詞以外の形容詞については，（遅くとも過去形があらわれた段階においては）それらが形容詞という統語範疇を担うことを知っている可能性もある。なぜなら，それらの形容詞には，大人の形容詞と同様の活用が見られ，そこに動詞的な活用の形式を認めることができないためである[5]。

---

[4]　日本語の言語獲得において特徴的であるともいえる「の」の過剰生成について，Murasugi, Nakatani and Fuji（2009）では，単一の現象に見える「『の』の過剰生成」が，上記の形容詞の範疇化の誤りのみに起因するのではなく，実は3つの独立した要因に基づくとする分析を提案している。いわゆる「の」の誤用は，（i）代名詞（1歳後半），（ii）属格（2歳前後），（iii）補文標識（2歳～4歳），の3つの段階を含み，これらの中で言語理論上「過剰生成」と言えるのは，（iii）の場合，すなわち連体修飾節構造のパラメーターの設定による補文標識の場合のみである。それ以外の「の」は，語の結合操作や形容詞の統語範疇の獲得の難しさに起因し，「の」そのものとしては大人のそれと齟齬がないことになる。

[5]　この可能性については，岸本秀樹氏（p.c.）により指摘されている。ここに記して感謝する。

表1　形容詞の現在形，過去形があらわれ始めた年齢（ゆうた）

名詞的形容詞(触覚，視覚に関するもの)			動詞的形容詞		
形容詞	現在形	過去形	形容詞	現在形	過去形
大きい	大きい (1;08)	大きかった (2;00)	痛い	痛い (1;11)	痛かった (1;11)
黒い	黒い (2;00)	黒かった (2;04)	おいしい	おいしい (1;10)	おいしかった (1;10)

表2　形容詞の現在形，過去形があらわれ始めた年齢（スミハレ）

名詞的形容詞(触覚，視覚に関するもの)			動詞的形容詞		
形容詞	現在形	過去形	形容詞	現在形	過去形
大きい	大きい (1;11)	大きかった (2;9)	痛い	痛い (1;08)	痛かった (2;00)
赤い	赤い (1;11)	赤かった (4;00)	重い	重い (1;08)	重かった (2;02)

（Murasugi, Nakatani and Fuji 2009）

　なお，横山（1990）による詳細な記録は，形容詞を含む連体修飾節の獲得が，いわゆる語彙獲得で指摘されるU字型の学習と呼ばれる過程を辿ることを示すと再解釈される。U字型学習とは，時間軸に沿って幼児の成功をあらわす曲線がU字に似ている学習パターンを示すものである。一定の項目について，まず限られた数の正用があらわれ，その後，過剰生成による「誤用」が増えるため正用が減り，その後に大人の文法に至るという過程は，英語の不規則動詞などに観察される。たとえば，*go* の屈折の過程は，まず，時制標識のない裸の形式（*go*）があらわれた後，U字型の過程がみとめられる。すなわち，過去をあらわす正用の *went* の形式があらわれ，その後過剰一般化された *goed* が産出され，一定の期間の後，徐々に *goed* の代わりに正用形である *went* があらわれるようになる。このようなパターンの有無については議論の余地のあるところではあるが，横山（1990）の観察研究は，U字型パターンが，連体修飾節という文レベルにおいても観察されることを明らかにしている。

3. 幼児の新造語
3.1 英語における新造語

　人はなぜわずかな経験をもとに，かくも多くのことを知りうるのか。「プラトンの問題」は文法獲得のみならず語彙獲得においても問われている。語彙は，外界からの入力を単純に記憶されるだけのものではない。親から直接教えられたとは考えにくい語彙を，幼児は自発的に創造する。この点について，詳細な記述を行った研究として，Clark (1982) を挙げることができる。

(9)　Noah:　(picking up a toy dog) This is Woodstock.
　　　　　　(He bobs the toy in Adam's face.)
　　　Adam:　Hey Woodstock, don't do that. (Noah persists.)
　　　　　　I'm going home so you won't Woodstock me.

　これは Woodstock の人形を顔の前で動かされることを嫌った幼児 (Adam) が，名詞である Woodstock を動詞として用いている発話例である。むろん，そのような動詞は大人の語彙には存在しない。Clark (1982) はこのような新造語を生産的に生み出す力は，言語獲得に重要な役割を果たしているとして，5歳ごろまでの英語，フランス語，ドイツ語を母語とする子どもの発話について詳述している。(10) はその例の一部である。

(10) a.　(チーズの重さを測ってほしいとして)
　　　　You have to scale it first. (2;04)
　　b.　(封筒を舐めて閉じる前に)
　　　　Je peux la boutonner? (Can I button (close, fasten) it?) (3;09)
　　c.　(はしごを用いて登る話をしていて)
　　　　leitren (to ladder) (1;11)

Clark (1982: 418) の記述によれば，子どもは，1歳代に始まり5歳をすぎても，道具，場所，動作などを対象とする名詞を，創造的に動詞として用いる。それらの新造動詞は，当該言語の既存の動詞と同じような形態的統語的特徴を示す。この現象が起こる理由について，Clark (1982) は，既に当該言

語に，名詞と動詞が同形であるモデル例（例えば，英語における *dress/dress*）が少なからず実在するためであるとする。また，新造動詞が作り出される動機づけとしては，当該の意味を示す既存の語彙を知らない段階にある子どもが，周囲とのコミュニケーションの必要性に促され，語彙的なギャップを埋めるべく新造語を生成するという可能性を指摘する。ここで興味深いのは，幼児であっても養育者から直接入力として与えられたとは考えにくい（既存の語彙には存在しない）語彙を，基となる語の意味特徴を反映させつつ異なる統語範疇へと自らの力で転換させることである。

人はなぜ，（質的にも量的にも）貧困で限られた言語経験しか得られないのに，かくも豊かな語彙生成能力を持つのだろうか。この問いは Chomsky (1986) などにおいてプラトンの問題（Plato's Problem）とされる問いと質を一にする。Clark (1982) の記述は，語彙についても，幼児は豊かな知識を生得的に賦与されており，その能力は英語のみならずフランス語やドイツ語といった他言語を獲得する幼児に共通することを示している。

では，英語を獲得する幼児にみられた新造語生成の能力は，どの言語を獲得する幼児においても，まったく同じような形式で観察されるのだろうか。実は，日本語を獲得する幼児の典型的な新造語は，英語のような名詞（たとえば「ほうき」）をゼロ派生した動詞や，活用させた「ほうきる」のようなものではないようである。ではそれはどのようなものか。それはなぜか。

3.2　日本語における新造語
3.2.1　ミメティックス

伊藤 (1990: 166) は，日本語を獲得する幼児の独特な表現として，物の名前や動作等を擬音語で表現することがあり，それは生活を共にしている者にしか分からない場合が多いと指摘している。(11) は伊藤 (1990: 167) の挙げる例から一部を抜粋した親子の会話である。

(11)　子 (2;0)：ふとん，ないない
　　　母：お布団 ないないしましょう
　　　子：ぱんぱんぱん（＝ふとんをたたく音で「ふとんを干す」といっている）

母：ぱんぱんは お天気よくないからできないの ほせないの パンパンって干すの？今日はお天気よくないでしょ だから おんもへも出せないの
子：ぱんぱんぱん

　伊藤 (1990: 163) の記述によれば (11) の擬音語「ぱんぱんぱん」は布団をたたく音がそのまま「布団を干す」という意味で使われており，それを承知している母親は「ぱんぱんできない」と返答している。語彙不足を補うために新造語をつくる仕組みは，日本語を獲得する幼児にも備わっている。
　時制が文に明示的にあらわれない1歳頃 (3.2.2節で詳述する (擬似) 主節不定詞現象の観察される時期) には，日本語のミメティックスは「-た」を伴いながら新造動詞としても観察される。(12) はTai, (13) はスミハレの発話例である。

(12)　タイヤ　ぶんぶんった (1;10)
(13) a.　ピーた (1;08)（ラジオがピーと言ったのを聞いて）
　　 b.　ブー マイマイた (1;10)（飛行機が何度もまわるのを見て）
　　 c.　赤ちゃん めめーった (1;10)（赤ちゃんが目が覚めた）

　野地の記述によれば，(13a) は「ピー」という擬音語が，(13b) は「マイマイ」という擬態語が，そして，(13c) は「目 (めめ)」が，それぞれ「ピーっとなっている」「ぐるぐるまわる」「目が覚めた」という意味で用いられている。日本語を母語とする幼児のミメティックスは自発的で，いわゆる親の発話を模倣したものではない場合が少なくない。また，(12) や (13) に示した類の新造語は，この後で述べる v の音声的具現化の始まる (「ミメティックス＋する」) 頃になるとあまり観察されなくなる[6]。すなわち，英語の場合に

6　幼児は，音と意味を自ら，擬声語・擬態語によって結びつける力を持つ。橋本知子氏 (p.c.) は，日本語を母語とする幼児（あっくん）の観察記録の中からミメティックスの獲得過程を精査し，親の使ったことのない「こんこんこん」というミメティックスを，当初「かなづち」について「こんこんこん，ない（かなづちがない）」というように用いはじめ，その後「こんこんこん　ちゅ（私はかなづちで打ちたい）」と動詞として用いるようになっ

は (9) – (10) に見たように既存の名詞を動詞としてゼロ派生させる傾向があるのに比して、幼児日本語の場合にはミメティックスを基に語彙が生成されるという個別言語の特性を認めることができる。語彙を作る力は生まれつき備わっている言語知識の一部であり、親に明示的に教えられた子どもが学習したとは考えにくい抽象的な性質を担う。同時に幼児の新造語の生成の仕方は個別言語の特性を反映するようである。次節では、日本語を母語とする幼児の動詞の発達とその過程を説明しうる仮説を概観しよう。

3.2.2　日本語における（擬似）主節不定詞現象

　裸動詞あるいは「した」を伴ってあらわれる日本語のミメティックスが主節不定詞 (Root Infinitives) の一種であると提言する研究がある。主節不定詞とは、1歳頃から2歳過ぎ頃までの幼児が、主節内で時制を伴わない動詞形式を「誤って」発話する現象である。言語獲得の早い段階において、主節内で時制を欠いた動詞を用いる「誤用」は、一般に、（擬似）主節不定詞現象と呼ばれている。ヨーロッパの多くの言語（フランス語、オランダ語、など）では不定詞が、英語では動詞の原形（屈折を伴わない裸の動詞）が、主節内にあらわれる。そして日本語においては、（擬似）不定詞に相当する「-た」形またはミメティックスであらわされる。

(14) a.　**Dormir**　petit　bébé.
　　　　sleep.INF　little　baby
　　　　' Little baby sleep. '　　　　　　　　　（Daniel, フランス語：1;11）
　　b.　Earst　kleine　boekje　**lezen**.
　　　　first　little　book　read.INF
　　　　' First (I/we) read little book. '　　　（Hein, オランダ語：2;0）
　　c.　Papa **have** it　　　　　　　　　　　（Eve, 英語：1;06）
　　d.　（扉を開けてほしくて）
　　　　あい**た**　　　　　　　　　　　　　（ゆうた, 日本語：1;06）

たという発達段階を報告している。

e.　（祖母に椅子を動かしてほしくて）
　　　　ブー　ブー　ブー　　　　　　　　　　　（ゆうた，日本語：1;06）
　　f.　（母に絵をかいてほしくて）
　　　　ビュー　ビュー　ビュー　　　　　　　　（ゆうた，日本語：1;08）

　言語獲得研究史の中では，空主語（pro）を許さない英語のような言語においては主節不定詞現象が存在するが，空主語を許すイタリア語のような言語には見られないとする説が発表され，当該の言語が空主語言語か否かが，主節不定詞の有無と強い相関関係を持つとする提案がなされたこともある（Guasti 1993/1994, 他）。空主語を許す日本語においても主節不定詞現象は存在しないとする仮説（Sano 1995, 他）が提案されたこともある。

　このような提案に対して，すべての言語獲得の初期段階には，たとえ当該の言語に不定詞そのものの形がなくとも，動詞が時制を欠く現象が見られ，当該の言語が空主語言語か否かが，その言語の主節不定詞の有無と直接的な相関関係を持つことはないとする提案がある（Murasugi 2009, Murasugi and Watanabe 2009, Murasugi and Fuji 2009, Murasugi, Nakatani and Fuji 2010, Sawada, Murasugi and Fuji 2010, Murasugi, Fuji and Hashimoto 2010, Murasugi and Fuji 2011, Sawada and Murasugi 2011, Murasugi and Nakatani 2011, Murasugi 2015 など）。このような提案によれば，言語獲得の早期の段階で観察される「主節不定詞現象」は，いわゆる不定詞形を持たない言語（たとえばギリシャ語や日本語）においても擬似主節不定詞現象として観察されるが，その特徴は言語間で共通している。主節不定詞は，たとえば要求や願望などをあらわすコンテクスト（modal context）においてあらわれることが多く（modal reference effects），出来事をあらわす（イヴェンティヴ）動詞が時制（あるいは一致）を欠いた形式で産出される（Hoekstra and Hyams 1999）。また，同時期に幼児の「文」には空主語が多くあらわれる。さらに，動詞の屈折形があらわれず，補文標識に関連する要素，助動詞や主格といった時制に関する機能要素もあらわれない。

　たとえば，日本語を母語とする幼児（ゆうた）の発話である（14d）について，観察者である中谷友美氏によれば，その意図は「（棚の扉を）あけてください・あけてほしい」という要求（modal reference effects）を示している。

すなわち，「-た」形が（擬似）主節不定詞（Root Infinitive（Analogues））としてあらわれる。同様に，(14e) に示す（裸の）ミメティックス「ブー ブー ブー」は椅子を動かしてほしいという意味で用いられ，(14f) に示す（裸の）ミメティックス「ビュー ビュー ビュー」は絵を描いてほしいという意味で用いられている[7]。

同様の特徴は，コーパス分析からも得られる。CHILDES に集められたデータには，定期的に観察された記録とそうでないもの，また発話状況が詳述され，幼児の意図がわかるものとそうでないものがある。定期的ではないが発話状況を詳述した大量の縦断的自然発話観察記録のひとつに，野地（1973–1977）によるスミハレ（男子，1948 年生まれ）の記録「野地コーパス」がある。野地が書籍として出版した縦断的観察研究は，その後 CHILDES に転記され，そこでは誤記されている部分も見受けられるが，書籍と照らし合わせながらデータを整理すると，(14d–f) にみたゆうたの例と同様の特徴を見出すことができる（Murasugi and Fuji 2009, Murasugi, Nakatani and Fuji 2010, Murasugi, Fuji and Hashimoto 2010 など）。

1 歳 6 ヶ月頃のスミハレのほぼすべての動詞は，出来事をあらわす（イヴェンティヴな）ものであり，「-た」形であらわれる。幼児の「-た」形は，過去をあらわすためにも用いられるが，(15) のように意志や要求（modal reference effects），あるいは (16) のように結果相や進行相をあらわす場合もあり，「-た」形は，時に語幹にミメティックス（チー）を伴いながら，さまざまな動詞の代用形として用いられているようである。

(15) a.　あっち いた (1;06)（あっちに行って / 行け）

---

[7] 日本語の「-た」形は，一見，不定詞とは考えにくい形式のように見えるかもしれないが，実は「-た」形は過去時制をあらわすばかりではない。大人の文法においては，「-た形」は，過去のみならず「（バナナを）買った！買った！」といった強い命令形としてもあらわれる。これは一般に大人の文法で不定形が強い命令形として使用される現象に通ずる。同様に，「背筋をシャン！」という裸のミメティックスは，命令形の意味をあらわす。日本語の主節不定詞現象の特徴は，大人の文法にも共通するものであり，習得可能性において問題がない。述部には時制などをあらわす形態を欠き，動詞は非現在形の「-た」形あるいはミメティックスであらわれると考えられる（Murasugi, Nakatani and Fuji 2010, Murasugi and Nakatani 2011 など）。

b.　チーした (1;07)（おしっこしたい）
(16) a.　ばばついた (1;06)（糸くずが（指に）ついている）
　　　b.　チーした (1;07)（(けいこちゃんが) おしっこしている）

このような「た」が，意志や要求，あるいは進行相などの相をあらわす例は，CHILDES に収められた Tai のコーパスにも観察される。

(17) a.　これ乗った (1;08)
　　　b.　工事した (1;08)

Tai のコーパスは，コンテクストに関する記述に乏しく，幼児の意図する意味が把握されづらい。しかし，Eguchi (2018) ならびに Fukumoto (2018) は，(17a) は，過去に乗っていないはずの車について，(17b) については，建築現場で人が働いていたことを確認する母の発話に対して答えていると推測され，そうであるならば，それぞれは「これ（に）乗りたい」「工事していた」という意図で発話されており，これらはいずれも主節不定詞の意味的特徴を示していると指摘している。

　このように 1 歳後半から 2 歳頃に発話される日本語の「-た」形やミメティックスは，フランス語，オランダ語の主節にあらわれる不定詞や英語の動詞の原形と，基本的に同様の特徴を持っている。このときの「-た」形は，語幹のみでは動詞として成り立たないがためにあらわれるいわゆる不定詞に相当し，ミメティックスは，英語の裸動詞に相当すると考えることができる。このときの幼児の発話には，時制の実在を明確にあらわすものは見られない。時制をあらわす動詞の活用形のみならず，形容詞でも，活用形は一つの形式（現在形あるいは過去形のいずれか）のみがあらわれる。また，擬似主節不定詞としての「-た」形の不定動詞と疑問詞（C 要素に関する項目）が共起することもなく，主語に「が」格もあらわれないなどの特徴も観察されている (Murasugi, Fuji and Hashimoto 2010, Murasugi, Nakatani and Fuji 2010 など)。

　このとき，幼児の仮定する構造について，Rizzi (1993/1994) は，大人の文構造が CP 構造を持っているのに対し，主節不定詞の段階にある幼児は，TP より下の投射で止まる（切り取ってしまう）構造を許すという切り取り仮

説（truncation hypothesis）を提案している。

(18)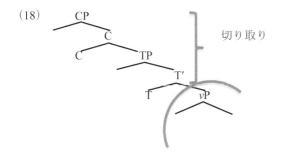

　この仮説は，主節不定詞現象の観察される時期に，疑問文（C要素に関する項目）や助動詞（T要素に関する項目）があらわれず，また空主語が多くあらわれる事実も統一的に説明することができる。日本語を母語とする幼児に関していえば，このとき少なくとも産出上は，vP内を分化して音声化することなく，動詞は主節不定詞の形式で現れていると考えることができる。

　なぜ主節不定詞現象が幼児の言語獲得の中間段階に存在するのかについては，切り取り仮説以外にも幾つかの可能性はあるが，少なくともこれらの記述から明確になることは，幼児が大人の入力とは異なる動詞を作る力を持ち，大人の文法では許されない動詞の形態（経験として入力されていない形式）をそれぞれの言語に特徴的な形式に作り上げる点である。Murasugi, Nakatani and Fuji (2010) は，幼児の主節不定詞の形式を見る限り，世界の言語は三つの類型に分類されると提案している。不定詞があらわれる場合（フランス語，オランダ語など），動詞の原形があらわれる場合（英語，スワヒリ語，日本語のミメティックスなど），代用形があらわれる場合（日本語の「-た」形，韓国語，トルコ語など）の三つである[8]。この類型は，幼児がわずか1歳の段階で当該の母語の形態的な特徴を知っていることを示唆する。時制の仕組みを顕在化する前に，幼児は母語の動詞の語幹がそれ自体で成り立つかどうかなどの形態的な特徴を知っていると考えることができる。

8　このような言語地図を決定づけている要因として，Murasugi, Nakatani and Fuji (2010) は，当該の大人の文法において，動詞の語幹がそれ自体独立した形態として成立しうるか否かに関わる「独立語幹パラメター」(stem parameter) に基づいていると分析する。すなわ

3.2.3　日本語における v(small v) の音声顕在化

　主節不定詞現象を示す時期には，日本語のミメティックスも，裸動詞として，あるいは Clark (1982) の観察する名詞的な要素から作られた新造動詞として観察される。しかし v の音声的具現化が始まる（「ミメティックス＋する」があらわれる）頃になるとそれらはあまり観察されなくなる。新造語として用いられたミメティックスは，主節不定詞現象が観察された後，「する」を伴ってあらわれるようになるのである。Murasugi and Hashimoto (2004) は，日本語を母語とする「あっくん」を対象とした縦断的観察研究の中で，2歳をすぎたあっくんの発話に「する」（チユ・チタ・チテ）を伴う動詞が頻繁にあらわれることを指摘している。

(19) a.　ママ，あっくん はい どーぞ ちゆ (2;05)
　　　　（あっくんが，これをママにあげる）
　　b.　あっくん ねじ くゆくゆちて このこ しゃべる (2;09)
　　　　（あっくんがネジを回すとこの子はしゃべるよ）

(19a) では「はい，どーぞ」に「ちゆ」が，(19b) では，「くゆくゆ」というミメティックスに「ちて」が後続する。これらは挨拶語や擬態語に「する」を後続させて動詞を作り上げたものであると考えられる。

　では，なぜこれらの新造語としてのミメティックス動詞は「する」を伴うのか。まず，日本語の大人の文法に関して，Murasugi and Hashimoto (2004)

ち，時制のない形式を，不定詞であらわせるヨーロッパ諸言語は不定詞で，原形がそのまま語として成り立つ言語は裸動詞で表わし，それ以外の言語は，動詞の語幹にデフォルトの形態を付けた代用形で表す。つまり，語幹がそれ自体では形態的に成り立たない言語（日本語，韓国語，トルコ語，ルーマニア語，アラビア語，ギリシャ語など）では，いわゆる「不定形」として，動詞の語幹に（当該の大人の文法での）デフォルトの形態を代用形として付ける形式を用いる。このような言語は，接辞に関わる接辞パラメターがマイナス（−）に指定されている（[−stem]）言語である。語幹それ自体が形態的に成り立つ言語（英語など）では接辞パラメターがプラス（＋）に指定される（[＋stem]）言語である。先に，語順に関する知識を幼児は1歳頃から表出することをみたが，ここで得た結論は，早期に設定される特徴には，語順以外に動詞の形態的特徴に関する知識もあるということである。語幹がそれ自体で成り立つ言語か，成り立たない言語かを決定する独立語幹パラメターもまた，早い段階で獲得され，わずか1歳という早期に設定されるパラメター値の一つである。

ならびに Murasugi (2012) では，他動詞と自動詞（非対格動詞）の動詞句の構造として，Larson (1988), Hale and Keyser (1993), Chomsky (1995) に従い，*v*P (small *v*P) と VP (large VP) の両方を持つ *v*P 殻仮説構造を仮定している。そして，膠着語特有の（個別に習得される）動詞の接尾辞は *v*P の主要部に相当し，たとえば，他動詞「渡す」と自動詞「渡る」の構造はそれぞれ (20a, b) である。(20a) では *v* [+cause] は "-s"，(20b) では *v* [-cause] は "-r" として具現化される。

(20)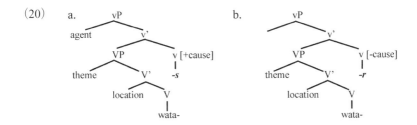

英語では，*sink* や *pass* のように自他同形として，*v* が音声的に発音されない場合が多いが，日本語においても英語のように *v* が音声的に発音されない動詞も存在する。「閉じる」や「笑う」などの例をみてみよう。

(21) a. 本が閉じる / 本を閉じる
    b. ピエロが笑う / 膝が笑う / 過去の自分を笑う

(21) に例示した経験的事実は，*v* の音声的な具現化の有無が，いわゆる「言語」という区分によって決められているわけではないことを示している。ただし，言語を特徴づける傾向として，英語では *v* が音声的に具現化されない場合が多く，日本語では (20) に示したように音声的に具現化することが多い[9]。

---

[9] ミメティックス動詞の「する」（例えば「ガンガンする」）もまた，Murasugi (2016, 2017) によれば，*v* の音声的具現化の一つの例と考えられており，他の副詞，形容詞などの統語範疇と同様に，ミメティックスはそれ自体の範疇は未指定であるが，分散形態的に主要部によって選択されて範疇が決定すると提案している。

この大人の文法の分析に基づき，Murasugi and Hashimoto (2004) は，幼児の初期の「チユ・チタ・チテ」（する・した・して）は特定のイベントを示す動作，あるいはまた状態の変化を意味する役割を果たしているとする記述に基づく一般化から，「チユ・チタ・チテ」が，v をその主要部とする vP 殻構造の中で，v の音声的な具現化であると分析している。このとき幼児は (22) のような v-VP 構造をもつ。(19) における「はい　どーぞ」や擬態語の統語範疇については，Murasugi and Hashimoto (2004) では未だ決定されていないと考えているが，少なくともそれらは v の補部にあると提案している[10]。

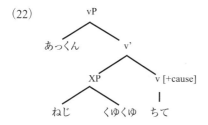

(22) の分析が正しいとすれば，small v が「チユ・チタ・チテ」として音声的に具現化される動詞句がわずか 2 歳児の発話にみられるという経験的な事実は，遅くともこの段階において幼児がすでに v-VP 構造を知っているこ

(i) a. 扉をガンガンする
　　b. 頭がガンガンする

その分析によれば，大人のミメティックス動詞にあらわれる「する」は，v の [+cause] ならびに [−cause] の音声的顕在化であり，その萌芽はすでに (19) にみたように 2 歳頃の幼児の自発的に作り上げる新造語にみられると考えることができる。

10　更に，Murasugi (2017) は，影山 (2002) や Tsujimura (2005) を発展させ，この構造は，大人のミメティックスに「する」が伴われた動詞（例えば「ガラガラする」）の構造と等質のものであると述べている。Murasugi (2017) によれば，幼児の仮定する (22) のような構造の中で XP とされた v の補部については，発達段階を経て統語的なラベル付けがなされるようになるが，vP 殻の統語構造の骨格については，新造語を作る 2 歳の段階ですでに獲得されており，したがって幼児は初期に設定した統語構造について学習しなおす必要がない。「する」が v の音声的具現化である点においては，幼児の文法においても大人の文法においても同質であり，言語習得可能性について問題を孕むことがないと提言している。

とを示している。このとき，統語構造を獲得するためのブートストラップとなりうるのは，語彙を新しく作りあげる力であるといえるだろう。

　vP殻仮説分析を支持する更なる経験的事実には，2歳頃の幼児がミメティックス動詞を創造的に用いた後，いわゆる大人の語彙を獲得するまでの中間段階として，創造的に，自動詞とすべきものを他動詞に，あるいはその逆に産出する例があることが挙げられる。実際このような例は多くの言語獲得研究者に観察されている事実である。

(23) a.　とまって（とめちゃ）だめ (2;06)
　　 b.　あついからさめるんだ（さますんだ）(3;0)　　　（伊藤 1990: 69）

こういった「誤用」の産出される理由として，Murasugi and Hashimoto (2004) は上記のvP殻仮説分析にもとづき，(i) [±cause] の素性を持つ機能範疇のv自体は，言語獲得早期に獲得されるが，(ii) 幼児がvの（大人と同じ形態での）音声的具現化を習得するのに年月がかかるため[11]，(iii) 幼児には自動詞を他動詞として，あるいはその逆に（頻度は低いが）他動詞を自動詞として用いる段階がある。つまり，幼児はvの位置には，音声を表示せず，語幹となるV (large V) にはそのとき知っている動詞（他動詞または自動詞）を入れるために，結果的に自動詞と他動詞が同形となると分析する。

　この分析は，言語によって新造語が異なる特徴を示すことも説明しうる。英語を母語とする幼児はClark (1982) の示すような名詞からゼロ派生した動詞を新造語として多用する。一方，日本語を母語とする幼児は，（擬似）主節不定詞期には，名詞からゼロ派生した動詞あるいは「た」を伴った新造語を作り，2歳を過ぎたころからはミメティックスに「する」を後置させて新造語を生成する。この新造語の形式の相違は，大人の文法において，典型的に，英語ではvは空であらわれる一方で，日本語ではvが音声的に顕在化することと，因を一にすると思われる。

11　岩淵・村石 (1976: 6) は，4歳児でも「ねえーここあいといて，あけといてー」(I児, 4;0) として「あく」の活用形に混同が見られると報告している。

以上の議論の上に立てば，新造語を作り上げる生得的能力をひきだすためには，Clark (1982) の述べるように，幼児の置かれた言語環境内にモデルとなるサンプルが必要となる。すなわち，幼児の得うる入力に，英語では名詞からゼロ派生した動詞，日本語では「する」を伴ったミメティックス動詞などのモデルが存在することが必須であることになる。それらのモデルとなるサンプルの頻度が，当該言語を獲得する幼児の作り上げる新造語の特徴に影響を与えることを予測する。それは，更に幼児に与えられる言語入力の分布から当該の項目の生産性を見いだす言語習得モデル ("Tolerance Principle") (Yang 2015, 2016) によって説明が与えられる可能性を示唆するだろう。

4. まとめにかえて

本章では，語彙獲得の過程と特徴について，周囲から与えられた言語経験を模倣して生じたとは考えにくい「幼児の誤用」について考察した。主にCHILDESと先行研究で報告された縦断的観察記録に基づき，新しい語彙を作り上げる力は普遍的であるが，個別言語の形態的統語的特徴もまた，わずか1歳から2歳という幼児言語にあらわれることを指摘した。第2節では，形容詞の獲得には時間が費やされる可能性について「の」の過剰生成を例にとり，色，形，大きさなどをあらわす形容詞は，名詞範疇として分析される段階があり，そのとき，属格が(大人の文法と同様に「正しく」)挿入されるとする分析について論じた。第3節では幼児の新造語に関する対照分析を行い，特に動詞の発達過程に関して主節不定詞現象と v-VP 構造に焦点をあてた分析を提示した。これらの「誤用」は日本語の膠着性に起因する。形容詞が時制を持ち，また語幹が独立できないがゆえに代理不定詞(「た」を伴った動詞)が擬似主節不定詞としてあらわれ，その後，ミメティックスが small v「する」を伴って新造語としてあらわれると考えることができる。

ここに提示した研究は，主に縦断的観察研究に基づいた理論的分析である。なぜ幼児は，独自の(時に母語では誤った)語彙を作るのか。なぜ，幼児は言語環境で経験的に学んだとは考えにくい「誤用」や「新造語」を自発的に生成するのか。その問いが「なぜ人は与えられる刺激が質的にも量的にも限られているのに，こんなにも多くのことを知っているのか」を問う「プラトンの問題」への答えを導き出すものであるとすれば，語彙獲得研究もま

た自然科学分野の一部であると考えることができるだろう。語彙研究においても，まず事実を観察し，それは「なぜか」を基礎として仮説を立て，実験研究を組み立てる自然科学的手法が求められている。本章がその語彙獲得の過程にある「ふしぎ」を見出すきっかけのひとつになれば幸いである。

付記：本章は，拙著『ことばとこころ』（2014，みみずく舎（発行），テコム出版事業部（販売））の第2章で示した議論を，語彙獲得の視点から捉えなおしており，その表現や例文を一部用いている。本章を執筆するにあたり，岸本秀樹氏と川村知子氏から貴重な示唆を得た。また，斎藤衛氏，橋本知子氏，中谷友美氏，冨士千里氏，澤田尚子氏をはじめとした南山大学言語学研究センターに係る多くの研究者との議論が，本研究の礎をなしている。本研究は，JSPS科学研究費助成事業（17K02752）ならびに2017年度・2018年度パッヘ研究奨励金I-Aによる成果を含んでいる。ここに記して深く感謝する。

参照文献

Berman, Ruth (1988) Word class distinctions in developing grammar. In: Yonata Levy, Izchak M. Schlesinger, and Martin D. S. Braine (eds.) *Categories and processes in language acquisition*, 45–72. Hillsdale: Lawrence Erlbaum Associates.

Chomsky, Carol (1969) *The acquisition of syntax in children from 5 to 10*. Cambridge, MA: MIT Press.

Chomsky, Carol (1986) Analytic study of the tadoma method: Language abilities of three deaf-blind subjects. *Journal of Speech and Hearing Research* 29(3): 332–347.

Chomsky, Noam (1986) *Knowledge of language*. Cambridge, MA: MIT Press.

Chomsky, Noam (1995) *The Minimalist program*. Cambridge, MA: MIT Press.

Clark, Eve V. (1982) The young word maker: A case study of innovation in the child's lexicon. In: E. Wanner and L. R. Gleitman (eds.) *Language acquisition: The state of the art,* 390–425. Cambridge: Cambridge University Press.

Cromer, Richard F. (1987) Language growth with experience without feedback. *Journal of Psycholinguistic Research* 16: 223–231.

de Villiers, Jill G. and Peter A. de Villiers (1978) *Language acquisition*. Cambridge, MA: Harvard University Press.

Eguchi, Miyu (2018) The relationship between verb conjugation and nominative Case marker at the stage of root infinitives in child Japanese. Ms. Nanzan University.

Fukumoto, Natsumi (2018) A study on verbs and root infinitives produced by Japanese-speaking children. Ms. Nanzan University.

Gasser, Michael and Linda B. Smith (1998) Learning noun and adjective meanings: A connectionist account. *Language and Cognitive Processes Special Issue: Language Acquisition and Connectionism* 13: 269–306.

Gleitman, Lila and Barbara Landau (2013) Every child an isolate: Nature's experiments in language learning. In: Massimo Piattelli-Palmarini and Robert C. Berwick (eds.) *Rich languages from poor input,* 91–104. Oxford: OUP.

Guasti, Maria Teresa (1993/1994) Verb syntax in Italian child grammar: Finite and non-finite forms. *Language Acquisition* 3(1): 1–40.

Hale, Ken and Samuel Jay Keyser (1993) On argument structure and the lexical expression of syntactic relations. In: Ken Hale and Samuel Jay Keyser (eds.) *The view from building 20: Essays in linguistics in honor of Sylvain Bromberger,* 53–109. Cambridge, MA: MIT Press.

Hoekstra, Teun and Nina Hyams (1999) The eventivity constraint and modal reference effect in root infinitives. *Proceedings of BUCLD* 23: 240–252. Somerville MA: Cascadilla Press.

Imai, Mutsumi, Dedre Gentner and Nobuko Uchida (1994) Children's theory of word meanings: The role of shape similarity in early acquisition. *Cognitive Development* 9 (1): 45–75.

今井むつみ・針生悦子 (2003)「レキシコンの獲得における制約の役割とその性質」『人工知能学会誌』18(1): 31–40.

伊藤克敏 (1990)『こどものことば:習得と創造』東京:勁草書房.

岩淵悦太郎・村石昭三(編)(1976)『幼児の用語・用例集』東京:日本放送出版協会.

影山太郎 (2002)「概念構造の拡充パターンと有界性」『日本語文法』2(2): 29–45.

小林春美・佐々木正人 (1998)『子どもたちの言語獲得』東京:大修館書店.

小林哲生・奥村優子・服部正嗣 (2015)「幼児における育児語と成人語の学習しやすさの違いを探る」『NTT技術ジャーナル』27(9): 26–29.

Landau, Barbara and Lila R. Gleitman (1985) *Language and experience: Evidence from the blind child.* Cambridge, MA: Harvard University Press.

Landau, Barbara, Linda B. Smith and Susan S. Jones (1988) The importance of shape in early lexical learning. *Cognitive Development* 3(3): 299–321.

Larson, Richard (1988) On the double object construction. *Linguistic Inquiry* 19: 335–391.

Markman, Ellen M. (1989) *Categorization and naming in children: Problems of induction.* Cambridge, MA: MIT Press, Bradford Books.

Mintz, Toben H. and Lila R. Gleitman (2002) Adjectives really do modify nouns: The incremental and restricted nature of early adjective acquisition. *Cognition* 84, 267–293.

Murasugi, Keiko (2009) What Japanese-speaking children's errors tell us about syntax. Paper presented at the Asian GLOW VII, English and Foreign Languages University, Hyderabad, India, February 28.

Murasugi, Keiko (2012) Children's 'erroneous' intransitives, transitives, and causatives and the implications for syntactic theory. Paper presented at NINJAL International Symposium: Valency Classes and Alternations in Japanese. NINJAL, August 4.

村杉恵子 (2014)『ことばとこころ：入門心理言語学』みみずく舎 (発行)，東京：テコム出版事業部 (販売).
Murasugi, Keiko (2015) Root infinitive analogues in child Japanese. *Handbook of Japanese psycholinguistics*. Berlin: De Gruyter Mouton, 117–147.
Murasugi, Keiko (2016) Mimetics as the argument sprouts in child Japanese. Paper presented at the Symposium *Mimetics in Japanese and other languages in the world*. December 17, 2016. Tokyo: National Institute for Japanese Language and Linguistics.
Murasugi, Keiko (2017) Mimetics as Japanese root infinitive analogues. Noriko Iwasaki, Peter Sells, and Kimi Akita (eds.) *The grammar of Japanese mimetics: Perspectives from structure, acquisition, and translation*, 131–147. London: Routledge.
Murasugi, Keiko and Chisato Fuji (2009) Root infinitives in Japanese and the late acquisition of head-movement. *BUCLD 33 Proceedings Supplement*. Somerville MA: Cascadilla Press.
Murasugi, Keiko and Chisato Fuji (2011) Root infinitives: The parallel routes the Japanese- and Korean speaking children step in. *Proceedings of the 18th Japanese/Korean Linguistics Conference*, 3–15.
Murasugi, Keiko, Chisato Fuji and Tomoko Hashimoto (2010) What's acquired later in an agglutinative language. *Nanzan Linguistics* 6: 47–78.
Murasugi, Keiko and Tomoko Hashimoto (2004) Three pieces of acquisition evidence for the *v*-VP Frame. *Nanzan Linguistics* 1: 1–19.
Murasugi, Keiko and Tomomi Nakatani (2011) Three types of 'Root Infinitives': Theoretical implications from child Japanese. Paper presented at 20th Japanese/Korean Linguistics Conference. Oxford University, October 1.
Murasugi, Keiko, Tomomi Nakatani and Chisato Fuji (2009) A trihedral approach to the overgeneration of NO in the acquisition of Japanese noun phrase. Paper presented at the 19th Japanese/Korean Linguistics Conference, University of Hawaii, November 12–14.
Murasugi, Keiko, Tomomi Nakatani and Chisato Fuji (2010) The roots of the root infinitives. *BUCLD 34 Proceedings Supplement*. Somerville MA: Cascadilla Press.
Murasugi, Keiko and Eriko Watanabe (2009) Case errors in child Japanese and the implications. *Proceedings of the 3rd GALANA*, 143–164. Somerville MA: Cascadilla Press.
野地潤家 (1973–1977)『幼児言語の生活の実態 I～IV』広島：文化評論出版.
大久保愛 (1975)『幼児のことばと知恵』東京：あゆみ出版.
O'Grady, William (2005) *How children learn language*. Cambridge: Cambridge University Press.（内田聖二（監訳）(2008)『子供とことばの出会い：言語獲得入門』東京：研究社.）
Polinsky, Maria (2005) Word class distinctions in an incomplete grammar. In: Dorit D. Ravid and Hava Bat-Zeev Shyldkrodt (eds.) *Perspectives on language and language*

development, 419–436. Dordrecht: Kluwer.
Rizzi, Luigi (1993/1994) Some notes on linguistic theory and language development: The case of root infinitives. *Language Acquisition* 3: 371–393.
Sano, Tetsuya (1995) *Roots in language acquisition: A comparative study of Japanese and European languages*. Doctoral dissertation, UCLA.
Sawada, Naoko and Keiko Murasugi (2011) A cross-linguistic approach to the 'erroneous' genitive subjects: Underspecification of tense in child grammar revisited. *Selected Proceedings of the 4th GALANA*, 209–226. Somerville MA: Cascadilla Press.
Sawada, Naoko, Keiko Murasugi and Chisato Fuji (2010) A theoretical account for the 'erroneous' genitive subjects in child Japanese and the specification of tense. *BUCLD 34 Proceedings supplement*. Somerville, MA: Cascadilla Press.
Tsujimura, Natsuko (2005) A constructional approach to mimetic verbs. In: Mirjam Fried and Hans Boas (eds.) *Grammatical construction,* 137–154. Amsterdam: John Benjamin.
Wexler, Kenneth (2013) Tough-movement developmental delay: Another effect of phrasal computation. In: Massimo Piattelli-Palmarini and Robert C. Berwick (eds.) *Rich languages from poor input*, 148–167. Oxford: Oxford University press.
Yang, Charles (2015) For and against frequencies. *Journal of Child Language* 42: 287–293.
Yang, Charles (2016) *The price of productivity.* Cambridge, MA: MIT press.
横山正幸 (1990)「幼児の連体修飾発話における助詞『ノ』の誤用」『発達心理学研究』1: 2–9.

第 9 章

ラ行五段化の多様性

佐々木冠

要旨

　日本語方言におけるラ行五段化は母音語幹動詞がさまざまな活用形で /r/ で語幹が終わる子音語幹動詞と類似した語末形式をとる現象である。この現象を語幹の変化とする分析が提案されているが，実際には多様であり，語幹の変化と接尾辞の変化が含まれる。接尾辞の変化で生じるラ行五段化において語幹の形式を決める上で類推が一定の役割を果たす場合がある。

キーワード：ラ行五段化，脱ラ行五段化，語幹，接尾辞，類推

1. はじめに

　日本語方言における動詞のラ行五段化は，母音語幹動詞（典型的には一段活用動詞，二段活用動詞と変格活用動詞を含む場合も）がさまざまな活用形で /r/ で語幹が終わる子音語幹動詞（ラ行五段活用動詞）と類似した語末形式をとることを指す。具体的には，方言において「見る」の否定形が miraN，使役形が miraseru，意志形が miroo，命令形が mire，過去形が mitta のようなかたちをとる現象である。これらの語形は，ラ行五段活用動詞「とる」の否定形 toraN，使役形 toraseru，意志形 toroo，命令形 tore，過去形 totta と語末形式が類似している。ラ行五段化はこの類似に着目した名称である。

　ラ行五段化形式はすべて複数の形態素に分割可能な語形である。上に挙げた例は全て，語幹と一つまたは複数の接尾辞に分割できる。ラ行五段化は語幹の変化なのか接尾辞の変化なのかという問題に関して先行研究ではコンセンサスが得られていない。

本章では，さまざまなラ行五段化形式の分析を通して，ラ行五段化の中に語幹の変化と見なすべきものと接尾辞の変化と見なすべきものがあることを明らかにしたい。また，接尾辞の変化は，語彙項目としての接尾辞の変化と見なすべきものと連結子音に関する形態音韻論的プロセスの変化と見なすべきものに分類できる。ラ行五段化を生じさせる形態音韻論的プロセスを /r/ 挿入と考える点で本章は de Chene（2016）と同じだが，使役形，命令形，否定形については de Chene（2016）と異なる分析を提案する。

　なお，本章では「ラ行五段活用動詞」という用語を語幹末子音が /r/ の子音語幹動詞を指すものとして用いる。また，語根（root），語幹（stem），単語（word）といった形態論上の用語については，Nida（1946）や Aronoff and Fudeman（2005）の定義を採用する。すなわち，語根とはそれ以上分解できない形態素であり，語幹とは単語から接辞を取り去った要素であり，単語とは独立して用いることができる単位である。この定義は同一の音形を持った要素が三つのカテゴリーのいずれにも対応することを妨げない。英単語 agree は，独立して用いることができる点で単語であり，それ以上分解できない点で語根であり，disagree において接頭辞 dis- のホストとなる点で語幹としても機能する。本章で単に「語幹」と呼ぶときは語根と同形の語幹を指すものとする。語根に /a/ や /i/ といった母音が付いた形式が接尾辞のホストになる際には「未然形語幹」「連用形語幹」と呼ぶことにする。

2. ラ行五段化

　標準語のラ行五段活用動詞と一段活用動詞は，形態素境界こそ異なるものの，表 1 に示すように語末形式が同じになることがある。

表1　五段活用動詞と一段活用動詞の語末が同形になる語形

	五段活用動詞（切る kir-)	一段活用動詞（着る ki-）
非過去形	kiru	kiru
条件形	kireba	kireba
受動形	kirare	kirare

　一方，表 2 に示すようにラ行五段活用動詞と一段活用動詞で語末形式が異なる場合もある。方言においてこのような語形でラ行五段活用と一段活用

動詞が同じ語末形式になる場合，ラ行五段化形式と呼ばれる。方言によっては，二段活用動詞や変格活用動詞がラ行五段化形式をとる場合もある。なお，表2に示すラ行五段化形式は説明の便宜上示した架空のものであり，特定の方言の形式ではない。そこに示したラ行五段化形式が全て一つの方言に現れることは，まれである。

表2　ラ行五段化

	五段活用動詞 （切る kir-)	一段活用動詞 （着る ki-)	五段化形式 （着る）
否定形（西日本）	kiraN	kiN	kiraN
使役形	kirase	kisase	kirase
過去形	kitta	kita	kitta (← kirta)
命令形	kire	kiro, kijo	kire
意志形	kiroo	kijoo	kiroo

　ラ行五段化現象の存在は20世紀前半から方言研究の文献で取り上げられてきた。東条（1943）はラ行五段化（東条の用語では「良行四段化」）を活用型の統合とする分析の可能性を示唆している。しかし，分布や成立過程などが本格的に研究されるようになったのは，『方言文法全国地図』（全6集，1989–2006）のデータが集まってからである。大西（1995）および小林（1995）は，『方言文法全国地図』に見られる活用型（あるいは類）の統合のあり方を論じる中で，ラ行五段化の分布と成立過程について分析している。

　ラ行五段化現象の分布は以下の通りである。否定形のラ行五段化は西日本各地に分布し，過去形のラ行五段化は九州地方の一部に分布する。意志形と命令形におけるラ行五段化は西日本と東北地方の日本海側に集中的に分布する。使役形のラ行五段化は日本全国で見られる現象である。

　こうした分布から，小林（1995）は，周辺部が新しく中心部が古い状態を反映している逆周圏論的解釈が可能であるとしている。そして，その理由として，東海地方など周辺部とは言いがたい地域にも見られること，どの活用形でラ行五段化が見られるかという点で東西が対応しないこと，九州・山陰などで若年層でラ行五段化形式が広まりつつあること，文献国語史上ラ行五段化形式の形跡が見当たらないことの4点を挙げている。

ラ行五段化は活用型という語形全体の形式上の変化として記述されることが多かったが，近年，動詞を構成するどの部分で変化が生じているかが議論の対象になっており，語幹の変化と見なす分析と接尾辞の変化と見なす分析（以下，それぞれ語幹変化分析，接尾辞変化分析と呼ぶ）が併存している。次節では，動詞の形態的構成に着目したラ行五段化に関する2つの分析を紹介する。

3. 語幹変化分析と接尾辞変化分析

この節では小西（2014）と de Chene（2016）を取り上げ，ラ行五段化に関する語幹変化分析と接尾辞変化分析を紹介する。

小西（2014）は方言の活用体系に関する報告書の冒頭部分に配置された概説であり，この中で語幹変化分析を提案している。小西（2014）の分析は，ラ行五段化が生じていない体系（例えば標準語）に関しても学校文法とも構造主義以降の言語学でよく見られるものとも異なる独自なものなので，標準語の子音語幹動詞と母音語幹動詞を小西（2014）がどのように分析しているのかを紹介した上で，ラ行五段化に関する分析を紹介することにする[1]。

標準語の動詞の語幹に関して小西（2014）は，子音語幹動詞「書く」は kak- という1種類の語幹があるだけだが，母音語幹動詞「見る」には {mi-, mir-}[2] という2種類の語幹があると分析する。このような前提のもと，ラ行五段化形式である否定形 miraN，使役形 miraseru，意志形 miroo，命令形 mire，過去形 mitta は，語幹 {mir-} を含む形式として分析される。一段活用

---

[1] ここで小西（2014）を取り上げるのは，議論のたたき台とするためである。この論文は一貫した語幹変化分析である点が特徴的である。ラ行五段化を語幹の変化と見なす見方は，根強い。例えば，松田（2017: 146）は大分県由布市庄内町方言の「寝る」のさまざまな語形を ne-ru（非過去形），ne-rjaR（仮定形），ne-raruru（受身形・可能形），ne-ruru（可能形），ne-re（命令形），ne-roR（意志形），ne-raN（否定形），ne-rasuru（使役形）と形態素境界を示した上で，「共通語よりも r 語幹化が進んでいる」と述べている。なお，小西（2017）では部分的に接尾辞の変化としてのラ行五段化を認めている。

[2] 意志形（見よう）や使役形（見させ）で，mij-, mis- を設定することについては理論的に可能（小西 2014: 17）としているが，報告書の巻末にある「要地方言の活用対照表」では標準語の意志形と使役形はそれぞれ mi-joR, mi-saseru となっており，II 型語幹 {mi} が用いられている。

動詞のラ行五段化を小西 (2014: 17) は「b 類において，{…CVr} 系列の母音 V が一つに収束，その出現環境が a 類と一致する」現象と捉えることができると主張する。a 類は子音語幹動詞（とラ変動詞とナ変動詞）に対応し，b 類は母音語幹動詞（二段活用動詞と一段活用動詞）に対応する。母音が一つに収束するという点はラ行五段化が二段活用動詞の一段活用化を前提とする傾向に対応する。ここで重要なのは後半部分「出現環境が a 類と一致する」である。言わんとするところは，ラ行五段化形式 mire「見ろ」の形態的構成が tore「とれ」と同じになるということである (mir-e, tor-e)。

　ラ行五段化が動詞の全ての語形に波及することはまれで，ある方言において否定形や命令形でラ行五段化が生じても，過去形ではラ行五段化が生じない場合が多い。このような場合，小西 (2014) では，前者に /r/ で終わる語幹を想定し (mir-e (見ろ), mir-aN (見ない))，後者に母音語幹を想定する (mi-ta (見た))。

　これに対し，接尾辞変化分析では過去形（およびテ形）以外のほとんどのラ行五段化を接尾辞の変化と捉える。de Chene (2016) はラ行五段化を不規則な接尾辞の異形態の縮小と捉える分析を提案している。この分析では，非過去接尾辞 {-u, -ru} や条件接尾辞 {-eba, -reba} などに関して母音始まりの形式を基底形とし，接尾辞の異形態の先頭に現れる /r/ を音韻プロセスにより挿入される要素とする。接尾辞の先頭の子音の有無については，削除分析と挿入分析がある。削除分析は，接尾辞の先頭の子音が基底にあり母音始まりの異形態はその削除の結果であるとする分析であり，McCawley (1968) などがこの立場をとっている。挿入分析は，de Chene (2016) のほか，Mester and Ito (1989) にも見られる。

　/r/ 挿入は，接尾辞の先頭で子音とゼロが交替する異形態において多数派のプロセスであり，使役接尾辞の異形態 -sase が -rase に置き換わる現象と意志接尾辞の異形態 -joo が -roo に置き換わる現象は，母音語幹動詞に後接する際に接尾辞の先頭に現れる子音が /s/, /j/ から /r/ になる変化と分析される。また，ラ行五段化が起きていない方言の否定接尾辞は接尾辞の先頭で /a/ とゼロが交替するものされ，ラ行五段化は非過去接尾辞と同様接尾辞の先頭で r~Ø の交替が生じるようになった変化と分析される。そして，命令接尾辞のラ行五段化 (mi-ro または mi-jo > mi-re) は異形態がリストアップさ

れる基底表示 {-e, -ro（または -jo）} から単一の基底表示 /-e/ への変化と分析される。母音語幹動詞に後接する際に現れる子音を連結子音（清瀬 1971）と呼ぶならば，de Chene (2016) は，ほとんどのラ行五段化を連結子音が /r/ に収斂する現象と見なしていることになる。ただし，過去形のラ行五段化が生じた方言では，母音語幹から /r/ 終わりの子音語幹への変化が生じたものと分析している (de Chene 2016: 57)。また，この分析では，類推がラ行五段化において積極的な役割を果たすものとは考えられていない。

　二つの分析にはそれぞれ疑問を抱かざるを得ない点がある。語幹変化分析では，ラ行五段化が生じている方言のほとんどで「見る」などに関して {mi-, mir-} という二つの語幹を設定することになる。一つの動詞で複数の語幹を設定することはあり得ないことではない。標準語においても「行く」の活用形を説明するためには {ik-, iQ-} の二つの語幹を想定せざるを得ない。そうしないと，過去形などで「聞く」と同様イ音便が生じることが間違って予測されるからである。しかし，複数の語幹を一つの動詞に設定することは日本語の形態論において例外的であり，方言の中で広範に波及することがあり得るか疑問である。接尾辞変化分析にはこのような問題はないものの，接尾辞の異形態の縮小という説明だけでは説明が困難な現象がある。否定接尾辞が -na または -ne である方言に否定形のラ行五段化が生じないこと，そしてラ行五段化した命令形の語幹の形式である。

　以下の節では，個々のラ行五段化現象についてどのような分析が適切か検証することにする。

4. 語幹の変化

　ラ行五段化の中には語幹の変化として分析せざるを得ないものがある。その中には標準語の「蹴る」の変化も含まれる。

　古典語の下一段活用動詞「蹴る」は ke- を語幹とする母音語幹動詞であり，語幹 ke- が使役接尾辞や「けり」などのホストとして機能していた（鞠蹴させ給ける所に，入鹿も参て蹴けり『今昔物語』（国立国語研究所 2018））。これに対して現代日本語の「蹴る」は子音語幹動詞となっている。表 3 に「とる」「蹴る」そして現代語の下一段活用動詞「開ける」の語形変化を示す。「蹴る」の語形変化は「とる」などの /r/ 語幹動詞と同じである。

終止形と条件形は，三つの動詞全てで「…ru」「…reba」で終わる。一方，否定形，使役形，連用形，過去形，命令形，意志形では，「とる・蹴る」と下一段活用動詞「開ける」の語末形式が異なる。

「開ける」では語幹に否定接尾辞 -na が附属するが，「とる・蹴る」では語幹と否定接尾辞の間に /a/ が入る。「とる・蹴る」で用いられる使役接尾辞の異形態は -ase だが，「開ける」の場合 -sase である。接尾辞「ながら」のホストは，「開ける」の場合，語幹であるのに対し，「とる・蹴る」では語幹に /i/ を後続させた形式である。過去形では，「とる・蹴る」で促音便が生じるのに対し「開ける」では促音便が生じない。命令形では，「とる・蹴る」では接尾辞 -e が用いられ，「開ける」では -ro が用いられる。「とる・蹴る」で用いられる意志接尾辞の異形態は -oo だが，「開ける」の場合 -joo である。現代語の「蹴る」は全ての語形でラ行五段活用動詞と同じ語末形式になるので，/ker-/ という子音終わりの語幹を持つ動詞となったと考えられる。

表 3 標準語のラ行五段活用動詞と「蹴る」と下一段活用動詞

	とる	蹴る	開ける
否定形	toranai	keranai	akenai
使役形	toraseru	keraseru	akesaseru
連用形	torinagara	kerinagara	akenagara
過去形	totta	ketta	aketa
終止形	toru	keru	akeru
条件形	toreba	kereba	akereba
命令形	tore	kere	akero
意志形	toroo	keroo	akejoo

事情は方言でも同様で，東日本に見られる「蹴る」の否定形 keNnai あるいは keNnee は，語幹 /ker-/ を前提に分析できる形式である。否定接尾辞に先行する撥音は語幹末の /r/ が，否定接尾辞の先頭の /n/ に完全同化した結果と考えられる。/r/ と /n/ の間の /a/ が存在しないことの要因についてはここでは議論しない。重要なのは，語幹末に /r/ を想定しないと否定接尾辞 -nee に先行する位置に撥音が生じることを説明できないことである。

「蹴る」のように母音語幹動詞からラ行五段活用動詞に変化した動詞は方

言にも存在する。「射る」は古典語と現代の標準語で上一段活用動詞だが，ラ行五段活用動詞となっている方言もある。糸井 (1964) によれば大分県の九重町方言の「射る」はラ行五段活用動詞と同様に語形変化する。

表4　九重町方言の動詞活用

	取る	射る	見る
否定形	toraN	juraN	miraN
連用形	tori	juri	mi
過去形	totta	jutta	mita
非過去形	toru	juru	miru
条件形	torjaa	jurjaa	mirjaa
命令形	tore	jure	mijo
意志形	toroo	juroo	miroo

　表4が示すように，九重町方言では，否定形と意志形でラ行五段化が生じている。この方言でラ行五段活用動詞と一段活用動詞の語末部分の形式が異なるのは，連用形，過去形，命令形である。連用形はラ行五段活用では /...ri/ で終わるが，一段活用動詞では語幹と同じ形式になる。ラ行五段活用動詞の過去形では促音便が見られるが，一段活用動詞の場合促音便が生じない。ラ行五段活用動詞の命令形は語幹に接尾辞 -e が後接するが，一段活用動詞では語幹に接尾辞 -jo が後接する。この方言の「射る」の連用形，過去形，命令形の語末部分はラ行五段活用動詞と同じ形式である。このことから，「射る」が /jur-/ という /r/ で終わる語幹を持つ子音語幹動詞になっていることがわかる。この方言の「射る」は語幹の変化としてのラ行五段化を被ったものと考えられる。

　上述の例に関しては，ke- から ker-，i- から jur- への語幹の変化が生じたと考えざるを得ない。これらは母音語幹動詞から子音語幹動詞への変化であり，語幹変化分析が妥当と考えられる。ここで生じている語幹の変化は全面的なものであり，ke-, i- といった母音語幹は残っていないものと考えられる。表3の「蹴る」の語形と表4の「射る」の語形は (1) および (2) のように形態素分割することができる。標準語の「蹴る」の否定形の語幹と否定接尾辞の間に位置する /a/ は語幹を拡張する要素として扱う。その根拠について

は佐々木（2016）を参照されたい。また，九重町方言においては否定接尾辞が -N ではなく -aN になっているものとする。その理由については 5.4 節で述べることにする。

(1) 標準語の「蹴る」
ker.a-na-i, ker-ase-ru, ker-i-nagara, ket-ta（← ker-ta）, ker-u, ker-eba, ker-e, ker-oo

(2) 九重町方言の「射る」
jur-aN, jur-i, jut-ta（← jur-ta）, jur-u, jur-jaa, jur-e, jur-oo

九重町方言の「射る」は母音語幹動詞から子音語幹動詞に完全に移行したものと考えることができる。九重町方言の「見る」は連用形が mi であり，過去形で促音便が生じないことから，形態素分割をする際に母音語幹 mi- を想定する必要がある。では，ラ行五段化を起こしている否定形（miraN）や意志形（miroo）では，語幹が mir- のような子音語幹になっているのか，それともこうした語形においても語幹は母音終わりの mi- なのか。この問題について次節で考察する。

　過去形でラ行五段化が起きている場合，de Chene（2016）のようにラ行五段化の多くを接尾辞の変化と見なす研究者でも /r/ で終わる子音語幹が生じたと分析している。過去形のラ行五段化は促音便の存在（mitta（見た））によって知ることができる。音便が語幹末子音によって条件付けられる現象である以上，過去形でラ行五段化が起きている場合，/r/ で終わる語幹を想定せざるを得ない。

　鹿児島市方言は過去形においてラ行五段化が起きている方言として知られている（木部 1997, 2000）。そして，表 5 に示すように，過去形だけでなく，他の語形でもラ行五段化が生じている。「着る」の意志形は木部（1997, 2000）では確認できない。しかし，木部（1997）には「見る」の意志形「ミロ」があるので，括弧付きで kiro を意志形の欄に入れた。

表5　鹿児島市方言のラ行五段化（木部1997, 2000）

	使役形	意志形	否定形	命令形	過去形
着る	kirasu?	(kiro)	kiraN	kire	kitta

　表5の語形のうち意志形，否定形，命令形，過去形は，kir-o, kir-aN, kir-e, kir-ta（→ kitta）と形態素分割するのが最も単純な分析と考えられる。しかし，母音語幹が完全に消失したかどうかは検証が必要と考えられる。
　使役形については，ki-rasu-? という母音語幹を設定するべきと考えられる。後藤（1983: 320）に示された「東条操文例」の22番に対応する鹿児島市方言の例は「ナイカチ　オモッ　ニセイ　ミサセタヤ　フットカ　インジャッタ（何かと思ってお手伝い（男）に見させたら大きな犬だった）」であり，「見る」の使役形は接尾辞が /s/ で始まる形式（mi-sase）になっている。平塚（私信）によると現代の鹿児島市方言話者にも「見る」の使役形をミサスッと発音する人がいる。鹿児島市方言は使役接尾辞の先頭の子音に関して，個人の間でゆれがあるようである。また，個人内でも使役接尾辞の先頭の子音に揺れがあるようである。平塚（2018）によると「来る」の使役形はキサスッとキラスッの間でゆれている。6節で詳しく見るように使役接尾辞はラ行五段化を被りやすい要素である。変化を被りやすいということは不安定な要素であることを意味する。「着る・見る」は過去形から判断して /r/ 終わりの語幹 kir- および mir- が必要と思われるが，母音語幹 ki- および mi- も認めると使役形のゆれを連結子音のゆれ（r 〜 s）と分析することが可能になる。鹿児島市方言で母音語幹を認めることは，丁寧形（ミモス，mi-mos-u）および継続形（ミオッ，mi-oQ）を分析する上でも有効と考えられる。

5. 接尾辞の変化

　前節では語幹の変化と考えざるを得ないラ行五段化が存在することを見た。しかし，このことはラ行五段化と呼ばれる現象が全て語幹の変化として分析できることを意味するものではない。ラ行五段化の中に接尾辞の変化として分析できるものもある。

5.1 文法の変化としてのラ行五段化

(3) に示すようにラ行五段化の中には連結子音の変化として捉えることができるものがある。(3) では，語幹はラ行五段化の後でも母音語幹のままである。子音語幹動詞の使役形と意志形はそれぞれ kak-ase「書かせ」，kak-oo「書こう」と分析され，ラ行五段化の後も変わらないので，使役接尾辞と意志接尾辞の異形態が，それぞれ，{-ase, -sase} から {-ase, -rase} へ，{-oo, -joo} から {-oo, -roo} に変わったことになる。

(3)　連結子音分析
　　　使役形のラ行五段化：mi-sase > mi-rase
　　　意志形のラ行五段化：mi-joo > mi-roo

日本語のどの方言においても非過去接尾辞や条件接尾辞そして受動接尾辞は連結子音 /r/ で始まる異形態を持っている。標準語を例にすると非過去接尾辞の異形態は {-u, -ru} であり，条件接尾辞の異形態は {-eba, -reba} であり，受動接尾辞の異形態は {-are, -rare} である。

挿入分析では，異形態のうち母音始まりのものを基底形とする。この分析では母音語幹動詞と接尾辞の基底形の組み合わせで生じる母音連続 (hiatus, /mi-u/「見る」, /mi-ase/「見させ」, /mi-oo/「見よう」) を回避するために，連結子音 /r/, /s/, /j/ が用いられることになる。/r/ のみ基底にないものとする点で，本章は，de Chene (2016) と同様であるが，連結子音 /s/ が基底で接尾辞の先頭にないものとする点で de Chene (2016) と異なる。本章の分析を非線形標示で示したものが (4) である。連結子音 /r/ は母音連続を回避する手段が他にないときに用いられる子音である。連結子音 /s/ は接尾辞の第二音節の頭子音と結びついている /s/ の素性が第一音節の頭子音の位置にも連結して生じる要素である。連結子音 /j/ は，接尾辞の浮遊要素で，語幹末子音がない場合に限り接尾辞の先頭の子音スロットと結びつく要素である。実線による連結は語彙的に指定されたものを示し，点線による連結は派生的な関係づけを示す。/r/ は基底にはない要素と考えられるので，四角で囲み，/s/ や /j/ と区別した。連結子音 /r/ と /s/ が現れるメカニズムの詳細については佐々木 (2018) および Nishiyama (1999) を参照されたい。連結子音 /s/ を派

生的なものと見なすことは，後述する脱ラ行五段化を分析する上で重要である。

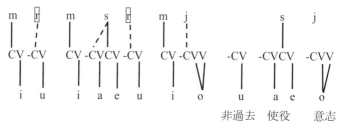

(4) の非線形標示を前提にすると，使役形と意志形のラ行五段化は，(4a) の非過去接尾辞に見られるタイプの子音挿入プロセス，すなわち /r/ 挿入への一元化と捉えることができる。使役接尾辞の場合は，接尾辞そのものの変化はない。連結子音を生み出すプロセスが，(4b) の二重連結から (4a) の /r/ 挿入に変わっただけである。一方，意志接尾辞の場合，基底表示では浮遊要素である /j/ が失われ，(4a) の /r/ 挿入が連結子音を生み出すプロセスとなるかたちでラ行五段化が生じる。意志形のラ行五段化は浮遊要素 /j/ の喪失を伴う点で使役形のラ行五段化と異なるが，ともに形態音韻論的プロセスの変化を被っており，語彙部門の文法の変化と見なすことができる。

　この分析は「脱ラ行五段化」とでも呼ぶべき現象を分析する上でも有効である。北海道方言における新しい自発接尾辞 -sasar の出現はそうした現象の一つである。

　北海道方言の自発述語は動詞語幹と自発接尾辞で構成される。伝統方言における自発接尾辞の異形態は {-asar, -rasar} であり，ラ行五段活用動詞と母音語幹動詞の語末部分が同じ形式になる（「とる」の自発形（非過去）tor-asar-u，「見る」の自発形（非過去）mi-rasar-u）。この点でラ行五段化形式と共通するところがある。自発接尾辞の異形態は連結子音 /r/ の有無により記述できる。北海道の伝統方言では連結子音が /r/ 一つだけであり，使役接尾辞の異形態も {-ase, -rase} である（石垣 1958）。

　近年，母音語幹動詞や変格活用動詞の自発形で -sasar という自発接尾辞の

異形態が用いられるようになった。mi-sasar-u（「見る」の自発形，伝統方言ではmi-rasar-u），ko-sasar-u（「来る」の自発形，伝統方言ではko-rasar-u），tookoo si-sasar-u（「投稿する」の自発形，伝統方言ではtookoo s-asar-u もしくはtookoo si-rasar-u）といった語形がそれである。このような語形は1990年代までの先行研究では報告されてこなかった。

　佐々木（2018）は，使役形の標準語化にともない，連結子音 /s/ を生じさせる形態音韻論的プロセスが成立し，それが自発接尾辞に及んだ結果，自発接尾辞の異形態 -sasar が生じたとする分析を提案している。石垣（1958）では連結子音が /r/ の使役形しか報告されていないが，山﨑（1994）では連結子音が /s/ の使役形も報告されている。北海道方言では伝統方言が形成される過程で使役形のラ行五段化が生じたが，1990年代には（4b）に示したような連結子音 /s/ が再び用いられるようになっていたことになる。（4b）に示した /s/ の二重連結が自発接尾辞にも及んだ結果が，-sasar という新しい自発接尾辞である。/s/ の二重連結の波及の背景には，自発接尾辞 /-asar/ も，使役接尾辞と同様，第2音節の頭子音が /s/ であり，/s/ の二重連結の条件を満たしていることがあるものと考えられる。これは脱ラ行五段化と呼ぶべき現象であるが，語幹変化分析と de Chene（2016）の分析で捉えることは困難である。自発形は標準語にない語形であるため，語幹もしくは接尾辞の標準語化として分析できないからである。

　6節で見るように連結子音だけが変化する使役形と意志形のラ行五段化は他の種類のラ行五段化に比べて生じやすい。これは連結子音という形態音韻論的プロセスの産物が，語幹や接尾辞という語彙項目に比べて不安定であることをも同時に意味する。上で示した脱ラ行五段化の背後にはこのような不安定性があるものと考えられる。

5.2　接尾辞の異形態の減少

　次に命令形と連用形におけるラ行五段化について考えることにする。これらの語形の変化を接尾辞の基底標示の単一化と見なす点で，本章は de Chene（2016）と同じ立場である。一方，類推が積極的な役割を果たす場合があることを認める点で立場が異なる。命令形のラ行五段化において語幹の形式を説明するために類推が必要な場合がある。

ラ行五段化が生じる前の命令接尾辞の異形態 {-e, -ro/-jo} の分布は語幹末の分節音によって予測できる。語幹末が子音で終わる場合は，-e が選択され，語幹末が母音の場合は -ro または -jo が選択される。これは，サ行変格活用動詞にも当てはまる（si-ro または se-jo）。

　これに対し，ラ行五段化が生じた後の母音語幹動詞の命令形は mi-re であり，命令接尾辞の異形態が {-e, -re} になっている。/r/ は連結子音なので，命令接尾辞に /-e/ という一つの基底形を設定することが可能である。

　ここまでは，de Chene（2016）の分析で捉えることができる。問題となるのは，変格活用動詞の命令形の語幹部分である。子音語幹動詞と母音語幹動詞は基本語幹が一つだけなので，接尾辞の形態が決まれば語形が定まる。一方，変格活用動詞には語幹が複数存在する。サ変動詞の場合，標準語であれば否定形（si-na-i）や命令形（si-ro）は連用形語幹を含み，終止・連体形（su-ru）と条件形（su-reba）は古典語の終止形に遡る形式を語幹とする。文語的な命令形（se-jo）も含めれば，3 種類の語幹があることになる。カ変動詞も同様で，否定形（ko-na-i）と命令形（ko-i）は未然形語幹をとり，終止・連体形（ku-ru）と条件形（ku-reba）は古典語の終止形に遡る形式を語幹とする。命令形でラ行五段化が生じている方言の変格活用動詞でどの語幹が命令形で用いられるかは，ラ行五段化をもっぱら接尾辞の形式の収斂と捉える方法では決定できない。

　命令形のラ行五段化形式の分析には類推が有効と考えられる。類推では，接尾辞部分だけでなく，語幹部分の変化も捉えることができるからである。松丸（2006）は命令形のラ行五段化の背景には (5) の類推の比例式があるとしている。原典にある漢字カタカナ表記の下に形態素分割を入れた音素表記を示す。(5) と同様の比例式は，金田一（1977: 141）によってラ抜き言葉の分析でも用いられている。

(5)　命令形のラ行五段化の背後にある類推（松丸 2006）
　　　切ル：切レ = 見ル：X（X= 見レ）
　　　kir-u : kir-e = mi-ru : X（X = mi-re）

(5) の比例式では，第 1 項と第 3 項が終止・連体形になっているが，この

選択が妥当かは検討の余地がある。北海道方言の命令形を例に検証したい。石垣 (1958) によれば，北海道方言の全ての活用形で命令形と条件形が「〜バ」の有無で以下のように対立する：トレ (命令)，トレバ (条件)；ミレ (命令)，ミレバ (条件)；コエ (命令)，コエバ (条件)；スレ (命令)，スレバ (条件) (または，セ (命令)，セバ (条件))。母音語幹動詞の命令形 (mi-re) とサ変動詞の命令形 (su-re) は，(7) の比例式で導くことができる。終止・連体形 (mi-ru, su-ru) と語幹が同じだからである。しかし，カ変動詞の命令形 (koe) とサ変動詞の命令形のうち se は (5) の比例式では導くことができない。終止・連体形 (ku-ru, su-ru) の語幹がこれらの命令形と形式が異なるからである。

　北海道方言の命令形を導くためには，第 1 項と第 3 項を条件形とする (6) の比例式が必要と考えられる。この比例式では，条件形から /ba/ を外した形が命令形になる。したがって，mireba に対する mire，sureba に対する sure，koeba に対する koe，seba に対する se を導くことができる。

(6)　北海道方言の命令形のラ行五段化の背後にある類推
　　　kir-eba : kir-e = su-reba : X (X = su-re)
　　　条件形：命令形＝条件形：命令形

　カ変動詞の命令形に含まれる koe は /e/ の前に /r/ が挿入されていないことからもわかるように，標準語の koi と同様の不規則な命令形に由来し，形態素分割できない可能性がある。現段階では (6) の比例式でも分析可能だが，koeba が成立する過程では，命令形が第 1 項と第 3 項にある比例式で類推が生じたものと考えられる。

　命令形を第 1 項と第 3 項とする比例式は，nigeroba (逃げれば) などの条件形をもつ方言の分析にも役立つ。茨城県神栖市波崎方言では，母音語幹動詞の命令形と条件形がそれぞれ，nigero, nigeroba であり，カ変動詞の命令形と条件形は，koo, kooba である (佐々木 2013)。これらの形式は (7) の比例式で導くことができる。条件形 nigeroba や kooba はラ行五段化の文脈では扱われることがない形式だが，ラ行五段化と共通のメカニズムで生じた形式と見なすことができる。紙数の制限上，nige-roba と分析すべきか nige-roba と分析すべきか論じることができないため，これらの形式に関しては形態素分割を示さない。

(7) 茨城県神栖市波崎方言の条件形の背後にある類推
kake : kakeba = nigero : X (X=nigeroba)
kake : kakeba = koo : X (X=kooba)

九州地方で見られる miri, deri といった形式の連用形のラ行五段化形式は接尾辞の単一化の例として捉えることが可能と思われる。糸井 (1960) は，大分県臼杵市野津町西神野では，若年層 (当時の 20 代) の方言で，「見る」の希望形，可能形，継続形で miritai, mirikiru, mirijoru，「出る」の希望形，可能形，継続形で deritai, derikiru, derijoru という語形が聞かれることを報告している。老年層の対応する形式は，miri, deri に対応する部分が mi, de になっていたという。連用形 miri, deri は比較的新しく生じた形式と言える。

標準語の分析では，子音語幹動詞の連用形は接尾辞 -i によって派生し，母音語幹動詞の場合ゼロ接尾辞 -ø で派生するという分析がなされることがある (Shibatani 1990, de Chene 2016)。この分析を採用すると，大分県臼杵市野津町西神野の老年層 (1960 年当時) の連用形接尾辞異形態は {-i, -ø}，若年層 (1960 年当時) の場合，{-i, -ri} ということになる。若年層の連用形接尾辞は /-i/ に収斂しており，母音語幹動詞の場合，/r/ 挿入により mi-ri, de-ri といった形式が派生するものと捉えることができる。

5.3 形態素境界の変化：否定

この節で扱う否定形のラ行五段化は西日本に限って見られる現象である。否定形のラ行五段化は「見る」のような母音語幹動詞の否定形が miraN のようになる現象である。この現象は，否定接尾辞が /-na/ あるいはそれから派生した /-ne(e)/ の地域には見られず，非過去の否定形が撥音 (N) で終わる地域の一部で見られる現象である。

否定形のラ行五段化が生じていない西日本の方言における「見る」の否定形は miN である。miN は語幹 mi- と否定接尾辞 -N に分解できる。否定接尾辞 -N の韻律的な不安定性が否定形のラ行五段化の背景にあると小林 (1995)

は指摘する。

> ナイに比較してンは音としての独立性が弱いために，ラを挿入することによって形態を安定させようとしたのではないか，ということである。
>
> (小林 1995: 14)

ここで指摘されている独立性の弱さとは，次のようなことを意味するものと思われる。東日本で用いられる否定接尾辞 -na と西日本で用いられる否定接尾辞 -N の音節構造を対照すると接尾辞を構成する音の位置づけに違いがあることがわかる。1モーラある点で両者は共通するが，-na には音節核 (nucleus) が含まれるが，-N には含まれない。つまり音節構造から見ると東日本の否定接尾辞 -na は独立性が高いが，西日本の否定接尾辞 -N は，語幹末母音を音節核とする音節の依存部に位置づけられるため，韻律的独立性が低い。東日本と西日本の否定形の音節構造を示したのが (8) である。(8) では音節核を下線部付きの V で示した。日本語の接尾辞は，短い場合でも音節核に対応する要素を最低一つ含む場合がほとんどである（非過去形接尾辞 /-u/，可能接尾辞 /-e/ など）。否定接尾辞 -N はこの傾向から逸脱している。この逸脱を解消するには，何らかのかたちで母音を否定接尾辞に取り込む必要がある。

(8)　東日本の否定接尾辞　　　西日本の否定接尾辞

(X は任意の母音)

この韻律的な不安定性を解消する方法として語幹末母音を否定接尾辞に取り込むことが考えられる。kaka-N「書かない」のように未然形語幹に接続していた否定接尾辞 -N に語幹末の /a/ が組み込まれ，kakaN という否定形が kak-aN という形態的構成に再解釈されると否定接尾辞の韻律的不安定性

は解消される。

　一方，一段活用動詞ではこのような再解釈は起こらなかった。一段活用動詞では，未然形語幹（mi-）の末尾の母音が語根の構成要素でもあるため，子音語幹動詞と同様の再解釈（mi-N > *m-iN）を行うと，語根の一部を分割することになる。子音語幹動詞の場合，未然形語幹は語根 /kak-/ と母音 /a/ で構成されており，語幹末の母音は変化部分でもあるため，接尾辞の一部として再編することができたが，一段活用動詞では未然形語幹の末尾の母音が不変化部分なのでこのような再編ができなかったものと考えられる。

　子音語幹動詞の否定形の再解釈により -aN という否定接尾辞が成立した段階で (9) の類推が作用すると，一段活用動詞の否定形として接尾辞に連結子音 /r/ を伴った mi-raN が成立する。

(9)　　kak-u : kak-aN = mi-ru : X（X=mi-raN）

　二段活用動詞と変格活用動詞で否定形のラ行五段化が生じにくいことが指摘されている。二段活用動詞と変格活用動詞は接尾辞の前で語幹末の母音が交替する（ake-N, aku-ru, ko-N, ku-ru, se-N, su-ru）。この点でこれらの動詞は子音語幹動詞と同様である。これらの動詞の語幹はそれぞれ ake-, ko-, se- と考えられる。一段活用動詞の語幹末母音と異なり，これらの動詞では，語幹末母音が形態音韻論上の交替の対象となり得るので，ak-eN, k-oN, s-eN というかたちでの再解釈により否定接尾辞の韻律的不安定性を解消させることが可能であり，ラ行五段化が不要であったものと思われる。

　黒木 (2012: 117) はラ行五段化を「少数派を多数派に合流させるためのもの」（少数派は母音語幹動詞，多数派は子音語幹動詞）とし，mi- から mir- へ語幹が変化する分析を展開している。この議論が正しいとすれば，東日本の方言においても *miranai のようなかたちで否定形のラ行五段化が生じることが期待されるが，このような例は報告されていない（宜蘭クレオールという例外はあるが，これは西日本の方言の影響を強く受けた体系である。この問題については佐々木 2016 を参照されたい）。

　否定形のラ行五段化を韻律的不安定性を解消するための変化と捉える分析では，東日本で否定形のラ行五段化が生じないことを正しく予測することが

できる。なぜなら、東日本の方言の否定接尾辞 -na (あるいは -ne(e)) は音節核を含んでおり韻律的に安定しているため、変化のための動機付けを持たないからである。否定形のラ行五段化に関しては、語幹変化分析よりも、接尾辞変化分析が言語事実を正確に捉えるものと言える。

　日本語の否定形については、否定接尾辞のホストを未然形語幹とする分析（服部 1950 など）と語根と同形の語幹とする分析（非未然形分析、Bloch 1946 など）が併存している。東日本で否定のラ行五段化が生じないという事実は非未然形分析にとって問題となる。否定形に関して非未然形分析を採用する de Chene (2016) は、接尾辞の先頭での交替が a~Ø から直接 r~Ø に変わったと分析しているため、東日本の方言において *miranai のようなラ行五段化形式が生じない事実を説明することができない。否定接尾辞 -ana の韻律的な特徴からラ行五段化が生じないことを説明することは困難と思われる。使役接尾辞 -ase と否定接尾辞 -ana は韻律的な特徴が 2 モーラ 2 音節で同じである。前者のラ行五段化した異形態 -rase は関東から北海道にかけて広く分布しているが、後者のラ行五段化した異形態は存在しない。

　一方、未然形分析では、東日本の「書く」と「見る」の否定形は、それぞれ、未然形語幹を接尾辞のホストとする kaka-na-i, mi-na-i であり、いずれの場合でも否定接尾辞が子音で始まっているので、連結子音 /r/ を挿入した形式が生じる動機付けが存在しない。生じない構造、すなわち非文法的な構造は生成文法誕生以降文法研究で重要な証拠とされてきた。生成文法の文献でも否定形について非未然形分析を行うものが見られるが、*mi-rana-i という生じない構造を説明するには未然形分析が有効と考えられる。

6. 語彙項目の変化と文法の変化

　これまでの節で分析してきたラ行五段化は、大きく分けると語幹の変化と接尾辞の変化に分類される。標準語を含むさまざまな現代日本語の「蹴る」や九重町方言の「射る」は、語幹が母音語幹から子音語幹に変化した例である。鹿児島市方言の「見る」「着る」も語幹の変化が生じた例である。それ以外の変化は接尾辞の変化である。

　ラ行五段化は語彙項目の変化と文法の変化に分類することができる。語幹が変化する場合、新しく ker- や jur- や mir- という語幹が語彙項目として心

的辞書に登録されることになる。接尾辞の変化の中でも命令形と否定形の変化は語彙項目の変化と見なすことができる。命令形では，接尾辞が {-e, -ro/-jo} から /-e/ に変化している。否定形の場合は，接尾辞の形式が，/-N/ から /-aN/ に変わる。一方，使役形と意志形のラ行五段化は，辞書に登録されている接尾辞の基底形自体は大きくは変わらず（使役形では変更なし，意志形では浮遊要素の消失だけ），連結子音に関する形態音韻論的プロセスに変化が生じたことになる。これらの変化は文法の変化である。以上をまとめると (10) のようになる。

(10)

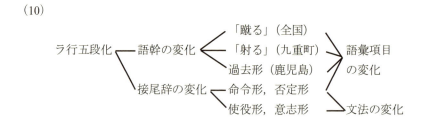

ラ行五段化に関与的な連結子音に関する形態音韻論的プロセスは母音連続回避を動機付けとした /r/ 挿入である。音韻プロセスには語彙部門で作用するものと後語彙部門で作用するものがあることが知られている（Kiparsky 1982 参照）。連結子音 /r/ 挿入は語彙部門の音韻プロセスと考えられる。

語彙部門の音韻プロセスと後語彙部門の音韻プロセスには性質の違いがあり，形態論的環境がそのプロセスの生起条件になるかどうかもその一つである。前者は特定の形態論的環境で生じ，後者は形態論的環境に関わりなく音声環境が整えば作用する。/r/ 挿入は動詞の語幹と接尾辞の間でだけ生じる。他の形態論的環境では生じない。非派生的環境（例えば /ao/「青」）でも /r/ 挿入によって母音連続が解消されることはないし，複合語の語幹の間（例えば /kake-agar-u/「駆け上がる」）でも /r/ 挿入が生じることはない。

これに対し，非広母音の前での /w/ の削除は形態論的環境に関係なく適用されるので後語彙部門の音韻プロセスと考えられる（/w/ に後続する母音に関する制約は方言ごとに異なるが，ここではさしあたり標準語を例に議論を進める）。/w/ の削除は動詞語幹と接尾辞の接する環境でも適用されるが（/

kaw-eba/ → [kaeba]「買えば」)，文体論的な母音融合で /w/ の後ろの /a/ が /e/ に変わった場合でも適用される (/kowa-i/ → [koee]「恐い」)。以上の性質から Sasaki (2006) は /w/ の削除を後語彙部門の音韻プロセスと分析している。

語彙部門の音韻プロセスは後語彙部門の音韻プロセスによって生じた環境には適用されない。「洗う」の非過去形の音声的実現は，多くの方言で語幹末の /w/ が脱落した [araɯ] または [araa] であり，非過去接尾辞の前に /r/ が現れることはない（ただし，津軽方言は例外である。注釈3を参照されたい）。このように /r/ 挿入と /w/ の削除は反供給型の不透明な関係にある。この関係は，/r/ 挿入を語彙部門のプロセス，/w/ の削除を後語彙部門のプロセスと捉えることによって分析可能になる[3]。

ラ行五段化の中に見られる多様性は，ラ行五段化の生じやすさとも関係がある可能性がある。小林 (1995) は，『方言文法全国地図』を作成するための準備調査と本調査のデータから，ラ行五段化を被る語形ごとに出現数に違いがあることを示した。各語形の出現数を示したものが表6である。

3　成層最適性理論 (Stratal-OT, Kiparsky 2000) に基づいてこの反供給型不透明性を分析すると，次のようになる。/r/ 挿入を引き起こす有標性制約は音節に頭子音を要求する制約 Onset であるものとする。非広母音の前での /w/ の削除は，音配列論上の制約 *wV[-low] であるものとする。忠実性制約は F で表す。語彙部門の制約ランキングが，[[Onset >> F >> *wV[-low]]] であり，後語彙部門の制約ランキングが [[*wV[-low] >> F >> Onset]] であるとすると，語彙部門では入力 //araw-u// に対して候補 /arawu/ が最も調和的と評価され，それが後語彙部門の入力となる。そして，後語彙部門では，入力 /arawu/ に対して，/w/ の脱落した [araɯ] ないし [araa] が最も調和的と評価される。後語彙部門では Onset が忠実性制約より下位にあるため，母音連続を回避するために /r/ が挿入された候補は調和的と評価されない。

坂本 (2003) によると青森県津軽方言では「洗う」は 'araru である。そして，ワ行五段活用動詞の一部の語幹末子音が /w/ から /r/ に変化したためと分析している。/w/ の削除が /r/ 挿入と同様に語彙部門の音韻プロセスである場合，'araru が得られる。語彙部門の制約ランキングが [[Onset, *wV[-low] >> F]] である場合，/w/ の削除と /r/ 挿入の両方を被った候補 'araru が /w/ の削除だけを被った候補 'arau よりも調和的と評価される。また，/a/ で始まる接尾辞が後続する場合に 'araw-ae-ru「洗われる」のように語幹末に /w/ が出現することを考えると，津軽方言の「洗う」の語幹末子音は /r/ ではなく /w/ と考えられる。

表6　ラ行五段化の出現数（小林1995）

語形	使役形	意志形	命令形	否定形	過去形
出現数	256	121	119	101	10

　小林（1995）は意志形と命令形をほぼ同数としているが，意志形と命令形ではラ行五段化に関する条件が異なる。命令形の類推の引き金となるのは子音語幹動詞に附属する命令接尾辞 -e である。命令接尾辞 -e は，全国的に同源の要素が用いられている。これに対し，意志形は古典語の「む」と同源の接尾辞が用いられている地域と古典語の「べし」と同源の接尾辞または助詞が用いられている地域がある。後者ではラ行五段化が生じようがない。また，彦坂（2001）は，意志形のラ行五段化の条件として …ro で終わる命令形が当該方言にないことを指摘している。この制限の動機付けは，ラ行五段化した意志形と命令形の同音衝突回避である。このような事情を考えると，ラ行五段化が生起可能な環境を分母とし出現数を分子として出現率を求める必要がある。また，否定形に関しても否定形が撥音で終わる方言ではラ行五段化が生じ得るが，それ以外の方言ではラ行五段化が生じる韻律上の動機付けがないことは，5.3 節で述べたとおりである。ここでもラ行五段化が生起可能な環境を分母とし出現数を分子として出現率を求める必要がある。

　使役形，命令形，過去形で小林（1995）が参照した地点数 807 を分母とし，意志形と否定形に関しては，『方言文法全国地図』の地点のうち，これらの語形でラ行五段化が潜在的に生じ得る地点の数を分母として出現率を計算することにする。意志形に関しては，子音語幹動詞「書く」の意志形が古典語の「む」と同源の接尾辞が付いた語形，すなわち，kako, kakoo, kaka, kakaa になる地点の数である 485 から母音語幹動詞の命令形が …ro で終わる形式の地点数 45 を引いた 440 を分母とする。否定形に関しては，「書く」の否定形が撥音で終わる語形のうち …nuN で終わる語形除いた地点の数である 470 を分母とする。これらを分母とし，小林（1995）が示した出現数を分子とすると，出現率は表 7 のようになる。意志形と命令形の出現率の間に 10% 以上の差があることがわかる。また，出現数では命令形が否定形よりも多かったが，出現率に直すと否定形の方が高くなる。条件が整えば，命令形よりも否定形でラ行五段化が生じやすいことがわかる。表 4 の九重町方

言の例では，意志形と否定形でラ行五段化が生じていたのに命令形ではラ行五段化が生じていなかった。これは否定形と命令形の生じやすさの差異を反映しているものと考えられる。

表7　ラ行五段化の出現率

語形	使役形	意志形	否定形	命令形	過去形
出現率	31.7%	26.5%	21.5%	14.7%	1.2%

表7に示した出現率はラ行五段化の文法上の位置づけと以下のような対応関係があるように思われる。文法の変化で生じるラ行五段化が語彙項目の形式の変化を伴うラ行五段化よりも出現しやすい。形態音韻論的プロセスという文法の変化によって特徴付けられるラ行五段化でも，使役形と意志形の出現率は異なる。接尾辞の基底形に全く変化のない使役形の方が出現率が高い。浮遊要素 /j/ の消失を伴うかたちで /r/ 挿入が生じる意志形のラ行五段化は使役形よりも出現率が低い。これは，基底表示の部分的な変化であり，否定形や命令形におけるラ行五段化と共通する点である。同じ接尾辞の変化でも否定形と命令形のラ行五段化は接尾辞の基底形の変化を伴う現象であり，語彙項目の変化である。過去形のラ行五段化は語幹の形式的な変化の反映であり，語彙項目の変化である。同じ語彙項目の形式的変化でも接尾辞の変化は起こりやすく，語幹の変化は非常に起こりにくい。

接尾辞の形式的な変化が生じる場合でも，命令形に比べて否定形の方がラ行五段化の出現率が高いのは，音韻的な動機付けがあるためと考えられる。5.3節で述べたように否定形のラ行五段化の背景には否定接尾辞 -N の韻律上の不安定さがあった。命令形のラ行五段化は音韻的には動機付けを持たない類推による変化である。この違いが出現率の違いに反映している可能性がある。

表7に示した出現率が高い方から低い方へ向かってラ行五段化が進行する変化が見られる方言がある。糸井（1960）は大分県臼杵市野津町西神野の方言に関して調査時点における高齢層と若年層の動詞語形の違いを報告している。この方言の1960年時点の高齢層と若年層の「見る」の語形を示したものが表8である。形態素分割は筆者によるものである。高齢層では使役

形から否定形までがラ行五段化形式であるのに対し，若年層では使役形から命令形までがラ行五段化形式になっている。この方言ではラ行五段化は過去形には及んでおらず，若年層にあっても接尾辞の変化に留まっている。

表 8　大分県臼杵市野津町西神野の方言の「見る」（糸井 1960）

	使役形	意志形	否定形	命令形	過去形
高齢層	mi-rasu-ru	mi-roo	mi-raN	mi-jo	mi-ta
若年層	mi-rasu-ru	mi-roo	mi-raN	mi-re	mi-ta

4 節の表 4 に示したように糸井（1964）が報告した九重町のデータでは，「見る」の命令形は mi-jo であったが，松田（2017）に示された由布市庄内町方言のデータでは，mi-jo と mi-re が併存している。由布市庄内町は玖珠郡九重町と隣接する地域である。糸井（1964）の調査協力者の生年は 1904 年と 1906 年である。一方，松田（2017）の調査協力者の生年は 1935 年である。この地域の方言でも西神野の方言と同様の変化が起こった可能性がある。

　これまでに論じた大分県内の二つの方言のデータを見るとラ行五段化が進行中の変化であることがわかる。ラ行五段化が進行中の地方は九州以外にも存在する。真田・宮治・井上（1995）は近畿地方の若年層（1990 年代当時）におけるラ行五段化（否定形と命令形）の進行について報告している。

　ラ行五段化の行く末が日本語動詞の子音語幹動詞（五段活用動詞）への統合であるとする見解がある。小林（1995: 2）は「そう簡単には進まないだろうが」という留保を付けつつ同様の見解を示している。いくつかの方言について，すでに母音語幹動詞を消失した（/r/ 語幹動詞に統合された）とする分析が存在するが，慎重な検討が必要と思われる。

　上村（1972: 34）は，奄美沖縄方言群（首里方言も含まれる）では本土方言の母音語幹動詞が語幹末子音が /r/ の子音語幹動詞に移行したと分析する。一方，首里方言の分析の中には母音語幹動詞を認める分析もある（Ashworth 1973; Miyara 2009）。これらの分析では /r/ 語幹動詞の大部分が母音語幹動詞に移行したものとされる。

　首里方言では否定形が taN で終わる動詞が音便語幹で促音便を起こす（例：tataN「立たない」，taQci「立って」）。首里方言で促音便が生じる動詞は，否定形が taN で終わる動詞だけではない。(13) に示すように否定形が

raNで終わる動詞の中に促音便を起こすものがある。

(11)　ciraN「着ない」　　cijuN「着る」　　cici「着て」
　　　ciraN「切らない」　cijuN「切る」　　ciQci「切って」

　Ashworth (1973: 68) は，語幹が /r/ で終わる cir-「切る」では促音便が生じるが，語幹が母音 /i/ で終わる ci-「着る」では促音便が生じないという分析を提案している。この分析では，首里方言で促音便を起こす動詞は語幹が /t/ もしくは /r/ で終わる動詞ということになる。「着る」と「切る」の語形変化の違いを説明する上では母音語幹を認める分析が妥当と考えられる。なお，有元 (1993) は基本的に上村 (1972) と同様，母音語幹動詞が /r/ 語幹動詞に移行したとする分析を行っているが，上述の促音便のあり方を説明するために1音節語幹の動詞に限り母音語幹動詞と子音語幹動詞の対立を認めている。
　母音語幹動詞が /r/ 語幹動詞に合流したとされるもう一つの方言が青森県津軽方言である。坂本 (2003) は，青森県津軽方言の動詞には母音語幹を設定する必要がなく「上げる」に対応する動詞も /r/ 語幹動詞として解釈できるとする分析を提案している。津軽方言は使役形と命令形でラ行五段化が起きており，「上がる」と「上げる」の否定形もラ行五段化形式ではないものの標準語で見られるようなモーラ数の対立がなく類似している。二つの動詞の否定形はそれぞれ，'aŋanɛ と 'aŋenɛ である。坂本 (2003) はこれらの語形を 'aŋa-ø-ø-nɛ と 'aŋe-ø-ø-nɛ と分析する。最初の /ø/ は語幹末の /r/ と交替したものであり，2番目の /ø/ は他の子音語幹動詞では出現する /a/ と交替したものであるという。
　しかし，希望形と過去形では同じような説明が困難である。語幹がそれぞれ 'aŋar-, 'aŋer- であるとすると，「上がる」の希望形 'aŋaritɛ では /r/ と /i/ が ø と交替しないが，「上げる」の希望形 'aŋetɛ では /r/ と /i/ が ø と交替していることになる。過去形も同様で，「上がる」の過去形 'aŋaQta では /r/ が /Q/ と交替するが，「上げる」の過去形 'aŋeda では /r/ が ø と交替している。「上がる」と「上げる」をともに /r/ 語幹動詞とする分析では，この違いを説明することが困難である。最も単純な分析は，「上がる」を /r/ 語幹動詞とし，

「上げる」を /e/ 終わりの母音語幹動詞とするものである。連用形接尾辞が {-i, -ø} であり，希望形を連用形と接尾辞 -tɛ で構成されるものとすると，「上がる」の希望形は'aŋar-i-tɛ，「上げる」の希望形は'aɲe-ø-tɛ と分析できる。このように考えると津軽方言でも母音語幹動詞は存在するものと考えられる。

7. まとめ

本章ではラ行五段化と呼ばれる現象に多様性があることを示した。ラ行五段化という名称が含意するのは動詞語幹が /r/ で終わるかたちに変化することである。過去形のラ行五段化は母音語幹動詞が /r/ 語幹動詞に変化した結果生じた現象と見なすことができる。一方，それ以外のラ行五段化は，接尾辞の変化と見なすべきである。接尾辞の変化としてのラ行五段化の中も多様であり，接尾辞の形式の変化と連結子音に関する形態音韻論的プロセスの変化に別れることを明らかにした。形態音韻論的プロセスの変化だけで生じるラ行五段化の不安定性を示す現象として，脱ラ行五段化についても論じた。日本全国の方言が標準語からの影響を受け続ける中，本章で扱った使役形と自発語形以外でも脱ラ行五段化が生じる可能性がある。これからの方言の動態を観察する中で，脱ラ行五段化の傾向についても注視していきたい。

付記：本章執筆に当たり有益な情報をくださった大槻知世氏と木部暢子氏と平塚雄亮氏にお礼を申し上げる。岸本秀樹氏の助言に感謝する。本章における全ての誤りの責任は筆者にある。この研究は，科研費 15K02489 および 17H20332 の助成を受けたものである。

参照文献

有元光彦（1993）「沖縄・首里方言の規則動詞の形態音韻論：試論」『日本文学研究』29: 1–12.

Aronoff, Mark and Kirsten Fudeman（2005）*What is morphology?* Oxford: Blackwell Publishing.

Ashworth, David（1973）*A generative study of the inflectional morphophonemics of the Shuri dialect of Ryukyuan.* Doctoral dissertation, Cornell University.

Bloch, Bernard（1946）Studies in colloquial Japanese 1: Inflection. *Journal of the American Oriental Society* 66: 97–109.

de Chene, Brent（2016）Description and explanation in inflectional morphophonology: The case of Japanese verb. *Journal of East Asian Linguistics* 25: 37–80.

後藤和彦 (1983)「鹿児島県の方言」飯豊毅一・日野資純・佐藤亮一 (編)『講座方言学 9 九州地方の方言』295–326. 東京：国書刊行会.
服部四郎 (1950)「附属語と附属形式」『言語研究』15: 1–26.
彦坂佳宣 (2001)「九州における活用型統合の模様とその経緯：『方言文法全国地図』九州地域の解釈」『日本語科学』9: 101–122.
平塚雄亮 (2018)「鹿児島県鹿児島市方言」方言文法研究会 (編)『全国方言文法辞典資料集 (4)：活用体系 (3)』107–116. 関西大学.
石垣福雄 (1958)「北海道方言における動詞の活用形について」『国語学』34: 73–83.
糸井寛一 (1960)「南豊後山村方言における動詞の活用体系」『大分大学学芸学部研究紀要，人文・社会科学 B 集』1(9): 67–94.
糸井寛一 (1964)「九重町方言の動詞の語形表」『大分大学学芸学部研究紀要，人文・社会科学 A 集』2(4): 28–54.
木部暢子 (1997)「総論」平山輝男 (編)『鹿児島県のことば』1–24. 東京：明治書院.
木部暢子 (2000)『西南部九州二形アクセントの研究』東京：勉誠出版.
金田一春彦 (1977)『日本語方言の研究』東京：東京堂出版.
Kiparsky, Paul (1982) Lexical morphology and phonology. In: The Linguistic Society of Korea (ed.) *Linguistics in the morning calm: Selected papers from SICOL-1981*, 3–92. Seoul: Hanshin.
Kiparsky, Paul (2000) Opacity and cyclicity. *The Linguistic Review* 17: 351–365.
清瀬義三郎則府 (1971)「連結子音と連結母音と：日本語動詞無活用論」『国語学』86: 42–56.
小林隆 (1995)「動詞活用におけるラ行五段化傾向の地理的分布」『東北大学文学部研究年報』45: 1–25.
国立国語研究所 (2018)『日本語歴史コーパス』https://chunagon.ninjal.ac.jp/ (2018 年 3 月 23 日確認)
小西いずみ (2014)「活用体系の地理的変異と記述の枠組み」方言文法研究会 (編)『全国方言文法辞典資料集 (2)：活用体系』1–19. 関西大学.
小西いずみ (2017)「この報告書における記述の枠組み」方言文法研究会 (編)『全国方言文法辞典資料集 (3)：活用体系 (2)』1–12. 関西大学.
黒木邦彦 (2012)「二段動詞の一段化と一段動詞の五段化」丹羽一彌 (編)『日本語はどのような膠着語か：用言複合体の研究』104–121. 東京：笠間書院.
松田美香 (2017)「大分県由布市庄内町方言」方言文法研究会 (編)『全国方言文法辞典資料集 (3)：活用体系 (2)』143–153. 関西大学.
松丸真大 (2006)「見ない，見ろ」『言語』35(12): 40–43.
McCawley, James (1968) *The phonological component of a grammar of Japanese*. The Hague: Mouton.
Mester, R. Armin and Junko Ito (1989) Feature predictability and underspecification: Palatal prosody in Japanese mimetics. *Language* 65: 258–293.

Miyara, Shinsho (2009) Two types of nasal in Okinawan. *Gengo Kenkyu* 136: 177–199.

Nida, Eugine (1946) *Morphology: The descriptive analysis of words*. Ann Arbor: The University of Michigan Press.

Nishiyama, Kunio (1999) Two levelings in Japanese verbal conjugation.『茨城大学人文学部紀要 コミュニケーション学科論集』6: 23–49.

大西拓一郎（1995）『日本語方言活用の通時的研究序説』国立国語研究所.

坂本幸博（2003）「津軽方言の動詞活用体系について」『国語学』54(1): 46–61.

真田信治・宮治弘明・井上文子（1995）「紀伊半島における方言の動態」徳川宗賢・真田信治（編）『関西方言の社会言語学』81–102. 京都：世界思想社.

Sasaki, Kan (2006) Non-surface-apparent opacity in Standard Japanese verb morphology. 城生佰太郎博士還暦記念論文集編集委員会（編）『実験音声学と一般言語学』348–360. 東京：東京堂出版.

佐々木冠（2013）「茨城県神栖市波崎」杉本妙子（編）『東日本大震災において危機的な状況が危惧される方言の実態に関する調査研究（茨城県）』319–384. 茨城大学.

佐々木冠（2016）「現代日本語における未然形」庵功雄・佐藤琢三・中俣尚己（編）『日本語文法研究のフロンティア』21–42. 東京：くろしお出版.

佐々木冠（2018）「北海道方言における自発語形のゆれ」*KLS* 38: 205–216.

Shibatani, Masayoshi (1990) *The languages of Japan*. Cambridge: Cambridge University Press.

東条操（1943）「中央語と方言：形容詞，動詞の活用の比較など」国語教育学会（編）『現代語法の諸相』1–24. 東京：岩波書店.

上村幸雄（1972）「琉球方言入門」『言語生活』251: 20–37.

山崎哲永（1994）「北海道方言における自発の助動詞 -rasaru の用法とその意味分析」北海道方言研究会（編）『ことばの世界：北海道方言研究会 20 周年記念論文集』227–237. 北海道方言研究会.

執筆者一覧 *は編者

石川　慎一郎	いしかわ　しんいちろう	神戸大学教授
于　一楽	う　いちらく	滋賀大学准教授
小川　芳樹	おがわ　よしき	東北大学教授
影山　太郎*	かげやま　たろう	同志社大学特別客員教授
加藤　幸子	かとう　さちこ	名古屋工業大学非常勤職員
岸本　秀樹*	きしもと　ひでき	神戸大学教授
小泉　政利	こいずみ　まさとし	東北大学教授
佐々木　冠	ささき　かん	立命館大学教授
長野　明子	ながの　あきこ	東北大学准教授
益岡　隆志	ますおか　たかし	関西外国語大学教授
村杉　恵子	むらすぎ　けいこ	南山大学教授
安永　大地	やすなが　だいち	金沢大学准教授

編 者

岸本秀樹（きしもと ひでき）

兵庫県生まれ。神戸大学大学院文化学研究科修了（学術博士）。鳥取大学，滋賀大学，兵庫教育大学などを経て，現在，神戸大学大学院人文学研究科教授。

影山太郎（かげやま たろう）

兵庫県生まれ。大阪外国語大学（現：大阪大学）大学院修士課程修了。南カリフォルニア大学院博士課程修了。関西学院大学名誉教授，前国立国語研究所所長。現在，同志社大学文化情報学研究科特別客員教授。

レキシコン研究の新たなアプローチ

初版第1刷 ———— 2019年 2月 1日

編　者 ———— 岸本秀樹・影山太郎

発行人 ———— 岡野秀夫
発行所 ———— 株式会社くろしお出版
　　　　　　〒102-0084　東京都千代田区二番町4-3
　　　　　　［電話］03-6261-2867　［WEB］www.9640.jp

印 刷 三秀舎　装 丁 右澤康之
©Hideki Kishimoto and Taro Kageyama 2019, Printed in Japan
ISBN978-4-87424-787-7 C3081

乱丁・落丁はお取りかえいたします。本書の無断転載・複製を禁じます。